Jörn Krimmling

Facility Management

Strukturen und methodische Instrumente

Jörn Krimmling

Facility Management
Strukturen und methodische Instrumente
5., aktualisierte Auflage

Fraunhofer IRB Verlag

Bibliografische Information der Deutschen Nationalbibliothek:
Die Deutsche Nationalbibliothek verzeichnet diese Publikation in der Deutschen Nationalbibliografie; detaillierte bibliografische Daten sind im Internet über www.dnb.de abrufbar.

ISBN (Print): 978-3-8167-9812-5
ISBN (E-Book): 978-3-8167-9813-2

Herstellung: Andreas Preising
Satz: Fraunhofer IRB Verlag
Umschlaggestaltung: Martin Kjer
Druck: W. Kohlhammer Druckerei GmbH + Co. KG, Stuttgart

Die hier zitierten Normen sind mit Erlaubnis des DIN Deutsches Institut für Normung e. V. wiedergegeben. Maßgebend für das Anwenden einer Norm ist deren Fassung mit dem neuesten Ausgabedatum, die bei der Beuth Verlag GmbH, Burggrafenstraße 6, 10787 Berlin, erhältlich ist.

Alle Rechte vorbehalten.
Dieses Werk ist einschließlich aller seiner Teile urheberrechtlich geschützt. Jede Verwertung, die über die engen Grenzen des Urheberrechtsgesetzes hinausgeht, ist ohne schriftliche Zustimmung des Fraunhofer IRB Verlages unzulässig und strafbar. Dies gilt insbesondere für Vervielfältigungen, Übersetzungen, Mikroverfilmungen sowie die Speicherung in elektronischen Systemen.
Die Wiedergabe von Warenbezeichnungen und Handelsnamen in diesem Buch berechtigt nicht zu der Annahme, dass solche Bezeichnungen im Sinne der Warenzeichen- und Markenschutz-Gesetzgebung als frei zu betrachten wären und deshalb von jedermann benutzt werden dürften.
Sollte in diesem Werk direkt oder indirekt auf Gesetze, Vorschriften oder Richtlinien (z. B. DIN, VDI, VDE) Bezug genommen oder aus ihnen zitiert werden, kann der Verlag keine Gewähr für Richtigkeit, Vollständigkeit oder Aktualität übernehmen. Es empfiehlt sich, gegebenenfalls für die eigenen Arbeiten die vollständigen Vorschriften oder Richtlinien in der jeweils gültigen Fassung hinzuzuziehen.

© Fraunhofer IRB Verlag, 2017
Fraunhofer-Informationszentrum Raum und Bau IRB
Nobelstraße 12, 70569 Stuttgart
Telefon +49 7 11 9 70-25 00
Telefax +49 7 11 9 70-25 08
irb@irb.fraunhofer.de
www.baufachinformation.de

Vorwort zur 5. Auflage

Für diese neue Auflage habe ich den Text komplett durchgesehen und an einigen Stellen überarbeitet und aktualisiert.

Die umfangreichsten Änderungen habe ich im Abschnitt zum Flächenmanagement vorgenommen, da hier die grundlegende Norm DIN 277-1 signifikant verändert worden ist. Es erfolgte eine Anpassung an die Flächensystematik der europäischen Facility-Management-Norm DIN EN 15221-6.

An einigen Stellen habe ich des besseren Verständnisses wegen Passagen ergänzt. Dabei konnte ich auf meine Erfahrungen in der Lehre an der Hochschule für Technik und Wirtschaft in Dresden aufbauen, an welche ich nach meiner langjährigen Tätigkeit an der Hochschule in Zittau vor zwei Jahren gewechselt bin. Für die Vorlesung »Facility Management«, welche ich für angehende Bauingenieure halte, dient mir das vorliegende Buch als Grundlage.

Das Buch wurde als Lehrbuch für Studenten konzipiert, die sich erstmals mit den Grundlagen des Facility Managements vertraut machen wollen. Es ist aber auch für Neueinsteiger und Praktiker geeignet, welche sich im Facility Management orientieren und weiterbilden wollen.

Für Anregungen und Hinweise bin ich sehr dankbar.

Dresden, im September 2016

Inhaltsverzeichnis

1	Einleitung	13
1.1	Was ist Facility Management?	13
1.2	Das Grundkonzept des Buches	16
1.3	Verwendete Quellen	17
2	Definitionen und Strukturen	18
2.1	Begriffsanalyse und Definitionen	18
2.2	Grundstrukturen	22
2.2.1	Warum sind Strukturen so wichtig?	22
2.2.2	Kernprozess und Unterstützungsprozesse	23
2.2.3	Das Lebenszykluskonzept	26
2.2.4	Strukturansatz nach Entscheidungstyp	30
2.2.4.1	Die strategische Ebene	30
2.2.4.2	Die operative Ebene	31
2.3	Wesentliche Merkmale von FM	32
2.3.1	Zielorientierung	33
2.3.2	Prozessorientierung	35
2.3.3	Kundenorientierung	38
2.4	FM und Immobilienmanagement	40
2.5	Verwendete Quellen	45
3	Anforderungen an Gebäude und Prozesse	48
3.1	Dynamischer Wandel in Wirtschafts- und Arbeitswelt	48
3.2	Moderne Büroarbeitswelten	51
3.3	Interessenkonstellationen	54
3.3.1	Individualinteressen	55
3.3.2	Allgemeininteressen	55
3.4	Anforderungen an Prozesse	57
3.4.1	Ableitung eines FM-Effizienzkriteriums	57
3.4.2	Zur Qualität der Raumklimatisierung	60
3.4.3	Zur Qualität der Gebäudereinigung	63
3.4.4	Die Aufwandskategorie im FM-Effizienzkriterium	64
3.5	Verwendete Quellen	67
4	Das Gebäudemanagement	69
4.1	Strukturen	69
4.2	Flächenmanagement	72
4.2.1	Basisfunktion	73
4.2.2	Flächeneffizienz	76
4.2.3	Mietflächen	78
4.3	Kaufmännisches Gebäudemanagement: Kosten- und Leistungsrechnung	78
4.3.1	Kostenartenrechnung	80
4.3.2	Kostenstellenrechnung	81
4.3.3	Kostenträgerrechnung	83

4.3.4	Kosten- und Leistungsrechnung im FM	84
4.3.5	Prozesskostenrechnung	90
4.3.6	Kostenzuordnungsverfahren	95
4.4	Technisches Gebäudemanagement	96
4.4.1	Betriebsführung und Instandhaltung	97
4.4.1.1	Begriffsabgrenzungen	97
4.4.1.2	Betriebsführung Technik	98
4.4.1.3	Instandhaltung	99
4.4.2	Energiemanagement	105
4.4.2.1	Allgemeiner Kostensenkungsansatz	107
4.4.2.2	Senkung des Energieverbrauches	107
4.4.2.3	Optimales Betreiben	110
4.4.2.4	Anlagenoptimierung	111
4.4.2.5	Energiecontrolling	113
4.4.2.6	Lastmanagement	115
4.4.2.7	Einkaufs- und Vertragsmanagement	117
4.5	Infrastrukturelles Gebäudemanagement	117
4.5.1	Hausmeisterdienste	119
4.5.2	Reinigungsdienste	121
4.5.3	Sicherheitsdienste	127
4.6	Kaufmännisches Gebäudemanagement: Originäre Dienstleistungen	128
4.6.1	Übersicht	128
4.6.2	Betriebskostenabrechnung	128
4.6.3	Heizkostenabrechnung	132
4.7	Verwendete Quellen	135
5	**Methoden und Werkzeuge im operativen Bereich**	**137**
5.1	Managementsysteme	137
5.2	Controlling	140
5.3	Benchmarking	144
5.4	Vertragsmanagement im FM	148
5.4.1	Planung, Vergabe und Abrechnung von Dienstleistungen	148
5.4.2	Einkauf von Energie und Medien	149
5.4.3	Funktionsorientierte Vergabe versus ergebnisorientierte Vergabe	150
5.4.4	Prüfpflichten	151
5.5	Computer Aided Facility Management (CAFM)	152
5.5.1	Einführung	152
5.5.2	Der Grundaufbau von CAFM-Systemen	154
5.5.2.1	Datenbankkomponente	154
5.5.2.2	Grafikkomponente	155
5.5.3	Prozessgestaltung unter Einbeziehung von CAFM-Systemen	158
5.5.3.1	Flächenmanagement	159
5.5.3.2	Kaufmännisches Gebäudemanagement: Kosten- und Leistungsrechnung	160
5.5.3.3	Betriebsführung und Instandhaltung	160
5.5.3.4	Energiemanagement	164
5.5.3.5	Hausmeister- und Reinigungsdienste	165

5.5.4	Einführungsprojekte	166
5.5.5	Ganzheitliche Informationsstrategie im FM	169
5.5.6	Building Information Modeling (BIM)	171
5.6	Wahrnehmung von Betreiberverantwortung	173
5.7	Verwendete Quellen	175

6 Die FM-gerechte Gebäudegestaltung 177

6.1	Die Dimensionen der Gestaltungsaufgabe	177
6.2	Das Konzept der strategischen Bauteile	177
6.3	Flexibles Reagieren auf Nutzungsänderungen	179
6.3.1	Allgemeine Anforderungen	179
6.3.2	Grundrissgestaltung	180
6.3.3	Trennwandsysteme	182
6.3.4	Fußbodensysteme	182
6.3.5	BUS-Systeme	183
6.4	Gebäudegestaltung aus Sicht der Reinigung	185
6.4.1	Fußböden	185
6.4.2	Schmutzfangzonen	187
6.4.3	Glasflächen	188
6.4.4	Fassaden	188
6.5	Energetische Gebäudegestaltung	189
6.5.1	Allgemeine Zielstellungen	189
6.5.2	Die Energieeinsparverordnung	190
6.6	Baukörper- und Fassadengestaltung	191
6.6.1	Baukörper	191
6.6.2	Fassaden	193
6.7	Entwicklungstendenzen in der Gebäudetechnik	197
6.7.1	Allgemeine Struktur gebäudetechnischer Anlagen	197
6.7.2	Wärmeversorgung und Heizungstechnik	198
6.7.2.1	Energiebereitstellung	198
6.7.2.2	Verteilung	205
6.7.2.3	Wärmeübergabe	206
6.7.2.4	Regelung	207
6.7.2.5	Investitionskosten von kompletten Gebäudeheizungsanlagen	209
6.7.3	Lüftung/Klimatisierung	212
6.7.3.1	Aufgaben und Klassifizierung	212
6.7.3.2	Lüftungs- und Klimazentralen	213
6.7.3.3	Verteilsysteme	214
6.7.3.4	Luftführung im Raum	215
6.7.3.5	Regelung von Lüftungs- und Klimaanlagen	216
6.7.3.6	Dezentrale Systeme	216
6.7.3.7	Investitionskosten von kompletten Lüftungs- und Klimaanlagen	217
6.7.3.8	Prognose von Energiekosten	218
6.7.4	Wasserversorgung, Abwasserentsorgung, Sanitärtechnik	221
6.7.5	Elektroenergieversorgung/Starkstromtechnik	222
6.7.5.1	Erzeugung/Bereitstellung	223

6.7.5.2	Verteilsysteme	224
6.7.5.3	Energieanwendung: Raum- und Arbeitsplatzbeleuchtung	225
6.7.5.4	Prognose von Energiekosten	227
6.7.6	Transport und Erschließung	229
6.7.7	Systeme zur Information und Kommunikation	232
6.7.7.1	Systemübersicht	232
6.7.7.2	Computernetzwerke	234
6.7.7.3	Telekommunikationssysteme	234
6.7.8	Gebäudeautomationstechnik	238
6.7.9	Sicherheitstechnik	242
6.7.9.1	Einbruchmeldeanlagen (EMA)	242
6.7.9.2	Brandmeldeanlagen (BMA)	243
6.7.9.3	Anlagen und Einrichtungen zur manuellen Brandbekämpfung	244
6.7.9.4	Anlagen zur automatischen Brandbekämpfung	245
6.8	Nachhaltige Gebäude	248
6.9	Verwendete Quellen	253
7	**Entscheidungen im strategischen Bereich**	**257**
7.1	Analyse von Entscheidungsprozessen	257
7.2	Die Nutzwertanalyse	259
7.3	Monetäre Bewertungsverfahren	261
7.3.1	Verfahren der Immobilienbewertungslehre	262
7.3.2	Betriebswirtschaftliche Investitionsbewertungsverfahren	263
7.3.2.1	Kapitalwertmethode	264
7.3.2.2	Annuitätenmethode	269
7.3.2.3	Vollständige Finanzpläne (VoFi)	271
7.4	Verwendete Quellen	274
8	**Betreiberkonzepte**	**275**
8.1	Integration des FM in Unternehmensstrukturen	275
8.2	Outsourcing	278
8.2.1	Gegenstand und Umfang	278
8.2.2	Vor- und Nachteile	280
8.2.3	Herangehensweise	280
8.3	Contracting	281
8.3.1	Anlagencontracting	282
8.3.2	Einsparcontracting	284
8.3.3	Intracting	285
8.4	Verwendete Quellen	286
9	**FM in Lehre und Wissenschaft**	**288**
9.1	Ausbildung in Deutschland	288
9.1.1	Allgemeine Anforderungen an die Ausbildung	288
9.1.2	Ausbildungsangebote	288
9.2	FM als Wissenschaftsdisziplin	290
9.3	Verwendete Quellen	294

10	**Weiterführende Literatur** **295**
10.1	Bücher.. 295
10.2	DIN und VDI-Richtlinien............................... 297
10.3	GEFMA-Richtlinien..................................... 299
10.4	Dokumente anderer FM-Verbände 302

Sachregister **303**

1 Einleitung

1.1 Was ist Facility Management?

> Es gibt kein Facility Management!

Diese These mag verwirren. Aber wer die Aufgabe hat, Facility Management als Lehrfach zu vertreten, wird schnell erkennen, dass sich für Facility Management noch keine feste Lehrmeinung etwa wie in der Betriebswirtschaftslehre oder in der Thermodynamik herauskristallisiert hat, an welcher man sich entlang hangeln kann. Demzufolge erscheint es durchaus legitim, ja geradezu angeraten, die ganze Vielfalt der sich teilweise auch widersprechenden Auffassungen zu bestimmten Themen darzulegen. So gesehen kann man den obigen Satz auch umschreiben zu:

> Es gibt nicht das Facility Management!

Hinzu kommt, dass Facility Management ein zunehmend inflationär gebrauchter Begriff ist. Man muss durchaus davon ausgehen, dass nicht jeder, der Facility Management sagt, auch Facility Management meint. Nicht jeder Kopierdienst oder jede Reinigungsfirma ist automatisch dem Facility Management zuzuordnen. Überhaupt ist die Anwendung von Wortkombinationen gebildet mit »-management« eine ausgeprägte Mode unserer Zeit.

Facility Management ist vor allem eine Frage des Standpunktes, von welchem aus die Diskussion, welche ja nach wie vor in sehr produktiver Weise wirkt, geführt wird. Architekten beurteilen Sinn und Umfang anders als der Vorstand eines großen Unternehmens, als ein praktizierender Gebäudemanager oder als ein Fachspezialist aus der gebäudenahen Dienstleistungsbranche.

Gleich am Anfang drängt sich die Frage auf, was denn das Besondere an Facility Management ist und worin es sich von herkömmlichen Gebäudebewirtschaftungsformen unterscheidet. Bei der Analyse dieser Frage muss man zunächst konstatieren, dass die meisten der Inhalte, d.h. der im Rahmen des Facility Management im Einzelnen zu erbringenden Leistungen, schon seit jeher Bestandteile der Bewirtschaftung von Gebäuden sind. So mussten und müssen Gebäude seit jeher gereinigt werden, technische Anlagen müssen bedient und gewartet werden, aber auch Angebote wie Catering, Kopier- und Sicherheitsdienste sind seit langem etablierte Dienstleistungen. Also kann der Knackpunkt von Facility Management weniger im Inhalt entsprechender Leistungen, sondern vielmehr darin bestehen, wie diese Leistungen, unter welcher übergreifenden Zielstellung und nach welcher Strategie sie erbracht werden.

Staudt [1] weist darauf hin, dass traditionell Leistungen rund um die Immobilie als mehr oder weniger isolierte Puzzlestücke am Markt angeboten wurden. Die Zukunft gehört den Systemleistungen, d. h. Sach- und Dienstleistungskombinationen, die herrschende Kundenbedürfnisse bedienen können. Letztlich geht es darum, mit Hilfe von kundenorientierten Systemleistungen komplexe Probleme zu lösen.

> Ein System wird als neue Einheit verstanden, die zwar bestimmte Elemente als Voraussetzung hat, aber nicht als bloße Summe dieser Elemente zu verstehen ist. Diese Erkenntnis wird als Übersummation bezeichnet. Durch die Beziehung der Elemente untereinander und die daraus entstehenden Wechselwirkungen ergibt sich etwas Neues, das nicht ausschließlich auf die Eigenschaften der Elemente zurückführbar ist. [3]

Demzufolge hat Facility Management etwas mit dem Systembegriff zu tun (vgl. [2]) und man kann dem Besonderen an Facility Management mit Hilfe der Systemtheorie auf die Spur kommen.

Es werden traditionelle Leistungen so miteinander kombiniert, dass eine neue Qualität entsteht, der Kunde somit einen höheren Nutzen erhält. Anbieter von integrierten Systemleistungen sind z. B.:

- »ehemalige Cateringunternehmen, die neben der Betriebsverpflegung nicht nur die Finanzierung von Kücheneinrichtungen … sondern auch die Wartung der Küchentechnik, die Entsorgung des Abfalls und andere benachbarte Leistungen der Bewirtschaftung in Eigenregie übernehmen« [4] oder
- ehemalige Heizungsbauunternehmen, die jetzt als Contractingfirmen am Markt agieren und nicht nur Anlagen bauen, sondern diese auch finanzieren und betreiben und dem Kunden die Systemleistung »Nahwärmeservice« verkaufen.

Der Facility-Management-Markt ist derzeit ungeheuer attraktiv, alles schwärmt von einem riesigen Potential. Generell wird dieses in Fachkreisen sehr euphorisch gesehen, wobei sicherlich aufgrund der oben genannten Tatsache, dass viele Facility-Management-Leistungen bereits seit jeher erbracht werden, Gelassenheit angesagt sein sollte. Staudt nennt ein Marktpotential für Deutschland von 417 Mrd. € pro Jahr. Es wird jedoch der gesamte Lebenszyklus der in Deutschland vorhandenen Immobilien zugrunde gelegt. Das bedeutet, dass das jährliche Bauvolumen in das Volumen eingerechnet wurde. Diese Zahl berechnet Staudt entsprechend Tab. 1-1.

Andere Autoren setzen das jährliche Marktpotenzial für Facility Management-Leistungen deutlich niedriger an, (vgl. [6, 7]) wo von einem jährlichen Potenzial für

Wert des Immobilienbestands	9.000 Mrd. DM ca. 4.600 Mrd. €
Neubau	550 Mrd. DM/a ca. 280 Mrd. €/a
Nutzungskosten (4 % von 9.550 Mrd. DM)	382 Mrd. DM/a ca. 195 Mrd. €/a
Marktvolumen (Rationalisierungspotential 30 %) 550 Mrd. DM (281 Mrd. €)/a + 70 % × 382 Mrd. DM (195 Mrd. €)/a):	816 Mrd. DM/a ca. 417 Mrd. €/a

Tab. 1-1: Marktvolumen nach Staudt u. a. [5]

Deutschland von ca. 51 Mrd. € ausgegangen wird. Kreuz und Hein [8] schätzen das deutsche Marktvolumen auf etwa 41 Mrd. € pro Jahr, wovon derzeit reichlich 50 % erschlossen sind und zwar mit folgender Struktur:

- 41 %: Interne Dienste
- 28 %: Technischer Gebäudeservice
- 18 %: Bauverwandte Dienstleistungen
- 12 %: Sicherheitsdienste
- 1 %: Kaufmännische Verwaltung.

Interessant ist ein Vergleich der Märkte zwischen Deutschland und dem Facility-Management-Ursprungsland USA. Den Termin der Markteröffnung für die USA datieren Goldstein und Köllgen [9] auf das Jahr 1952. Zu diesem Zeitpunkt wurde erstmals durch die US-Air-Force der Auftrag für die Bewirtschaftung eines Air-Force-Stützpunktes an einen externen Auftragnehmer, die damalige Pan-American-World-Services, vergeben. In Deutschland bildete sich ein signifikanter Facility-Management-Markt erst viel später in den neunziger Jahren heraus. Außerdem zeigt sich deutlich (Abb. 1-1), dass der Anteil der so genannten integrierten Leistungen (also der systemorientierten Vergabe von Gebäudedienstleistungen) in den USA weiter verbreitet ist, als in Deutschland.

Die Hauptakteure am deutschen Markt kommen aus folgenden Ursprungsbranchen:

- Bauwirtschaft
- Anlagenbau und Gebäudetechnik
- Reinigungs- und Sicherheitsdienste
- Immobilienverwaltung
- Projektentwicklung.

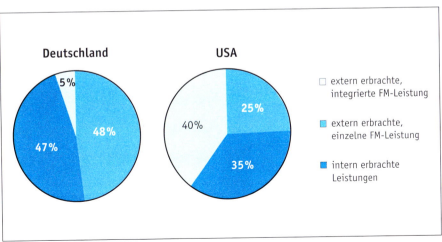

Abb. 1-1: Marktstruktur in Deutschland und den USA (eigene Darstellung nach [10])

Auf die Schwierigkeit einer Marktsegmentierung aus Nachfragersicht verweist Hellerforth [11], da die Nachfrager aus allen Bereichen der Volkswirtschaft kommen. Für Anbieter sind vor allem solche Kunden interessant, die ein hohes Kosteneinsparpotenzial aufweisen.

1.2 Das Grundkonzept des Buches

Der Grundansatz des Buches besteht in der Darstellung eines ganzheitlichen Facility Managements. Ganzheitlich versteht sich dabei in dreierlei Hinsicht:

- es werden alle Phasen des Lebenszyklus eines Gebäudes betrachtet
- es werden alle Leistungen, die im weitesten Sinne zum erfolgreichen Betrieb eines Gebäudes erforderlich sind, analysiert
- es werden die wichtigsten Methoden in den einzelnen Lebensphasen dargestellt.

Gleichzeitig stellt das Buch den Versuch einer Aufnahme des in der Fachliteratur abgebildeten Wissensstandes dar. Die Schwierigkeit dieses Anspruches besteht darin, dass Facility Management ein ausgeprägt interdisziplinärer Fachbereich ist. Er berührt Aspekte der Architektur, der Ingenieurwissenschaften, der Betriebswirtschaftslehre, der Managementtheorien bis hin zur Sozialwissenschaft. Facility Management soll diese Vielzahl der Spezialdisziplinen nicht ersetzen und kein seriöser Facility Manager wird diesen Anspruch für sich erheben können. Aber es besteht der Anspruch, die Ziele der Teildisziplinen zu einem höherwertigen Ansatz zusammenzuführen, der sich letztlich materiell in einer neuen Kategorie von Gebäuden, aber auch in neuen Formen des Bauprozesses und neuen Dienstleistungsformen äußern soll. Ganz konkret obliegt es dem erfolgreichen Facility Manager, die Fachspezialisten zur Kommunikation herauszufordern, die ausschließlich auf das Wohl des Nutzers, des Kunden ausgerichtet ist.

Zunächst werden die Grundstrukturen im Facility Management herausgearbeitet. Dabei wird folgenden Fragestellungen nachgegangen:

- Was ist zu tun? – Inhalte des Facility Managements
- Wie ist es zu tun? – Methoden im Facility Management
- Wer soll es tun? – Betreiberkonzepte und Organisationsstrukturen im Facility Management.

Ausgehend von einer Beschreibung der Inhalte steht vor allem die Prozessorientierung als einer der wichtigsten Eigenschaften im Blickpunkt. Besondere Aufmerksamkeit wird methodischen Aspekten im Facility Management geschenkt:

- Managementsystemen
- Computer Aided Facility Management
- der systematischen Entscheidungsfindung.

Nachdem das »Was« und das »Wie« geklärt wurde, muss man sich noch mit der Frage beschäftigen »Wer soll es tun«. In diesem Teil des Buches geht es um Betreiberkonzepte und Organisationsstrukturen, also auch um das Thema Outsourcing (auf welches Facility Management fälschlicherweise oft reduziert wird). Abgerundet wird das Buch durch ein Kapitel, das einen begrenzten Ausblick auf die Ausbildung und die wissenschaftliche Szene in Deutschland wirft, wobei hier vor allem verschiedene Lehrangebote im Überblick dargestellt werden.

Um auch in der Darstellung eine angemessene Effektivität zu erreichen, wird im folgenden Text das Wort Facility Management generell durch FM abgekürzt.

1.3 Verwendete Quellen

[1] Staudt, E.; Kriegesmann, B.; Thomzik, M.: Facility Management – Der Kampf um Marktanteile beginnt. Frankfurt am Main: Verlag der Frankfurter Allgemeinen Zeitung 1999

[2] Facility Management Institut GmbH (Hrsg.); Kahlen, H.: Facility Management 1. Entstehung, Konzeptionen, Perspektiven. Berlin: Springer 2001, S. 237–239

[3] Netzwerk Systemische Beratung. Die Systemtheorie. Zitat: www.systemische-beratung.de/systemtheorie (9.7.2002)

[4] Staudt, E.; Kriegesmann, B.; Thomzik, M.: Facility Management – Der Kampf um Marktanteile beginnt. Frankfurt am Main: Verlag der Frankfurter Allgemeinen Zeitung 1999, S. 17

[5] Staudt, E.; Kriegesmann, B.; Thomzik, M.: Facility Management – Der Kampf um Marktanteile beginnt. Frankfurt am Main: Verlag der Frankfurter Allgemeinen Zeitung 1999, S. 131–132

[6] Pierschke, B.: Der Markt für Facilities Management in Deutschland. In: Schulte, K.-W.; Pierschke, B. (Hrsg.): Facilities Management. Köln: Immobilien Informationsverlag Rudolf Müller 2000, S. 46

[7] Schneider, H.: Facility Management planen – einführen – nutzen. Stuttgart: Schäffer-Poeschel 2001, S. 358

[8] Kreuz, W.; Heinz, T.: Facility Management in Deutschland im nächsten Jahrzehnt. In: Feyerabend, F.-K.; Grabatin, G. (Hrsg.): Facility Management – Praxisorientierte Einführung und aktuelle Entwicklungen. Sternenfels: Verlag Wissenschaft und Praxis 2000, S. 7

[9] Goldstein, J. D.; Köllgen, R.: Die Entwicklung des Facility Marktes. In: Lochmann, H. D.; Köllgen, R. (Hrsg.): Facility Management – Strategisches Immobilienmanagement in der Praxis. Wiesbaden: Gabler 1998, S. 44

[10] Pierschke, B.: Der Markt für Facilities Management in Deutschland. In: Schulte, K.-W.; Pierschke, B. (Hrsg.): Facilities Management. Köln: Immobilien Informationsverlag Rudolf Müller 2000, S. 45

[11] Hellerforth, M.: Facility Management – Immobilien optimal verwalten. Freiburg: Rudolf Haufe Verlag 2001, S. 32

2 Definitionen und Strukturen

2.1 Begriffsanalyse und Definitionen

Eine Analyse des Begriffes Facility Management, die der Diskussion gängiger FM-Definitionen vorangestellt werden soll, geht von zwei Teilbegriffen aus:

- Facility (Facilities)
- Management.

Im Englisch–Deutsch-Wörterbuch [1] finden wir unter Facility: Einrichtung(en)/Anlage(n), Ausrüstung. Interessanter ist die Erklärung im English Dictionary [2]: »Things wich are helpfull in work (…).« Zumeist wird das Wort als Oberbegriff für Gebäude verwendet, was jedoch viel zu kurz greift, wie die folgende Definition verdeutlicht:[1]

> Der Gegenstand von FM sind die Facilities; darunter sind zu verstehen:
> - Gebäude/Immobilien[1]
> - Sachressourcen/Infrastruktur
> - Dienstleistungen
> - Informationen/Wissen.

Den Begriff Management (to manage: control a business [3]) kann man in Anlehnung an Wöhe [4] als Führungsaufgabe erklären:

> Das Management umfasst alle Aufgaben, welche die Leitung eines Unternehmens erfordert, mit den Hauptfunktionen:
> - Ziele setzen
> - Planen
> - Entscheiden
> - Realisieren
> - Kontrollieren.

Das in der Abb. 2-1 dargestellte Kreismodell soll verdeutlichen,

- dass zwischen den Teilfunktionen Verknüpfungen und Rückkopplungen bestehen und
- dass die wichtigste Voraussetzung für die Ausübung der Teilfunktionen der Austausch von Informationen, d.h. die Kommunikation ist.

---

[1] Obwohl beide Begriffe zunächst synonym erscheinen, hat es sich im fachlichen Sprachgebrauch eingebürgert, dann von Gebäuden zu sprechen, wenn es um technische und bauliche Aspekte geht und von Immobilien, wenn der wirtschaftliche Aspekt im Vordergrund steht.

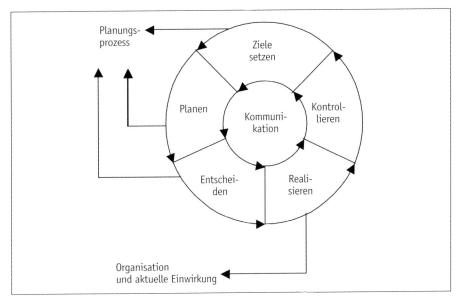

Abb. 2-1: Managementkreis [5]

Hinzuweisen ist noch auf eine Begriffsvariation, welche auf dem Plural von »Facility« beruht: »Facilities Management«. Schulte und Pierschke [6] verwenden diesen, zumeist auch in Großbritannien verwendeten Begriff mit der Begründung, dass sich das FM-Konzept »*nicht nur auf eine Immobilie (Singular: facility), sondern auf den gesamten Betriebsmittelbestand eines Unternehmens bezieht.*«

Nävy [7] nennt folgende, in der derzeitigen Literatur häufig genannte Definitionen von FM:

1. Facility Management ist die Praxis, den physischen Arbeitsplatz mit den Menschen und mit der Arbeit der Organisation zu koordinieren. Facility Management integriert dabei die Grundlagen der wirtschaftlichen Betriebsführung, der Architektur und der Verhaltens- und Ingenieurwissenschaften. [Amerikanische Definition, United States Library of Congress, 1988]
2. Facility Management ist der ganzheitliche strategische Rahmen für koordinierte Programme, um Gebäude, ihre Systeme und Inhalte kontinuierlich bereitzustellen, funktionsfähig zu halten und an die wechselnden organisatorischen Bedürfnisse anzupassen. [Euro-FM Definition, Glasgow 1990]
3. Facility Management ist die Betrachtung, Analyse und Optimierung aller kostenrelevanten Vorgänge rund um ein Gebäude, ein anderes bauliches Objekt oder eine im Unternehmen erbrachte Dienstleistung, die nicht zum Kerngeschäft gehört. [GEFMA 100, 1996][2]

---

2 Diese Richtlinie wurde mittlerweile durch die neue Ausgabe GEFMA 100-1, Ausgabe 2004 ersetzt, in welcher auch eine neue Definition angeführt wird. Die ursprüngliche Definition behält jedoch ihre Gültigkeit.

4. Facility Management ist die Gesamtheit aller Leistungen zur optimalen Nutzung der betrieblichen Infrastruktur auf der Grundlage einer ganzheitlichen Strategie. [VDMA Definition, Berlin 1996]

Die erstgenannte Definition verdeutlicht das amerikanische Verständnis von FM, was durch deren ersten Satz ausgedrückt und durch die drei Begriffe

- people – Menschen
- process – Prozesse
- place – Gebäude/Einrichtungen/Infrastruktur

veranschaulicht wird (vgl. [8]). Moslener und Rondeau [9] betonen den Informationszusammenhang dieser drei Komplexe. Dabei ist die Abb. 2-2 so zu interpretieren, dass FM eine Teilmenge der verschiedensten Betrachtungsebenen der drei genannten Komplexe ist.

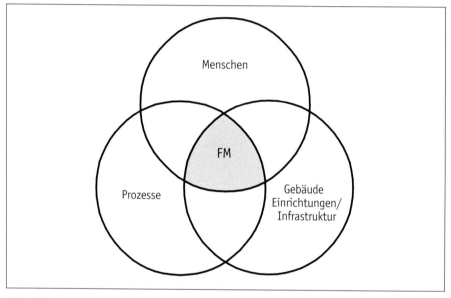

Abb. 2-2: FM – Menschen, Prozesse, Einrichtungen/Infrastruktur (people, process und place; siehe [8,10] u. a.)

Analysiert man die vier Definitionen im Einzelnen, kristallisieren sich folgende wichtige Aspekte heraus:

- Wirtschaftliche Betriebsführung
- Ganzheitlicher strategischer Rahmen
- Betrachtung, Analyse und Optimierung aller kostenrelevanten Vorgänge rund um ein Gebäude
- Gesamtheit aller Leistungen zur optimalen Nutzung der betrieblichen Infrastruktur.

Seifert [11] kritisiert insbesondere an den im deutschsprachigen Raum üblichen Definitionen die vorrangige Orientierung auf Gebäude und vor allem die technischen

Aspekte. Er weist darauf hin, dass die Kundenorientierung ein wesentliches Merkmal von FM ist. Seine Definition soll hier abschließend angeführt werden: »*FM umfasst die Gesamtheit aller Prozesse zur Erbringung von kundenspezifischen Leistungen, die zur Unterstützung des Kerngeschäftes der Kunden von diesen als notwendig und sinnvoll erachtet werden. FM-Prozesse sind nicht an die physikalische Existenz von Gebäuden gebunden, denn die zukünftigen Entwicklungen virtueller Welten werden die Erstellung der Wertschöpfung von Gebäuden unabhängig machen.*«

Nävy [12] nennt vier grundlegende Interpretationsrichtungen für den Begriff des FM:

- FM und Architektur; hier liegt der Schwerpunkt auf der FM-gerechten Gestaltung von Gebäuden, wobei von einer übergreifenden Verantwortung des Architekten für den ganzen Lebenszyklus ausgegangen wird (vgl. Kahlen [13]).
- FM und Gebäudemanagement; dieses FM-Verständnis ist in Deutschland gegenwärtig stark ausgeprägt. Im Wesentlichen wird dabei FM mit Gebäudemanagement gleichgesetzt (vgl. Kap. 4).
- FM und Corporate Real Estate Management; diese Sichtweise betont die strategischen Aspekte des gesamten Immobilienbestandes von Unternehmen (vgl. Abschnitt 2.4.).
- FM und Industrial FM; im Mittelpunkt dieser Betrachtungen stehen Aspekte der Fabrikplanung und die gewaltige Menge an Informationen, die in solchen Fällen verarbeitet werden müssen. Der Grundansatz ist der, dass Informationen zu Maschinen und Produktionseinrichtungen mit den gleichen methodischen Ansätzen verarbeitet werden sollen wie die von Gebäuden.

In der neu gefassten Richtlinie GEFMA 100, welche jetzt aus zwei Teilen besteht, wird eine neue Definition für den Begriff des Facility Managements angegeben:
»*Facility Management ist eine Managementdisziplin, die durch die ergebnisorientierte Handhabung von Facilities und Services im Rahmen geplanter, gesteuerter und beherrschter Facility Prozesse eine Befriedigung der Grundbedürfnisse von Menschen am Arbeitsplatz, Unterstützung der Unternehmenskernprozesse und Erhöhung der Kapitalrentabilität bewirkt. Hierzu dient die permanente Analyse und Optimierung der kostenrelevanten Vorgänge rund um bauliche und technische Anlagen, Einrichtungen und im Unternehmen erbrachte (Dienst-) Leistungen, die nicht zum Kerngeschäft gehören.*« [48] Die ursprüngliche Definition von FM behält aber entsprechend der Richtlinie weiterhin ihre Gültigkeit.

Die auf S. 17 unter 3. angegebene ursprüngliche Definition wurde beträchtlich erweitert, wobei zusätzlich zu den wirtschaftlichen Aspekten ein deutlicher Qualitätsbezug bei den Zielen (»Befriedigung der Grundbedürfnisse von Menschen am Arbeitsplatz«) aufgenommen wurde. Es geht also nicht nur um eine Senkung der Kosten der Unterstützungsprozesse selbst, sondern gleichermaßen um eine Verbesserung des Kernprozesses beispielsweise durch bessere Arbeitsbedingungen für die Mitarbeiter.

In der Definition der europäischen FM-Norm DIN EN 15221-1 wird die Kostenfokussierung auf die Unterstützungsprozesse ganz aufgegeben:

»Facility Management (ist die) Integration von Prozessen innerhalb einer Organisation zur Erbringung und Entwicklung der vereinbarten Leistungen, welche zur Unterstützung und Verbesserung der Effektivität der Hauptaktivitäten der Organisation dienen. (...) Das Grundprinzip des Facility Managements besteht im ganzheitlichen Management auf strategischer und taktischer Ebene, um die Erbringung der vereinbarten Unterstützungsleistungen (Facility Services) zu koordinieren. Dies erfordert spezielle Facility Management-Kompetenzen und unterscheidet das Facility Management von der isolierten Erbringung ein oder mehrer Dienstleistungen« [49]

Hervorzuheben ist an dieser Definition der Aspekt der ganzheitlichen Betrachtung, wodurch sich FM von der herkömmlichen Gebäudebewirtschaftung/verwaltung unterscheidet.

2.2 Grundstrukturen

2.2.1 Warum sind Strukturen so wichtig?

Die Antwort liegt in erster Linie in der sehr heterogenen Ausprägung des FM-Marktes begründet. Auf der einen Seite drängt eine Vielzahl von Anbietern mit unterschiedlichsten Angeboten auf den Markt, während auf der anderen Seite potentielle Kunden, angetrieben von dem Wunsch, Kosteneinsparpotenziale zu finden und zu mobi-

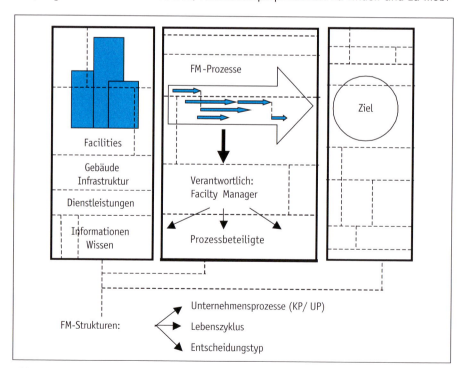

Abb. 2-3: Strukturen im FM

lisieren, ihre Gebäudebewirtschaftungs- und Infrastrukturprozesse neu gestalten wollen. An dieser Stelle ist eine Strukturierung des FM sinnvoll, um Leistungsbedarf und Leistungsangebote transparent und vergleichbar zu machen (vgl. [14]).

Den Begriff »Struktur« kann man erklären mit: Gefüge, Aufbau, innere Gliederung. In der Systemtheorie wird mit diesem Begriff die Menge der Beziehungen, die die Elemente eines Systems verbindet, bezeichnet. [15]

Im Wesentlichen gibt es drei Strukturansätze, die nachfolgend im Einzelnen erläutert werden:

- Orientierung an der Struktur von Prozessen und Abläufen in Unternehmen (Kernprozess (KP) und Unterstützungsprozesse (UP))
- Orientierung an den Lebensphasen eines Gebäudes (Das Lebenszykluskonzept)
- Orientierung an der Tragweite von zu treffenden Entscheidungen im FM (Strukturansatz nach Entscheidungstyp).

2.2.2 Kernprozess und Unterstützungsprozesse

Die Entwicklung von FM wurde durch den Ansatz initiiert, die Prozesse in Unternehmen in zwei Kategorien zu unterscheiden:

- Kernprozess
- Unterstützungsprozesse.

> »Ein Kernprozess ist ein Prozess, dessen Aktivitäten direkten Bezug zum Produkt eines Unternehmens besitzen und damit einen Beitrag zur Wertschöpfung im Unternehmen leisten. Ein Supportprozess ist demgegenüber ein Prozess, dessen Aktivitäten aus Kundensicht zwar nicht wertschöpfend, jedoch notwendig sind, um einen Kernprozess ausführen zu können« [16] (vgl. [17]).

Das primäre Ziel einer solchen Betrachtung sind Effektivitätssteigerungen im Kernprozess durch Konzentration auf das Kerngeschäft oder das primäre Unternehmensziel, was aufgrund des zunehmenden Wettbewerbsdruckes und der Internationalisierung der Märkte erforderlich ist.

> Ein Unternehmen ist ein von Menschen geschaffenes künstliches System von Elementen, deren Entscheidungsträger bestimmte Ergebnisgrößen, wie Umsatz, Gewinn, Marktanteile u. ä. ansteuern. Zur Maximierung dieser Ergebnisgrößen ist die Konzentration auf das Kerngeschäft notwendig (vgl. [18]).

In der für das FM grundlegenden Richtlinie GEFMA 100-1 [19] wird der Kernprozess »als Abfolge von Tätigkeiten, durch deren Ergebnisse sich eine Organisation im Markt gegenüber externen Kunden definiert und gegenüber Wettbewerbern differenziert« bezeichnet.

Facility Management hat demzufolge die Unterstützungsprozesse im Unternehmen zum Gegenstand. Für verschiedene Unternehmenstypen wurden beispielhaft Unterstützungsprozesse in der Tab. 2-1. dargestellt. Interessant ist dabei weniger, welche einzelnen Prozesse dem FM zuzuordnen sind und welche dem Kerngeschäft, als vielmehr die Tatsache, dass die Unterstützungsprozesse in den verschiedensten Unternehmen eine vergleichbare Struktur haben. Man kann die Unterstützungsprozesse unter dem Aspekt ihres konkreten Bezugs zu Gebäuden in zwei Kategorien unterteilen:

- gebäudenahe Unterstützungsprozesse, welche zum Betrieb von Gebäuden erforderlich sind und deren Gestaltung zwangsläufig mit der Gestaltung der Gebäude verknüpft ist (z. B. Energieversorgung oder Gebäudereinigung) und

Unternehmen	Kerngeschäft	Unterstützungsprozesse (Beispiele)
Versicherung	Erbringen von Versicherungsdienstleistungen	Betrieb und Unterhalt von Gebäuden Betrieb von TGA-Anlagen Betrieb von EDV-Anlagen Flächenmanagement
Bank	Erbringen von Finanzdienstleistungen	Betrieb und Unterhalt von Gebäuden Betrieb von TGA-Anlagen Betrieb von EDV-Anlagen Flächenmanagement
Automobilbau	Herstellen von Automobilen	Betrieb und Unterhalt von Gebäuden Betrieb von TGA-Anlagen Betrieb von EDV-Anlagen Flächenmanagement Werksinstandhaltung Logistik, Lagerhaltung Catering
Einzelhandel	Verkauf von Waren	Betrieb und Unterhalt von Gebäuden Betrieb von TGA-Anlagen Flächen- und Mietermanagement
Krankenhaus	Behandeln und Heilen von Patienten	Betrieb von TGA-Anlagen Betrieb von EDV-Anlagen Flächenmanagement Wäscherei Logistik, Lagerhaltung Catering
Energieversorgung	Erzeugung und Verteilung von Strom und anderen Energieträgern	Betrieb und Unterhalt von Gebäuden Betrieb von TGA-Anlagen Betrieb von EDV-Anlagen Logistik, Lagerhaltung

Tab. 2-1: Kernprozesse und Unterstützungsprozesse verschiedener Unternehmen

- gebäudeunabhängige Unterstützungsprozesse, welche zwar in der Regel in Gebäuden durchgeführt werden, die aber nicht direkt von der Gebäudegestaltung abhängig sind (z.B. Catering).

Stellt man die Frage, wie die Unterstützungsprozesse innerhalb des Unternehmens zu organisieren und kostenmäßig zu werten sind, so lässt sich tendenziell eine Konzentration aller Unterstützungsprozesse in einer Struktureinheit ausmachen, welche vom Wesen her als »Unternehmen im Unternehmen« als interner Dienstleister betrachtet wird (Abb. 2-4). Eine solche Herangehensweise hat Auswirkungen auf die Unternehmensstruktur, aber auch auf die Ausgestaltung der Kosten- und Leistungsrechnung. In engem Zusammenhang damit steht die Frage, inwieweit es Sinn macht, die Unterstützungsprozesse ganz oder teilweise an spezialisierte Dienstleister auszulagern. Dieses Thema ist Gegenstand der weit verbreiteten Outsourcing-Diskussion. Oftmals wird FM stark verkürzend mit Outsourcing gleichgesetzt (vgl. [20]). Dies geht am Kern der Sache vorbei, da nicht nur die Frage externes oder internes FM entscheidend ist, sondern vielmehr die strukturelle Durchdringung und methodische Gestaltung der maßgeblichen FM-Prozesse.

Abschließend ist der Frage nachzugehen, ob die Strukturierung in Kernprozess und Unterstützungsprozesse und deren Zusammenfassung zum FM ausnahmslos auf alle Unternehmenstypen und Organisationen übertragbar ist, oder ob es Ausnahmen gibt. So unterscheidet man in der Immobilienwirtschaft die Unternehmenstypen:

- non property companies
- property companies.

Erstere stellen die Allgemeinheit dar, d.h. es handelt sich um Unternehmen, deren Geschäftszweck nicht unmittelbar auf Immobilien ausgerichtet ist.

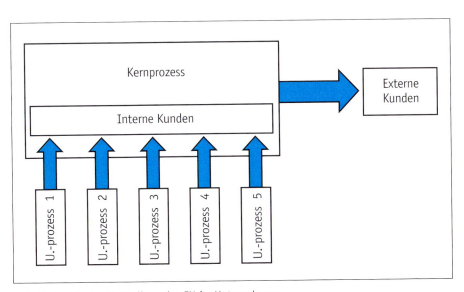

Abb. 2-4: Prinzipielle Stellung des FM im Unternehmen

> Non property companies sind Industrie-, Handels- und Dienstleistungsunternehmen, die zwar in der Regel über Grundbesitz und Immobilien verfügen, sich jedoch in ihrem Kerngeschäft nicht mit Immobilien beschäftigen.

Dagegen sind property companies Unternehmen der Immobilienbranche

- Immobilieninvestoren
- Wohnungsunternehmen
- Projektentwickler
- FM-Dienstleister
- Makler u. ä.

> Immobilienunternehmen, sog. property companies, sind Unternehmen, deren Kerngeschäft die Vermarktung von Immobilien und immobilienbezogenen Dienstleistungen ist.

Das bedeutet, dass für property companies die Erbringung von Unterstützungsprozessen anderer Unternehmen Unternehmenszweck, d. h. Kernprozess ist. In diesem Zusammenhang begrenzen eine Reihe von Autoren, die über FM schreiben, die Gültigkeit ihrer Aussagen auf die Gruppe der non property companies. Unzweifelhaft hat sich FM, ausgehend von den Konzentrationsbestrebungen auf das Kerngeschäft, als Methode im Bereich der non property companies herausgebildet. Betrachtet man aber das Methodensystem an sich, so wird deutlich, dass es sich auf jedes Unternehmen anwenden lässt. Letztlich ist auch die Existenz von Gebäuden oder anderweitiger materieller Infrastruktur nicht eine unbedingt zwingende Voraussetzung für die Anwendung des FM. Geht man vom Begriff der Unternehmensressource als Gegenstand von FM aus, so kann dieses beispielsweise auch sinnvoll in virtuellen Unternehmen angewendet werden. Für ein virtuelles Planungsbüro, welches Architekten und Ingenieure vereint, können z. B. das Anfertigen von technischen Zeichnungen (zumindest bestimmter Standardmodule), Kopierdienste, Zeichnungsverwaltung u. ä. als Unterstützungsprozesse und damit Gegenstand von FM angesehen werden. Zu überlegen wäre in diesem Fall, ob man solche Prozesse an spezialisierte Unternehmen (z. B. Zeichenbüros) auslagert.

2.2.3 Das Lebenszykluskonzept

Der Strukturansatz des Lebenszyklus stellt das Gebäude in den Betrachtungsmittelpunkt und hat dessen einzelne Lebenszyklusphasen zum Gegenstand. Die Bezeichnung und Gliederung der einzelnen Lebensphasen wird in der Literatur unterschiedlich gehandhabt. Im Wesentlichen kann man von folgenden Phasen ausgehen (siehe Abb. 2-5):

- Konzeption
- Planung
- Errichtung

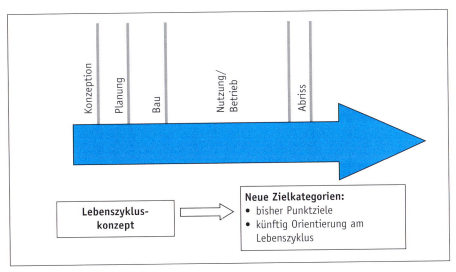

Abb. 2-5: Das Lebenszykluskonzept

- Nutzung/Betrieb
- Abriss.

Ausgehend von der durch starken Wettbewerbsdruck gekennzeichneten Marktsituation wird eine lebenszyklusorientierte Herangehensweise im Umgang mit Gebäuden immer häufiger realisiert. Dahinter steckt die fundamentale Erkenntnis, dass die Nutzungskosten von Gebäuden ein Vielfaches der eigentlichen Errichtungskosten betragen (vgl. [22, 23]). Aber nicht nur die Betrachtung der Nutzungskosten allein, sondern der gesamten Lebenszykluskosten ist der entscheidende Punkt. Bisher zerfiel der Lebenszyklus weitestgehend in zwei voneinander unabhängige Bereiche, in Bauphase (Konzeption, Planung, Errichtung) und Nutzungsphase.

Betrachtet man einerseits den gegenwärtig praktizierten Bauprozess, so stellt man fest, dass die Nutzungsphase während des Entstehungsprozesses nur unvollkommen berücksichtigt wird. In der Folge werden Bewirtschaftungskonzepte deshalb mehr oder weniger intuitiv realisiert, da aus Sicht der Nutzung und des Betriebes logischerweise rückwirkend keinerlei Einfluss auf die Gebäudegestaltung genommen werden kann (Abb. 2-6).

Diese Struktur des traditionellen Bauprozesses äußert sich auch in den formulierten Zielstellungen oder Erfolgskriterien, die sich ausschließlich an der Einhaltung von Kostenbudgets für die Errichtung und an Terminvorgaben für den Bauablauf orientieren. Das Bauvorhaben ist dann erfolgreich, wenn die Termine für die Fertigstellung eingehalten und die vorgegebenen Baukosten nach Möglichkeit nicht oder nur in vertretbarem Rahmen überschritten werden. Aus Sicht des FM muss die Kategorie »Erfolg« neu definiert werden. Während im bisherigen Baugeschehen entsprechend jahrhundertelanger Traditionen Erfolg im Sinne von zu erreichenden Punktzielen be-

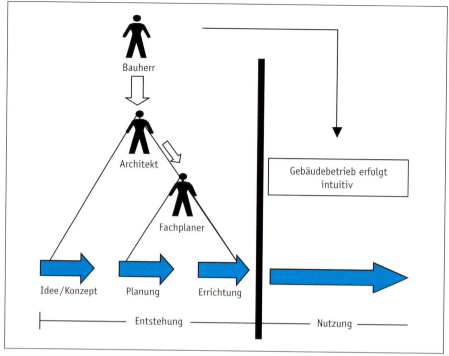

Abb. 2-6: Bisheriger Prozessablauf

trachtet wurde, muss ein Umdenken dahingehend erfolgen, dass sich Erfolg über den gesamten Lebenszyklus des zu schaffenden Bauwerks definiert (vgl. [24]). Vor allem muss der Prozess der Entstehung und Nutzung als Ganzes aufgefasst werden. Verantwortlich für den Gesamtprozess ist der Facility Manager als Teammanager, der mit den Spezialisten der einzelnen Aufgabengebiete zusammen arbeitet (Abb. 2-7).

Beim FM-gerechten Bauen setzt sich der Facility Manager an entscheidender Stelle dafür ein, dass die Belange der späteren Nutzung gebührend beachtet werden. Er beurteilt den Architektenentwurf dahingehend, ob vorgegebene Budgets für die Kosten in der Nutzungsphase eingehalten werden können. Dies ist besonders wichtig, da eine Reihe von Entscheidungen während der späteren Nutzungsphase nur noch sehr schwer korrigiert werden können. Der Ansatz wird verständlicher, wenn man sich den FM-Prozess als Regelkreis vorstellt (Abb. 2-8).

Konzentriert man sich auf die betriebswirtschaftliche Sicht, also auf das Erreichen bestimmter Kostenziele, so wird deutlich, dass die Kosten während der Gebäudenutzung entscheidend in den Phasen von Konzept, Planung und Errichtung beeinflusst werden können.

Grundstrukturen 2.2

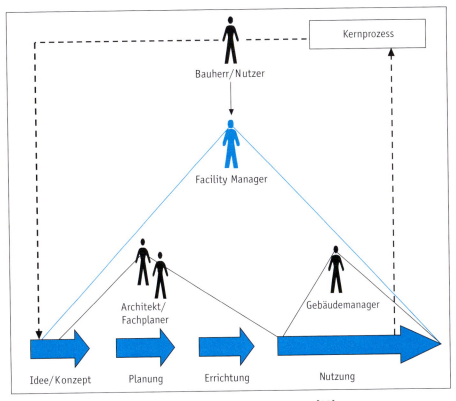

Abb. 2-7: Die Stellung des Facility Managers im Gesamtprozess [25]

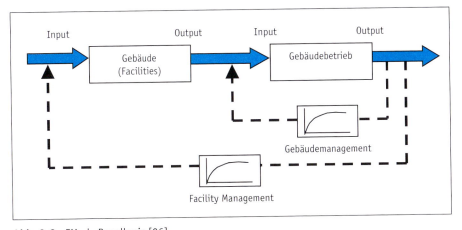

Abb. 2-8: FM als Regelkreis [26]

In der Abb. 2-9 stellt die Fläche unter der mit »Kostenzunahme« bezeichneten Kurve die Gesamtkosten, d.h. die Lebenszykluskosten der Immobilie dar. Das Ziel besteht darin, diese Kosten, d.h. die Fläche unter der Kurve, möglichst klein zu gestalten. Es wird aus der Darstellung evident, dass mit dem Winkel α_1 der weitaus größere Hebel zur Kostenbeeinflussung zur Verfügung steht als bei α_2.

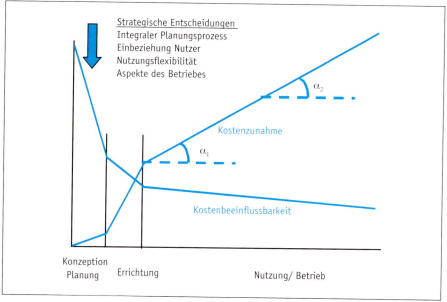

Abb. 2-9: Beeinflussbarkeit der Kosten im Verlauf des Lebenszyklus

2.2.4 Strukturansatz nach Entscheidungstyp

Aus der Analyse des Lebenszyklus kann man eine weitere Grundstruktur von FM ableiten. Strukturkriterium ist die Tragweite von Entscheidungen. Danach gliedert sich FM in zwei Ebenen:

- die strategische Ebene
- die operative Ebene.

Die Bedeutung dieses Strukturansatzes ergibt sich aus den sehr verschiedenen Methodensystemen, mit deren Hilfe die Prozesse der beiden Ebenen gestaltet werden.

2.2.4.1 Die strategische Ebene

Der strategische Entscheidungshorizont ist langfristig und orientiert sich am gesamten Lebenszyklus des Gebäudes. Ausgangspunkt sind strategische Zielstellungen:

- des Unternehmens
- des Immobilienmanagements (Corporate Real Estate Management CREM).

Die strategische Ebene des FM umfasst folgende Komponenten:

- die Planung und Errichtung von Gebäuden und im weiteren Sinne aller Facilities
- die Gestaltung des FM-Gesamtprozesses selbst.

Für die Gestaltung des FM-Gesamtprozesses sind verschiedene Aspekte wichtig:

- Welche Zielvorgaben hat das FM im konkreten Fall?
- Erarbeitung und Strukturierung der wichtigsten FM-Prozesse und Aufstellen von Einführungsstrategien
- Outsourcing ja/nein, in welchem Umfang, Einordnung interner FM-Abteilungen
- Informations- und Wissensmanagement, das die Aufgabe hat, alle notwendigen Informationen während des FM-Gesamtprozesses zu sammeln und zu systematisieren, damit alle Prozessbeteiligten darauf zugreifen können.

Zusammengefasst kann man definieren:

> Die strategische Ebene des FM umfasst weitreichende Entscheidungen, die sich auf den gesamten Lebenszyklus des Gebäudes auswirken. Sie betreffen die Gestaltung des Gebäudes und der Technik ebenso wie die Gestaltung des FM-Gesamtprozesses.

Methodisch liegt der Schwerpunkt in dem Bereich der systematischen Entscheidungsfindung (Kap. 7).

2.2.4.2 Die operative Ebene

Die operative Ebene des FM betrifft die »Tagesaufgaben« im FM und umfasst folgende Komponenten:

- Organisation und Umsetzung von FM-Prozessen
- Kosten- und Leistungsrechnung
- Controlling/Benchmarking
- Dokumentation
- Qualitätsmanagement
- Marketing.

Wichtig sind hier Methoden und Werkzeuge für die operative Abwicklung des Gebäudemanagements:

- Formalisierte Managementsysteme
- Betriebswirtschaftliche Steuerungsinstrumente wie Controlling und Benchmarking
- Informationssysteme, wie z. B. CAFM-Systeme (Software für das Computer Aided FM, siehe Abschnitt 5.5).

Auch beste strategische Voraussetzungen für die Gebäudebewirtschaftung, wie FM-gerechte Planung und Realisierung des Gebäudes, Einsatz von entsprechender Hard- und Software garantieren nicht allein die hohe Qualität der Dienstleistungen im Ob-

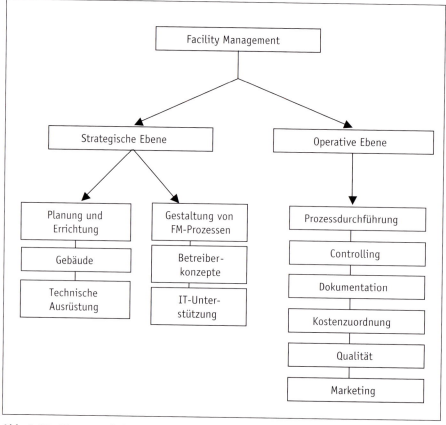

Abb. 2-10: Die strategische und die operative Ebene von FM (in Anlehnung an [27])

jekt. Für die Bearbeitung der laufenden Aufgaben ist ein Team von erfahrenen und engagierten Mitarbeitern erforderlich, das diese Voraussetzungen in höherwertige FM-Lösungen umsetzt. In diesem Zusammenhang sind auch für das FM Personalführungs- und Mitarbeitermotivationskonzepte sehr wichtig.

> Die operative Phase betrifft das Tagesgeschäft, d. h. die Organisation und Abwicklung von FM-Prozessen. Sie wird als Gebäudemanagement bezeichnet.

2.3 Wesentliche Merkmale von FM

Es lassen sich die folgenden charakteristischen Merkmale von FM herausarbeiten:

- Zielorientierung
- Prozessorientierung
- Kundenorientierung.

2.3.1 Zielorientierung

Nach Szyperski und Tilemann [28] kann man ein Ziel folgendermaßen definieren:

> Ein Ziel ist dem Inhalt nach ein für die Zukunft erwünschtes Ergebnis.

Angestoßen werden Zielüberlegungen meistens durch einen subjektiv empfundenen Spannungszustand, der auch einfach die »Unzufriedenheit mit der aktuellen Situation« sein kann. Die Dimensionen eines Zieles lassen sich angeben durch den

- Zielinhalt
- Zielausmaß
- zeitlichen Bezug.

Ziele müssen in diesen drei Dimensionen formuliert sein, um als Steuerungs- und Koordinationsfunktionen im Unternehmen wirken zu können. Das gilt gleichermaßen für die Einführung und Anwendung von FM. In der GEFMA 100-1 wird der Nutzen aus Sicht verschiedener Perspektiven im FM dargestellt:

- Nutzen für die Finanzen des Anwenders
- Nutzen für das Kerngeschäft des Anwenders
- Nutzen für die Kunden des Anwenders
- Nutzen für die Mitarbeiter des Anwenders
- Nutzen für die Umwelt.

Der Nutzen eines Gebäudes lässt sich gleichermaßen durch folgende Funktionen beschreiben:

- Aufenthalt von Menschen, z. B. zum Wohnen (Wohngebäude, Hotels u. ä.)
- Durchführung von Produktionsprozessen (Werkhallen)
- Durchführung von Geschäftsprozessen (Bürogebäude)
- Durchführung kultureller Prozesse (Konzertgebäude, Theater)
- Durchführung von Schulungs- und/oder Informationsveranstaltungen (Lehrgebäude, Kongressgebäude).

Gerade dem Qualitätsaspekt und dessen wissenschaftlicher Umsetzung insbesondere in Hinblick auf mess- und klassifizierbare Qualitätsmerkmale, kommt im FM zentrale Bedeutung zu (vgl. Abschnitt 3.4.3). Hier sollen zunächst qualitative Nutzenpotenziale aus der Literatur zusammengestellt werden. Es lässt sich Folgendes erreichen:

- allgemein höhere Dienstleistungsqualität:
  - bessere Reaktion auf Kundenwünsche bei der Umgestaltung von Räumen
  - schnellere Reaktion auf Störungen
  - schnellere Behebung von Störungen
- höhere Verfügbarkeit von Anlagen, Räumen oder Gebäuden
- Steigerung der Mitarbeitermotivation [29]
- Erhöhung der Betriebssicherheit.

Durch die Intensivierung von Informations- und Kommunikationsprozessen innerhalb des FM lassen sich speziell die folgenden Nutzenpotenziale herausarbeiten:

- Verbesserung der Kommunikation im Unternehmen [30] und damit verbesserter Informationsfluss (schnellerer Zugriff, Informationsflüsse können besser gesteuert werden)
- Anschaulichkeit und Verfügbarkeit von Daten, Informationen und Wissen steigen
- höhere Flexibilität in der Planung
- Controlling ist möglich
- neue Möglichkeiten zur Erstellung von Variantenvergleichen, Prognosen und Szenarien dienen zur optimalen Vorbereitung von Veränderungsprozessen
- aus Datenbeständen kann mehr Wissen gezogen werden, z. B. durch Statistiken über Stör- und Schadensfälle.

Ein wichtiger Nutzen ergibt sich für den FM-Anwender durch eine Verringerung des Aufwandes für die Gebäudebewirtschaftung, indem Kosten eingespart werden. Diese Kostenorientierung des FM ist eine der wesentlichen Gründe für die nach wie vor progressive Entwicklung des FM-Marktes in Deutschland. Das zeigt sich u.a. an den Strategien bei der Vergabe von FM-Dienstleistungen. Während im angelsächsischen Raum das Ziel oft darin besteht, für ein fixiertes Budget einen möglichst großen Nutzen zu erreichen, wird in Deutschland, ausgehend von einem definierten Nutzen, auf möglichst niedrige Kosten fokussiert. Das Ziel der Verringerung der Immobilienkosten ist nach wie vor der entscheidende Nachfrageimpuls (vgl. [31]: Einsparung von 25 % der beeinflussbaren Gebäudemanagementkosten [32]: Einsparung von 30–50 % der immobilienrelevanten Kosten).

Immobilienkosten selbst haben einen beachtlichen Stellenwert in den Gesamtkosten von Unternehmen (vgl. [33]: 12–18 %, [34]: 5–15 %, [35]: 10–18 %). Bei liegenschaftsbezogenen Aufwendungen im Verwaltungsbereich (vgl. [36]) liegen sie bei ca. 380 € pro Jahr und m^2 NGF (nach geänderter DIN 277-1 jetzt NRF) bzw. 15.300 € pro Jahr und Mitarbeiter.

In [7] werden quantifizierbare Aufwandsziele genannt, die in der Regel auf eine Reduzierung der Gebäudekosten hinauslaufen:

- Optimierte Flächennutzung im Bestand
  (10–30 % eingesparte Fläche; neue Erlösquellen durch Fremdvermietung)
- Senkung von Arbeitsplatzkosten (bis 30 %)
- Senkung von Betriebskosten (bis 30 %)
- Zeiteinsparung bei Veränderungsprozessen in Unternehmen, z. B. bei Umzügen (75 % Reduzierung der Umzugskosten in [29]), Einführung neuer Produktionsprozesse u. ä.

Was man durch Facility Management z. B. bei Bürogebäuden erreichen kann, geht aus der Erhebung der Nebenkosten von Bürogebäuden hervor, welche die Firma Jones Lang Lassalle GmbH jedes Jahr herausbringt (Büronebenkostenanalyse-Oskar). In der Ausgabe 2005 wurde rückblickend die Entwicklung der Nebenkosten in den zehn

Jahren zuvor dargestellt. Wie die Abb. 2-11 zeigt, haben sich die Nebenkosten speziell von klimatisierten Gebäuden deutlich verringert.

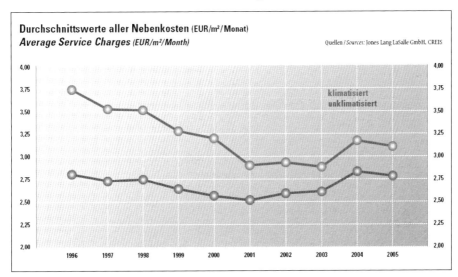

Abb. 2-11: Entwicklung der Nebenkosten von Bürogebäuden [50]

Fasst man zusammen, ergeben sich im FM drei Zielkomplexe:

- Funktionalziele (Was soll gemacht werden?)
- Qualitätsziele (Wie soll es gemacht werden?)
- Kostenziele (Was wird es kosten oder was darf es kosten?).

Diese drei Komplexe werden im Abschnitt 3.4 zu einem FM-Effizienzkriterium zusammengefasst.

Die Zielorientierung des FM führt in direkter Linie zu einem weiteren wesentlichen Merkmal von FM und zwar der Prozessorientierung. Nur durch die Verknüpfung von Teilaufgaben zu einem Prozess und zwar in Hinblick auf die eben angeführten Zielstellungen kann die, das FM an sich charakterisierende neue Qualität in der Gebäudebewirtschaftung praktisch erreicht werden.

2.3.2 Prozessorientierung

Die uns umgebende Welt ist eine Verkettung von unzähligen natürlichen, technischen, wirtschaftlichen und kulturellen Prozessen; gegenwärtig kommen noch virtuelle Prozesse hinzu. Natürliche Prozesse sind z. B. das Wachstum von Pflanzen, die Bewegung von Tieren oder physikalisch chemische Naturabläufe.
Im FM interessiert die Kategorie der »Managementprozesse«. Becker und Kahn [37] verstehen unter einem solchen Prozess »*die inhaltlich abgeschlossene, zeitlich und sachlogische Folge von Aktivitäten, die zur Bearbeitung eines prozessprägenden betriebswirtschaftlichen Objektes notwendig sind.*« Prozessprägende Objekte können sein:

- eine Dienstleistung, z. B. zur Durchführung einer Reparatur oder
- eine Rechnung, d. h. konkret die Erstellung einer Rechnung für eine durchgeführte Leistung (intern oder extern).

Die Eigenschaft »Prozessorientierung« ist der prägende Kerngedanke für das FM. Bedenkt man jedoch die eingangs aufgestellte These, dass sich FM vor allem darüber definiert, unter welcher übergreifenden Zielstellung und nach welcher Strategie Leistungen zu erbringen sind (vgl. Kapitel 1), muss in einer adäquaten Prozessdefinition auch der Aspekt der Zielorientierung integriert sein. Entscheidend für die Prozessdefinition im FM ist somit das Prozessziel. Ohne konkrete Zielstellung für den Prozess geht es lediglich um eine planlose Abarbeitung und Verwaltung einzelner Aufgaben und im schlimmsten Fall um »Dienst nach Vorschrift«. Dies berücksichtigend wird ein FM-Prozess durch folgende Definition bestimmt:

> Ein FM-Prozess ist eine inhaltlich abgeschlossene, zeit- und sachlogische Folge von Aktivitäten mit konkreter Zielstellung. Dabei umfasst das Prozessziel sowohl einen konkret hervorzubringenden Nutzen als auch ein Maß für den dafür einzusetzenden Aufwand.

Gebäudenahe FM-Prozesse (siehe Abschnitt 2.2.2) haben vier Ebenen (Abb. 2-12):

- die Prozessbasis, d. h. der Bereich des Gebäudes, der technischen Anlagen oder der Ausstattung, der unmittelbare Voraussetzung für die betreffende Funktion ist (z. B. Raumklima: Voraussetzung ist die Heizungsanlage und/oder die RLT-Anlage)

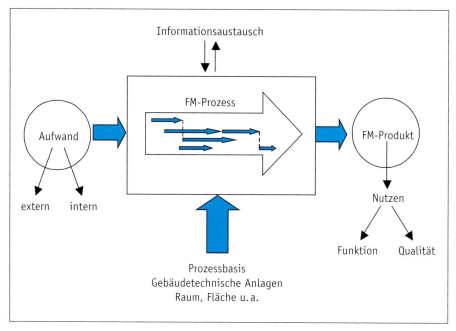

Abb. 2-12: Prozessmodell

- die Aufwandsebene: Erfassung des erforderlichen externen und internen Aufwands
- Ergebnis- bzw. Nutzenebene: Beschreibung der zu realisierenden Funktion und des zugehörigen Qualitätslevels
- Informationsebene: Austausch von Informationen mit dem Kunden und mit anderen Prozessen.

Bei gebäudeunabhängigen Prozessen entfällt die gebäudetechnische Basis.

Die Teilprozesse ergeben zusammen den FM-Gesamtprozess, der

- alle erforderlichen Dienstleistungen
- alle Daten, Informationen und das gesamte Wissen, die für die Erbringung der Dienstleistungen unbedingt erforderlich sind

umfasst. Die Aufgabe besteht darin, eine entsprechende Prozessstruktur für das FM aufzubauen (Abb. 2-13).

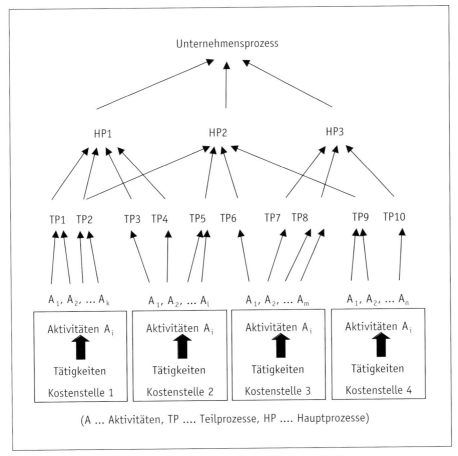

Abb. 2-13: Grundprinzip einer Prozessstruktur (in Anlehnung an [38])

Durch die Prozessgestaltung werden zwei Aspekte vorangetrieben:

- Die Kosten des Prozesses können im Rahmen einer aufzubauenden Prozesskostenrechnung bestimmt werden. Dadurch ist es möglich, einen größeren Anteil der Gemeinkosten verursachergerecht umzulegen (vgl. Abschnitt 4.3.5.).
- Die Qualität des FM-Produkts rückt stärker in den Focus. Aus Sicht der Praxis besteht der Bedarf, die Qualität messbar zu machen, damit Qualitätsaspekte in Verträge aufgenommen werden können (vgl. Service Level Agreement bzw. die Abschnitte 3.4.1 bis 3.4.3).

Die formelle Vorgehensweise ist folgende (in Anlehnung an [39]):

- Festlegen der Prozessziele
- Unterscheidung von Kern- und Supportzielen
- Prozessidentifikation und -strukturierung
    - Begriffsklärung
    - Leistungsanforderungen festlegen
    - Ablauf festlegen
    - Prozessgrenzen bestimmen
    - Ablaufoptimierung nach festgelegten Effizienzkriterien
    - Darstellung des Prozesses in Form von Organigrammen, Netzplänen und Arbeitsanweisungen
- Integration des Prozesses in das CAFM-System.

Entscheidender Faktor bei der Prozessstrukturierung ist die Kundensicht, d. h.

- Welche Leistungen benötigt der Kunde (Welche Funktionen zu welcher Qualität werden erwartet)?
- Wo befinden sich Schnittstellen direkt zum Kunden und wie nimmt der Kunde die Leistungserbringung wahr (z. B. durch die Raumtemperatur beim Prozess »Betreiben der Heizungsanlage«)?
- Was erwartet der Kunde in der Zukunft oder welche Anforderungen werden an den Kernprozess künftig gestellt und was ergeben sich daraus für das FM für Anforderungen und Randbedingungen?

Insofern dient die Prozessgestaltung als Instrument zur Ausrichtung der FM-Aktivitäten auf den Kunden. Das bedeutet, Gebäude und infrastrukturelle Einrichtungen werden nicht zum Selbstzweck betrieben, worauf im Folgenden eingegangen werden soll.

2.3.3 Kundenorientierung

Vor 100 Jahren war Kundenorientierung offensichtlich noch ein Fremdwort und Henry Ford, der amerikanische Automobilfabrikant konnte den Satz sagen: *»Bei mir kann der Kunde jede Farbe haben, vorausgesetzt, sie ist schwarz.«* Glücklicherweise haben sich die Zeiten geändert, was allein durch den Begriff der »Dienstleistungsgesellschaft« deutlich wird. Dieser drückt vor allem aus, dass Dienstleistungen einen wachsenden Stellenwert innerhalb des Gesamtwirtschaftprozesses erlangt haben. Will man das

Besondere an Dienstleistungen etwa im Vergleich zur Produktion materieller Güter herausstellen, so erkennt man, dass das Ziel einer Dienstleistung im Befriedigen von Bedürfnissen konkreter Kunden besteht. Dagegen hat beim Prozess der traditionellen Güterproduktion der Kunde deutlich anonymeren Charakter. Im Mittelpunkt des Dienstleistungsprozesses steht also der Kunde, gleichwohl schon im Wortstamm des Begriffes »Dienstleistung« das Wort »dienen« enthalten ist, was wiederum auf den konkreten Adressaten der Leistung hinweist. Balck [40] geht im Zusammenhang mit der Prozessdefinition soweit, dass die Voraussetzung für einen FM-Prozess ein Kunde ist, für welchen dieser erbracht wird. Das heißt: Ohne Kunde kein FM-Prozess.

Eine Definition für Dienstleistungen findet man in [41]:

> *»Dienstleistungen sind selbständige, marktfähige Leistungen, die mit der Bereitstellung und/oder dem Einsatz von Leistungsfähigkeiten verbunden sind. Dabei werden interne und externe Faktoren im Rahmen des Erstellungsprozesses kombiniert.*
> *Die Faktorenkombination des Dienstleistungsanbieters wird mit dem Ziel eingesetzt, an den externen Faktoren, an Menschen oder deren Objekten nutzenstiftende Wirkungen zu erzielen.«*

Dienstleistungen haben drei charakteristische Merkmale:

- Immaterialität
- Integration von externen Faktoren in der Prozessphase
- Gleichzeitigkeit von Leistungserstellung und Leistungsabgabe.

Beim externen Faktor handelt es sich um Objekte des Kunden, an denen die jeweilige Dienstleistung vollzogen wird. Ein Beispiel ist die Instandhaltung, welche an der Anlage des Kunden durchgeführt wird. Alle drei Charakteristika wirken sich entscheidend auf die Qualität im FM aus. Aufgrund der Immaterialität können Dienstleistungen nicht auf Vorrat produziert werden. Damit versagen qualitätssichernde Maßnahmen, wie sie beispielsweise in der Fertigungsindustrie verwendet werden (Aussonderung nicht qualitätsgerechter Zwischen- oder Endprodukte). Fehler im Dienstleistungsprozess wirken sich also unmittelbar auf das Ergebnis aus und können in der Regel nicht nachgebessert werden. Die Dienstleistung kann nur wiederholt werden. Hinzu kommt, dass der Kunde die Qualität einer Dienstleistung nicht nur nach deren Ergebnis einschätzt, sondern auch nach der Art und Weise der Prozessdurchführung. Letztlich hat der Kunde vielfach die Möglichkeit, in den Dienstleistungsprozess einzugreifen, was sich wiederum auf die Qualität auswirkt. Aus diesen Gründen sind für die Qualitätssicherung von Dienstleistungsprozessen Personalführungssysteme mit entsprechenden Anreiz- und Motivationskomponenten sehr wichtig.

Die Kunden, die Dienstleistungen beim FM in Anspruch nehmen, kann man in zwei Kategorien unterteilen:

- interne Kunden: die Mitarbeiter des eigenen Unternehmens
- externe Kunden: die Mitarbeiter des Auftraggebers.

2.4 FM und Immobilienmanagement

Aufgrund zunehmenden Wettbewerbsdrucks wächst die Bedeutung der Unternehmensressourcen, zu welchen an entscheidender Stelle die Immobilien gehören. Verschiedene Autoren diagnostizieren in diesem Zusammenhang die Entwicklung neuer Formen des betrieblichen Immobilienmanagements, welches ungeachtet der schon Eingangs genannten kaum überschaubaren Begriffsvielfalt überwiegend mit dem Fachwort »Corporate Real Estate Management (CREM)« bezeichnet wird. Ohne dass an dieser Stelle eine gründliche Analyse der Strukturen des CREM realisiert werden kann, soll zumindest die Einordnung des FM in das CREM untersucht werden. Dies bleibt ein schwieriges Unterfangen, weil die Hauptkomponenten des CREM, das

- Portfoliomanagement
- Assetmanagement
- Facility Management
- Gebäudemanagement
- Immobilienmanagement

selbst in der Fachliteratur in den verschiedensten Hierarchien und Verknüpfungen dargestellt werden. Einige Autoren sehen die genannten Funktionsbereiche als gleichberechtigt nebeneinander agierende Einheiten im Unternehmen, die sich ausgehend von verschiedenen Sichtweisen mit der Immobilie/dem Gebäude befassen, vgl. Balck [42] und Kahlen [43]. Andere dagegen sehen eher eine hierarchische Verknüpfung, so z. B. Frutig [44]. Um zu einer adäquaten Modellvorstellung zu gelangen, erscheint es unumgänglich, sich mit dem Stellenwert von Immobilien/Gebäuden in Unternehmen zu befassen. Die in der Begriffskombination »Immobilie/Gebäude« innewohnende duale Systematik soll dabei als Gliederung verwendet werden:

- Immobilien: Aktivposten in der Bilanz von Unternehmen (Bestandteil des Anlagevermögens als Sachanlage)
- Gebäude: funktionelle Voraussetzung für die Gesamtheit betrieblicher Prozesse, traditionelle Funktionen:
  - Voraussetzung zur Prozessdurchführung
  - Hüllen- und Schutzfunktion
  - Tragfunktion
  - Ordnungsfunktion.

Immobilien

Unsere Zeit ist gekennzeichnet durch einen Wechsel der Unternehmenskulturen. Es lässt sich beobachten, dass alle strategischen Maßnahmen in Unternehmen stringent an der Steigerung des Unternehmenswerts, d. h. dem Aktienwert (Shareholder value) ausgerichtet werden. In diesem Zusammenhang erfährt auch der Umgang mit Immobilien einen entscheidenden Wandel. Wurde bisher das Immobilienmanagement als reine Verwaltungsaufgabe begriffen, ist es heute erforderlich, das Potenzial der Ressource »Immobilien« maximal auszunutzen [45]. Die Zielstellung besteht nicht mehr im Verwalten, sondern in der Erhöhung des Geschäftswertes der Unternehmensimmobilien. Diese Forderung ergibt sich aus der Tatsache, dass das Immobilienvermögen deutscher Unternehmen sich in den Bilanzen auf einen Anteil von ca. 10 % am Gesamtvermögen beläuft. Dabei handelt es sich zunächst nur um die Buchwerte, d. h. die um Abschreibungen verminderten Anschaffungs- oder Herstellkosten. Der Verkehrswert dieser Immobilien liegt dagegen deutlich höher, was auch die Besonderheit von Immobilien verdeutlicht, die im Gegensatz zu sonstigen Betriebsmitteln, welche während der Lebensdauer beständig an Wert verlieren, in der Regel eine Wertsteigerung erfahren. Die Wertdimension deutscher Unternehmensimmobilien verdeutlichen folgende Beispiele [46]:

- Die Verkehrswerte der betrieblich genutzten Immobilien der Deutschen Bank AG belaufen sich auf etwa 6,13 Mrd. €. In der Bilanz des Unternehmens werden die Grundstücke und Gebäude mit einem Wertansatz von lediglich ca. 1,63 Mrd. € aufgeführt.
- Die Siemens AG verfügt über ein bilanzielles Immobilienvermögen von ca. 4,24 Mrd. €, dessen Marktwert auf bis zu ca. 25,56 Mrd. € geschätzt wird.

Die im Stellenwert gewachsene Wertdimension des Immobilienbestandes führt einerseits dazu, dass die Aktivitäten in diesem Bereich gebündelt werden. Bei vielen großen Konzernen werden Tochtergesellschaften gegründet, welche alle immobilienbezogenen Aufgaben wahrnehmen und darüber hinaus oft als Dienstleister am Markt agieren. Andererseits verlieren Immobilien unter dem Vermögensaspekt ihre bislang inne gehabte Sonderstellung. Während bisher Immobilien einen Wert an sich darstellten, müssen sie sich nunmehr mit allen anderen Vermögensformen im Unternehmen messen und ihren Beitrag zur Steigerung des Unternehmenswertes beitragen. Damit können Immobilien analog zu Aktien bewertet werden:

Aktie: **Immobilie:**
Aktienkurs = Marktwert
Dividende = Performance (Ertrag – Kosten)

Die Instrumente, mit deren Hilfe der Wertaspekt und zumindest unter globalen Gesichtspunkten auch der Kostenaspekt bedient werden, sind:

Portfoliomanagement	Im Blickpunkt steht der Immobilienbestand als Ganzes. Hier werden betriebsnotwendige und nicht betriebsnotwendige Immobilien systematisiert. Eine wesentliche Aufgabe besteht in der Entwicklung von Veräußerungs- und Vermarktungsstrategien für nicht betriebsnotwendige Immobilien, d. h. inwieweit müssen diese entwickelt werden, um mit maximalen Erfolg am Markt platziert werden zu können.
Assetmanagement	Asset (engl.: Vermögen). Hier wird das Anlagevermögen des Unternehmens, von welchem Immobilien ein Teil sind, betrachtet und Strategien zu dessen Optimierung entwickelt. Ausgehend vom gewandelten Stellenwert von Immobilien ist deren Wertaspekt im Vergleich zu anderen Anlageformen von Interesse.

Gebäude

Aber auch die funktionellen Anforderungen an Gebäude verändern sich, wobei der wichtigste Einflussfaktor die mit ungeheurer Dynamik stattfindenden Wandlungsprozesse in Wirtschafts- und Arbeitswelt ist (siehe ausführlich im Abschnitt 3.1). Unternehmen sind in immer kürzerer Folge gezwungen, ihre Angebotspalette den Erfordernissen des Marktes anzupassen. Technologien und Prozesse ändern sich laufend und ebenso die Anforderungen an die dafür benötigten Gebäude. Während bisher Gebäude mit generationenübergreifendem Zeithorizont errichtet wurden, verkürzen sich die Nutzungszyklen dramatisch. Riesige Fabriken der Chipindustrie beispielsweise veralten innerhalb weniger Jahre und werden im Extremfall bei anstehenden Produktionsverlagerungen sogar aufgegeben.

Hieraus leitet sich die zentrale Aufgabe für das FM ab: Die nutzungsgerechte Bereitstellung von Gebäuden (Flächen, Infrastruktur, Informationen – also Facilities) für die Durchführung von betrieblichen Prozessen bei geringst möglichen Kosten. Dabei sind Entscheidungen zu treffen wie:

- Neubau eines Gebäudes oder Umgestaltung vorhandener Möglichkeiten
- Neubau oder Anmietung
- Realisierung notwendiger Dienstleistung in Eigenregie oder Fremdvergabe, solche Entscheidungen werden als »make-or-buy-Entscheidungen« bezeichnet.

Im Mittelpunkt stehen somit die beiden Aspekte Nutzen und Kosten.

Während beim Wertaspekt der gesamte Immobilienbestand eine Rolle spielt, konzentriert sich das FM auf das einzelne Gebäude ohne die Gesamtstrategie aus dem Auge zu lassen.

Zusammenfassend kann man drei wesentliche Aspekte bei der Betrachtung von Immobilien/Gebäuden in Unternehmen herausstellen (Abb. 2-14):

- Wertaspekt (Portfolio- und Assetmanagement)
- Nutzenaspekt (Facility- und Gebäudemanagement)
- Kostenaspekt (alle).

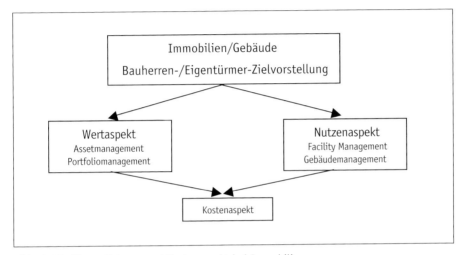

Abb. 2-14: Wert-, Nutzen- und Kostenaspekt bei Immobilien

Damit lässt sich die in der Abb. 2-15 dargestellte Struktur des CREM ableiten.

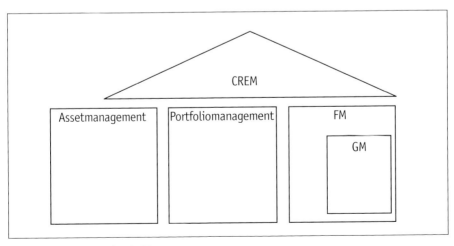

Abb. 2-15: Struktur des CREM

Durch das CREM, welches in der obersten Unternehmensebene angesiedelt ist, werden die Zielvorgaben für das FM formuliert. Diese, den gesamten Immobilienbestand betreffenden Ziele, werden im FM auf konkrete Gebäude transformiert (Abb. 2-16).

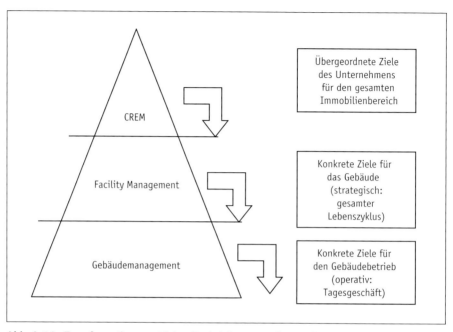

Abb. 2-16: Transformation von Zielen (in Anlehnung an [44, 47])

2.5 Verwendete Quellen

[1] Walter, R. (Hrsg.): Polytechnisches Wörterbuch englisch–deutsch. Berlin: VEB Verlag Technik 1987, S. 355
[2] Honby, A. S.; Parnwell, E. C.: The Progressiv English Dictionary. Oxford: Oxford University Press 1967, S. 92
[3] Honby, A. S.; Parnwell, E. C.: The Progressiv English Dictionary. Oxford: Oxford University Press 1967, S. 156
[4] Wöhe, G.; Döring, U.: Einführung in die Allgemeine Betriebswirtschaftslehre. 17., überarb. u. erw. Aufl. München: Verlag Franz Vahlen 1990, S. 95
[5] Wöhe, G.; Döring, U.: Einführung in die Allgemeine Betriebswirtschaftslehre. 17., überarb. u. erw. Aufl. München: Verlag Franz Vahlen 1990, S. 97
[6] Schulte, K.-W.; Pierschke, B.: Begriff und Inhalt des Facilities Management. In: Schulte, K.-W.; Pierschke, B. (Hrsg.): Facilities Management. Köln: Immobilien Informationsverlag Rudolf Müller 2000, S. 34
[7] Nävy, J.: Facility Management. Grundlagen, Computerunterstützung, Einführungsstrategie, Praxisbeispiele. 2., aktual. u. erw. Aufl. Berlin: Springer 2000
[8] Facility Management Institut GmbH (Hrsg.); Kahlen, H.: Facility Management 1. Entstehung, Konzeptionen, Perspektiven. Berlin: Springer 2001, S. 79
[9] Moslener, W. J. F.; Rondeau, E. P. (Hrsg.): Facility Management 2. Verfahren, Praxis, Potenziale. Berlin: Springer 2001, S. 6
[10] Schulte, K.-W.; Pierschke, B.: Begriff und Inhalt des Facilities Management. In: Schulte, K.-W.; Pierschke, B. (Hrsg.): Facilities Management. Köln: Immobilien Informationsverlag Rudolf Müller 2000, S. 35
[11] Seifert, F.: Was ist Facility Management? In: Lochmann, H. D.; Köllgen, R. (Hrsg.): Facility Management – Strategisches Immobilienmanagement in der Praxis. Wiesbaden: Gabler 1998, S. 30
[12] Nävy, J.: Facility Management. Grundlagen, Computerunterstützung, Einführungsstrategie, Praxisbeispiele. 2., aktual. u. erw. Aufl. Berlin: Springer 2000, S. 9
[13] Facility Management Institut GmbH (Hrsg.); Kahlen, H.: Facility Management 1. Entstehung, Konzeptionen, Perspektiven. Berlin: Springer 2001
[14] Hellerforth, M.: Facility Management – Immobilien optimal verwalten. Freiburg: Rudolf Haufe Verlag 2001, S. 13–36
[15] Facility Management Institut GmbH (Hrsg.); Kahlen, H.: Facility Management 1. Entstehung, Konzeptionen, Perspektiven. Berlin: Springer 2001, S. 238
[16] Becker, J.; Kahn, D.: Der Prozess im Focus. In: Becker, J.; Kugeler, M.; Rosemann, M.: Prozessmanagement – Ein Leitfaden zur prozessorientierten Organisationsgestaltung. 3., vollst. neubearb. u. erw. Aufl. Berlin: Springer 2002, S. 7
[17] Lochmann, H.-D.: Facility Management im Umfeld des modernen Managements. In: Lochmann, H. D.; Köllgen, R. (Hrsg.): Facility Management – Strategisches Immobilienmanagement in der Praxis. Wiesbaden: Gabler 1998, S. 14–17
[18] Paul, E.: Immobilienbewertung im Blickwinkel des Facilities Managements. In: Schulte, K.-W.; Pierschke, B. (Hrsg.): Facilities Management. Köln: Immobilien Informationsverlag Rudolf Müller 2000, S. 332
[19] GEFMA (Hrsg.): GEFMA 100-1 Facility Management Grundlagen. Bonn: GEFMA e.V. 2004-07, S. 4
[20] Facility Management Institut GmbH (Hrsg.); Kahlen, H.: Facility Management 1. Entstehung, Konzeptionen, Perspektiven. Berlin: Springer 2001, S. 112
[21] GEFMA (Hrsg.): GEFMA 100-1 Facility Management Grundlagen. Bonn: GEFMA e.V. 2004-07
[22] Rotermund, U.; Zain, R.: Nutzungskosten von Gebäuden. In: GEBÄUDE-MANAGEMENT Dossier, Ausgabe 14. Frankfurt am Main: Deutscher Fachverlag 2002

[23] Schneider, H.: Facility Management planen – einführen – nutzen. Stuttgart: Schäffer-Poeschel 2001, S. 225
[24] Balck, H.: Die Immobilie als Prozess-Reengineering von Immobiliendienstleistungen. In: Schulte, K.-W.; Pierschke, B. (Hrsg.): Facilities Management. Köln: Immobilien Informationsverlag Rudolf Müller 2000
[25] Krimmling, J.; Oelschlegel, J.; Höschele, V.: Technisches Gebäudemanagement – Instrumente zur Kostensenkung in Unternehmen und Behörden. Renningen: expert-verlag 2002, S. 16
[26] Krimmling, J.; Oelschlegel, J.; Höschele, V.: Technisches Gebäudemanagement – Instrumente zur Kostensenkung in Unternehmen und Behörden. Renningen: expert-verlag 2002, S. 17
[27] Krimmling, J.; Oelschlegel, J.; Höschele, V.: Technisches Gebäudemanagement – Instrumente zur Kostensenkung in Unternehmen und Behörden. Renningen: expert-verlag 2002, S. 3
[28] Szyperski, N.; Tilemann, T.: Produktionswirtschaftliche Ziele. In: Kern, W.: Handwörterbuch der Produktionswirtschaft. Stuttgart: Schäffer-Poeschel 1979. Zitiert nach: Warnecke, H.-J. (Hrsg.): Handbuch Instandhaltung. Band 1 – Instandhaltungsmanagement. 2., völlig überarb. Aufl. Köln: Verlag TÜV Rheinland 1992, S. 33
[29] Briese, D.: Immobilienpraxis im Technologiekonzern Siemens AG. In: Moslener, W. J. F.; Rondeau, E. P. (Hrsg.): Facility Management 2. Verfahren, Praxis, Potenziale. Berlin: Springer 2001, S. 162
[30] Briese, D.: Immobilienpraxis im Technologiekonzern Siemens AG. In: Moslener, W. J. F.; Rondeau, E. P. (Hrsg.): Facility Management 2. Verfahren, Praxis, Potenziale. Berlin: Springer 2001, S. 163
[31] Kreuz, W.; Heinz, T.: Facility Management in Deutschland im nächsten Jahrzehnt. In: Lochmann, H. D.; Köllgen, R. (Hrsg.): Facility Management – Strategisches Immobilienmanagement in der Praxis. Wiesbaden: Gabler 1998, S. 6
[32] Hellerforth, M.: Facility Management – Immobilien optimal verwalten. Freiburg: Rudolf Haufe Verlag 2001, S. 13
[33] Who is Who Facility Management 2000. Gütersloh: Bertelsmann Fachzeitschriften 2001, S. 10
[34] Schulte, K.-W.; Schäfers, W.: Einführung in das Corporate Real Estate Management. In: Schulte, K.-W.; Schäfers, W. (Hrsg.): Handbuch Corporate Real Estate Management. Köln: Immobilien Informationsverlag Rudolf Müller 1998, S. 40
[35] Neumann, G.: Benchmarking im Facilities Management. In: Schulte, K.-W.; Pierschke, B. (Hrsg.): Facilities Management. Köln: Immobilien Informationsverlag Rudolf Müller 2000, S. 243
[36] Neumann, G.: Benchmarking im FM. Führungskennzahlen für ein effektives Immobilien- und Dienstleistungscontrolling. Facility Management (1999), Nr. 5, S. 34
[37] Becker, J.; Kahn, D.: Der Prozess im Focus. In: Becker, J.; Kugeler, M.; Rosemann, M.: Prozessmanagement – Ein Leitfaden zur prozessorientierten Organisationsgestaltung. 3., vollst. neubearb. u. erw. Aufl. Berlin: Springer 2002, S. 6
[38] Grabatin, G.: Anwendung der Prozesskostenrechnung bei Facility Management. In: Feyerabend, F.-K.; Grabatin, G. (Hrsg.): Facility Management – Praxisorientierte Einführung und aktuelle Entwicklungen. Sternenfels: Verlag Wissenschaft und Praxis 2000, S. 269
[39] Becker, J.; Kahn, D.: Der Prozess im Focus. In: Becker, J.; Kugeler, M.; Rosemann, M.: Prozessmanagement – Ein Leitfaden zur prozessorientierten Organisationsgestaltung. 3., vollst. neubearb. u. erw. Aufl. Berlin: Springer 2002, S. 120–145
[40] Balck, H.: Organisationsentwicklung und Gebäude-Reengineering in einem Klinikum. Vortrag zum 8. Zittauer Immobilientag. Wissenschaftliche Berichte der Hochschule Zittau/Görlitz (2003), Nr. 77 (Ber.-Nr. 1984-2000)

[41] Oeljeschlager, J.; Tritt, W.: Service-Controlling. In: Schulte, K.-W.; Pierschke, B. (Hrsg.): Facilities Management. Köln: Immobilien Informationsverlag Rudolf Müller 2000, S. 474
[42] Balck, H.: Neue Servicekonzepte revolutionieren die Unternehmensinfrastruktur. In: Schulte, K.-W.; Schäfers, W. (Hrsg.): Handbuch Corporate Real Estate Management. Köln: Immobilien Informationsverlag Rudolf Müller 1998, S. 731–771
[43] Facility Management Institut GmbH (Hrsg.); Kahlen, H.: Facility Management 1. Entstehung, Konzeptionen, Perspektiven. Berlin: Springer 2001, S. 111
[44] Frutig, D.; Reiblich, D.: Facility Management – Objekte erfolgreich verwalten und bewirtschaften. Zürich: Versus Verlag 1995
[45] Facility Management Institut GmbH (Hrsg.); Kahlen, H.: Facility Management 1. Entstehung, Konzeptionen, Perspektiven. Berlin: Springer 2001, S. 109–110
[46] Schulte, K.-W.; Schäfers, W.: Einführung in das Corporate Real Estate Management. In: Schulte, K.-W.; Schäfers, W. (Hrsg.): Handbuch Corporate Real Estate Management. Köln: Immobilien Informationsverlag Rudolf Müller 1998, S. 40–42
[47] Krimmling, J.; Oelschlegel, J.; Höschele, V.: Technisches Gebäudemanagement – Instrumente zur Kostensenkung in Unternehmen und Behörden. Renningen: expert-verlag 2002, S. 4
[48] GEFMA (Hrsg.): GEFMA 100-1 Facility Management Grundlagen. Bonn: GEFMA e.V. 2004-07
[49] DIN EN 15221-1, Ausgabe Januar 2007: Facility Management – Teil 1: Begriffe; Deutsche Fassung EN 15221-1: 2006
[50] Jones Lang LaSalle GmbH (Hrsg.): OSCAR 2005 – Büronebenkostenanalyse. Düsseldorf 2005

3 Anforderungen an Gebäude und Prozesse

3.1 Dynamischer Wandel in Wirtschafts- und Arbeitswelt

Mensch und Haus sind elementare philosophische Kategorien. Sloterdijk [1] spricht von der Zähmung des Menschen durch das Haus und er beschreibt das Haus als Komponente im Menschwerdungsprozess: »*Denn sobald die sprechenden Menschen in größeren Gruppen zusammenleben und sich nicht nur an Sprachhäuser, sondern auch an gebaute Häuser binden, geraten sie ins Kraftfeld der sesshaften Seinsweisen ... Wo Häuser stehen, dort muss entschieden werden, was aus den Menschen, die sie bewohnen, werden soll; es wird in der Tat und durch die Tat entschieden, welche Arten von Häuserbauern zur Vorherrschaft kommen.*« Die These von »der Zähmung des Menschen durch das Haus« steht natürlich im Widerspruch zur Grundhoffung des FM, nach der Häuser so gestaltet werden können, dass der Mensch sie optimal nutzen kann. Die Gestaltung von Gebäuden in heutiger Zeit ist aufgrund gesellschaftlicher Wandlungsprozesse verschiedenen Veränderungen unterworfen, was in der Abb. 3-1 verdeutlicht wird.

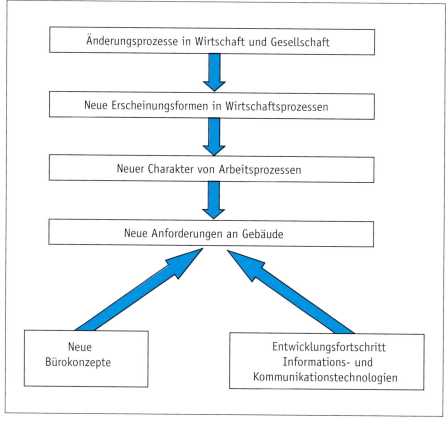

Abb. 3-1: Neue Anforderungen an Gebäude aufgrund von Änderungsprozessen

3.1 Dynamischer Wandel in Wirtschafts- und Arbeitswelt

Die gesellschaftlichen Wandlungsprozesse, welche sich maßgeblich auf die Entwicklung des FM und damit auch auf die Gestaltung von Gebäuden auswirken, lassen sich einerseits mit dem Übergang von der Industriegesellschaft zur Dienstleistungsgesellschaft beschreiben. Das bedeutet konkret, dass sich heute kaum noch ein Produkt ohne zusätzlichen Service verkaufen lässt. Andererseits wird der Begriff der Informationsgesellschaft gebraucht, was auf die Bedeutung von Information und Kommunikation hinweist. Briese [2] prognostiziert gar den bevorstehenden Übergang zur Wissensgesellschaft, da »durch den immer größer werdenden Bedarf an Informationen und Wissen die Vernetzung zur Schlüsseltechnologie wird.« Gerade der Aspekt der Vernetzung wirkt sich unmittelbar auf die Gestaltung von Gebäuden aus.

Eine Vielzahl von Autoren befasst sich mit diesen Veränderungsprozessen. Man kann die für das FM wichtigsten Thesen wie folgt zusammenfassen (vgl. [3, 4, 5]):

- Ausweitung des Dienstleistungssektors im Verhältnis zur traditionellen Industrieproduktion
- Globalisierung der Volkswirtschaften, weltweite Zusammenschlüsse und permanente Umstrukturierungen von Großkonzernen
- Revolutionäre Entwicklung von Informations- und Kommunikationstechnologien als Motor für Veränderungsprozesse.

Globalisierungsprozesse führen dazu, dass sich Unternehmensgebilde ständig ändern. Großkonzerne verkaufen oder kaufen Unternehmen oder Unternehmenssparten mit dem Ziel, sich auf Kerngeschäfte zu konzentrieren. Hier ist weniger interessant, was die Ziele solcher Strukturierungsprozesse im Einzelnen sind, sondern allein die Tatsache, dass sich dadurch die Hierarchien und Geschäftsprozesse in den einzelnen Einheiten ändern und dies in immer häufigerer Folge. Auf die Gebäudeebene transferiert bedeutet das, dass die Anforderungen an die Flexibilität, d.h. die Umnutzbarkeit ständig steigen.

Es kommt zu neuen Erscheinungen im Wirtschaftsprozess:

- Bildung virtueller Unternehmen, das bedeutet beispielsweise, dass Planungsspezialisten, welche an verschiedenen geografischen Orten arbeiten, sich projektbezogen zu Arbeitsgemeinschaften zusammenschließen, die über das Internet miteinander kommunizieren.
- Verknüpfung »virtueller« Komponenten mit realer Welt (z.B. »virtuelle« Planung wie oben beschrieben und reale Fertigung).
- Entwicklung »fraktaler« oder »atmender« Fabriken, die aufgrund durchgehender Kommunikationswege vom Kunden zum Produzenten und von diesem bis zu den beteiligten Zulieferern sehr flexibel sind und dadurch genau nach dem aktuellen Bedarf produzieren. Solche Fabriken sind beispielsweise im modernen Automobilbau bereits heute gängige Praxis.
- Elektronic-Business (bezeichnet als E-Business), d.h. Realisierung von Kaufprozessen über das Internet, was zu einem erheblichen Wandel der Kaufkultur führt

und typische Verkaufsgebäude überflüssig macht (vgl. [6], wo die zunehmende Nachfrage nach E-Business-Aktivitäten auch im FM konstatiert wird). Ein Beispiel ist das Online-Banking, wodurch sich das bisher wesentlich über ein repräsentatives Gebäude definierende Image einer Bank völlig ändern wird. Die Bank wird über das Internet wahrgenommen und nicht durch ihr Gebäude.

Aus Sicht des Einzelnen ändert sich vor allem der Charakter von Arbeitsprozessen:

- Zunahme von Projektarbeit über begrenzte Zeiträume und wechselnde Team-Strukturen.
- Weltweit computergestützte Teamarbeit, d. h. man wird projektbezogen mit Leuten zusammenarbeiten, ohne mit ihnen persönlich zu sprechen. »Zusammenarbeiten« äußert sich dann so, dass alle Beteiligten an einem Objekt auf einem zentralen Server arbeiten.
- Telearbeit, d. h. immer mehr Arbeitsprozesse (auch mit geringen Qualifikationsanforderungen) werden computerbasiert ablaufen, siehe z. B. Call-Center.
- Auflösung ortsfester Arbeitsplätze, d. h. Mitarbeiter arbeiten heute nicht mehr nur im Unternehmen an einem Platz, sondern an verschiedenen Plätzen im Unternehmen (Einbindung in sich ständig ändernde Teams), aber auch oft direkt beim Kunden. Solche mobile Arbeitsformen werden zunehmend auch im mittleren Management von Großunternehmen relevant. [7]
- Zeitliche Flexibilisierung, d. h. den klassischen Achtstundentag wird es nicht mehr geben, wie überhaupt in vielen Bereichen die Arbeitsleistung nicht mehr nach Zeit, sondern nach erreichtem Ergebnis bemessen wird.

Ein wesentlicher Impuls für die beschriebenen Wandlungsprozesse ist der rasante Entwicklungsfortschritt im Bereich der Informations- und Kommunikationstechnologien. Das lässt sich mit folgenden Stichworten beschreiben:

- Die expotentiell zunehmende Verbreitung von Computern in allen Bereichen der Lebens- und Arbeitswelt, verknüpft mit der breiten Entwicklung von Software (siehe auch das Thema Hardware-Miniaturisierung, durch welche das Preis/Leistungsverhältnis ständig verbessert wird).
- Die Digitalisierung der Text-, Bild- und Ton-Verarbeitung (Kopieren, Scannen, Fotografieren, Videoconferencing, interaktives Fernsehen u. a.), siehe auch die Vision vom »papierlosen Büro«, welche heute angesichts der verfügbaren Technologien gar nicht mehr so visionär erscheint.
- Die weltweite Computervernetzung auf der Basis ständig fortschreitender Entwicklungsstufen moderner Telekommunikationsnetze (ISDN, DSL, UMTS) [8].
- Die Anwendung von 3D-Projektionstechnologien im Design- und Entwurfsprozess (z. B. in der Fahrzeugentwicklung [9]), was eine völlig neue Generation von Computerarbeitsplätzen erforderlich macht.
- Die Entwicklung von Technologien zur Unterstützung von kreativen Denkprozessen, wie z. B. interaktiver Wände oder »Virtual-Reality-Systeme«, in welchen beispielsweise Entwurfsprozesse von Gebäuden, Fahrzeugen u. a. realitätsnah simuliert werden können. [10]

Die geschilderten Veränderungen haben direkte Auswirkungen auf die Anforderungen und damit die Gestaltung und die Funktion von Gebäuden. Der im vorherigen Kapitel bereits erwähnte Nutzenaspekt gewinnt auf verschiedene Art an Bedeutung:

- Aufgrund zunehmender Spezialisierungen im Bereich der Fertigung, aber auch im Dienstleistungsbereich, werden die Anforderungen an Gebäude immer spezieller. Das führt wiederum dazu, dass Gebäude nach Auslaufen eines Fertigungsprozesses kaum anderweitig verwendet werden können.
- Die Dynamisierung führt dazu, dass sich Kernprozesse ständig ändern, d. h. an veränderte Marktbedingungen und veränderte Kundenerwartungen angepasst werden. Also müssen Gebäude trotz der hohen Spezialisierung auf der einen Seite auch flexibel hinsichtlich sich permanent ändernder Anforderungen sein.

Diese Tatsachen erscheinen umso wichtiger, als dass sich nicht nur die Gebäude selbst ändern oder verändert werden müssen, sondern dass vor allem auch der Prozess ihrer Entstehung und Nutzung grundlegend modifiziert werden muss. Auch dieser Veränderungsdruck ist ein Impuls für die Herausbildung von FM.

3.2 Moderne Büroarbeitswelten

Die analysierten Veränderungsprozesse wirken sich größtenteils im Bereich der Büroarbeitsprozesse aus, welche ohnehin im Vergleich zu Hauptprozessen der traditionellen Industrieproduktion an Bedeutung gewonnen haben. Das hängt in erster Linie mit der wachsenden Bedeutung von Serviceprozessen zusammen. Zunächst erscheint eine Analyse der Kategorien

- Büroarbeitsprozess
- Büro als die prozessbestimmende Struktureinheit
- Bürogebäude als die Lokalität, in der die Prozesse stattfinden.

sinnvoll. Betrachtet man die Prozessbeteiligten, so lassen diese sich strukturieren nach (siehe auch [11])

- Individuen
- Teams
- Organisationen.

Das verbindende Element ist die Vernetzung (hier als umfassende Kategorie zu verstehen):

- Vernetzung durch Gebäudestrukturen, die eine angemessene verbale Kommunikation durch Gespräche, Kolloquien u. ä. ermöglichen.
- Vernetzung auf der Basis entsprechender Informationssysteme und -netze, d. h. konkret realisiert mit Hilfe von Hard- und Software sowie entsprechenden Organisationsstrukturen wie Internet und Intranet.

Bauer [12] beschreibt das Bürogebäude der Zukunft als »*ein Ort der Kommunikation, der Teamarbeit, der kooperativen Planung und des informellen Austausches.*«

Die kleinste Struktureinheit des Büroarbeitsprozesses, das Büro selbst, erfährt einen beachtlichen Paradigmenwechsel. Schneider und Gentz [13] beschreiben das mit folgenden Worten: »*Der typische Büroarbeitsplatz ist nicht mehr an einen Ort gebunden, sondern setzt sich aus vielen Einzelplätzen an verschiedenen Orten zu verschiedenen Zeitpunkten zusammen. Das Büro löst sich immer mehr von einem eindeutigen Arbeitsplatz in einem bestimmten Gebäude. Es kann immer besser durch den Prozess charakterisiert werden, der durch das Büro repräsentiert wird.*« Mehrere Autoren bezeichnen den Büroarbeitsplatz als einen Knoten in einem Kommunikationsnetz.

Betrachtet man nun den Immobilienmarkt, so äußern sich die Veränderungsprozesse durch eine veränderte Nachfragestruktur bei Bürogebäuden. Nach [14] wird sich die Branchenstruktur der Mieter immer mehr zu solchen Bereichen wie:

- Informationstechnik
- Medienwirtschaft

verschieben, d.h. zu Branchen, in denen Informations- und Kommunikationstechnologien eine besonders große Rolle spielen.

Verschiedene neue Bürokonzepte wurden als Antwort auf die Veränderungsdynamik entwickelt. Architektonisch determinierte Konzepte systematisiert Pierschke [15] (siehe auch Tab. 3-1):

- Zellenbüro
- Großraumbüro
- Gruppenbüro
- Kombibüro.

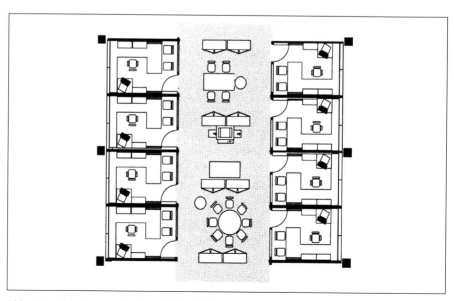

Abb. 3-2: Beispielgrundriss Kombibüro [16]

	Charakteristik	Vorteile	Nachteile
Zellenbüro	25–40 m² 1–3 Mitarbeiter	gute Bedingungen für ein bis zwei Personen	– bei Änderungen des Arbeitsablaufes schwer anpassbar – Kommunikations- und Informationsfluss erschwert
Großraumbüro	600–1.000 m²	– sehr gute Kommunikation der Mitarbeiter untereinander – gute Apassungsfähigkeit an veränderte Formen der Zusammenarbeit – gute Organisations- und Kontrollmöglichkeit	– Beeinträchtigung/Verminderung der Konzentration – Verlust des persönlichen Einflusses auf den Arbeitsplatz – fehlende Identifikation – fehlende Sichtbeziehung zur Außenwelt – sozial unpersönliche Aufsicht durch die Großgruppe – immer nur als Großraumbüro nutzbar (Umbauaufwand)
Gruppenbüro	70–100 m² 10–15 Mitarbeiter	– unbegrenzte Kommunikationsmöglichkeiten des Großraumbüros sind oft nicht erforderlich – Identifikation des Mitarbeiters mit Büro und Umgebung ist möglich – individuelle Gestaltung ist möglich	– Fehlen von multimedialen Präsentations- und Konferenzmöglichkeiten
Kombibüro	Kombination von Zellen- und Gruppenbüros sowie multimedialen Konferenzräumen	Entspricht am ehesten den Anforderungen moderner, d. h. dynamischer Arbeitsprozesse.	Da die traditionellen Bürokonzepte im Sinne einer neuen Philosophie miteinander kombiniert werden, sind in verallgemeinerbarer Hinsicht keine Nachteile erkennbar.

Tab. 3-1: Typische Büroformen (vgl. [15])

Letzteres ist eine Gestaltungslösung, die insbesondere auf den Mobilitätsaspekt von Büroarbeitsprozessen abzielt. Das Kombibüro ist eine Antwort auf die von Fuchs [17] beschriebenen Anforderungen für moderne Büros. Demzufolge werden Büros benötigt, die

- eine maximale Abschirmung für den einzelnen Arbeitsplatz bieten, aber auch
- dessen maximale Einbindung in Arbeitsteams

möglich machen. In [18] werden Kombibüros als flex-space-Büro oder als »non-territorial office« bezeichnet. In [19] wird der Begriff des »Revibüros« geprägt, bei welchem maximale Veränderungsmöglichkeiten bestehen. Folgende Merkmale sind für das Kombibüro kennzeichnend:

- mehrere Mitarbeiter teilen sich das Kombibüro
- einzelne, persönliche Arbeitsplätze sind nicht mehr zuordenbar
- die Einrichtung wird gemeinschaftlich genutzt
- Teamarbeit und das zufällige Herbeiführen informeller Kontakte werden unterstützt.

Parallel dazu gibt es eine Entwicklung vom bislang multifunktionalen Arbeitsplatz für eine Vielzahl von Funktionen zu monofunktionalen Arbeitsplätzen, z. B. für

- Büroaufgaben (Schreiben u. ä.)
- Grafikarbeitsplätze
- Plätze zum Lesen, Denken
- Räume für Besprechung, Präsentation
- u. a.

Für die Bemessung von Büroarbeitsplätzen siehe DIN 4543-1 [20].

3.3 Interessenkonstellationen

Während in den vorangegangenen beiden Abschnitten allgemeine Entwicklungstendenzen und die sich daraus ergebenden Anforderungen an Gebäude beschrieben wurden, muss nun überlegt werden, aufgrund welcher Interessenkonstellationen diese allgemeinen Aspekte im konkreten Projekt oder Gebäude wirksam werden. Deshalb werden im Folgenden die Interessenkonstellationen, die sich im Zusammenhang mit der Errichtung und Nutzung von Gebäuden ergeben, analysiert. Eine solche Konstellation kann man mit Hilfe von zwei Fragen charakterisieren:

- Wer hat bestimmte Interessen?
- Welcher Art sind diese Interessen?

Hinsichtlich der ersten Frage können wir unterscheiden in:

- Individualinteressen
- Allgemeininteressen.

3.3.1 Individualinteressen

Am Prozess der Entstehung und Nutzung eines Gebäudes sind im Allgemeinen folgende Personengruppen beteiligt:

- Bauherr
- Nutzer
- Finanzier
- Architekten und Ingenieure
- Sonderfachleute (Bodengrundgutachten, Vermessung, Akustik u. a.)
- Berater (Unternehmensberater, FM-Berater, EDV-Berater)
- Bauausführende
- Gebäudebetreiber
- Gebäudenutzer
- Dienstleister.

Die Frage, welcher Art die Interessen speziell des Nutzers sind, führt auf vier Kategorien (Tab. 3-2):

- Funktionalität[1]
- Komfort- und Behaglichkeit
- Image
- Wirtschaftlichkeit.

Mit Hilfe dieser Kategorien lässt sich für jedes Gebäude ein konkretes Anforderungsprofil erstellen, das als Grundlage für die Gebäudeplanung dient. Auf der Basis dieses Profils kann der beauftragte Architekt verschiedene Gebäudekonzepte entwickeln. Eine Bewertung dieser Entwurfsvarianten erfolgt ebenfalls an Hand dieser Kriterien, welche formal mit Hilfe der Methode der Nutzwertanalyse (Kap. 7) miteinander verknüpft werden.

3.3.2 Allgemeininteressen

Aber auch die Allgemeinheit vertreten durch

- Behörden, Ämter
- Träger öffentlicher Belange
- Verbände u. ä.

verfolgt Interessen an diesem Prozess:

- Qualität der Städte- und Landschaftsgestaltung
- Volkswirtschaftliche Interessen (Beitrag zum Bruttosozialprodukt der wirtschaftlich Beteiligten, Arbeitsplätze)

---

[1] Hier geht es zunächst um die aus den Arbeits- und Geschäftsprozessen abgeleitete Funktionalität. Funktionsflächen für Haustechnik beispielsweise werden an anderer Stelle behandelt.

Funktionalität	Gebäude muss für beabsichtigte Prozesse geeignet sein: – Büroarbeitsprozesse – Technologische Prozesse – Wohnen – Kultur Parameter, die die Funktionalität beschreiben, z. B.: – Flächenbedarf – Raumprogramm – Tiefgaragenplätze
Komfort und Behaglichkeit	Die benötigten Funktionen können auf verschiedenen Qualitätsniveaus bereitgestellt werden. Beispielhafte Parameter: – behagliches Raumklima (Lüftung/Klimatisierung, Beleuchtung) – hervorragende Kommunikationsmöglichkeiten (z. B. Besprechungsräume, Präsentationsräume mit modernster Technik) – attraktive Dienstleistungen (Cafeteria, Restaurant, Einkaufsmöglichkeiten, Fitness u. a.) – Parkmöglichkeiten, Verkehrsanbindungen
Image	Die Imagewirkung eines Gebäudes hat zwei Richtungen: – nach innen: Wirkung auf die Mitarbeiter – nach außen: Wirkung auf Kunden, Geschäftspartner, die Öffentlichkeit
Wirtschaftlichkeit	Es besteht die Forderung, die genannten Ziele, mit möglichst niedrigen Lebenszykluskosten zu realisieren. – Errichtungskosten – Nutzungskosten Neben dem Kosteneffekt ist noch der Werteffekt zu beachten, siehe Abschnitt 2.4.

Tab. 3-2: Grundlegende Kategorien von Individualinteressen

- Interesse am sparsamem Umgang mit Ressourcen aller Art (bei Gebäuden geht es hauptsächlich um einen geringen Energieverbrauch)
- Vermeidung gesundheitlicher Beeinträchtigung von Gebäudenutzern (Sick-Building-Syndrom)
- Vermeidung schädlicher Umwelteinwirkungen (Emissionen, Abfall, Rückstände)
- Vermeidung von Belästigungen (Lärm, Geruch, Verkehrsbehinderung).

Insgesamt kann man die angeführten Allgemeininteressen auch unter dem Begriff der Nachhaltigkeit subsumieren.[2] Nachhaltigkeit (engl. sustainability) umfasst drei Zielkategorien:

- ökologische Ziele
- soziale Ziele
- wirtschaftliche Ziele.

---

[2] Dies deckt sich zwar nicht völlig mit den üblichen Definitionen, zielt aber auf die Kernaussage ab.

3.4 Anforderungen an Prozesse
3.4.1 Ableitung eines FM-Effizienzkriteriums

Während die bisherigen Ausführungen dieses Kapitels in Zusammenhang mit der Prozessbasis (Gebäudegestaltung) sowie der Nutzenebene (Individualinteressen des Nutzers) standen, muss nun die Aufwandsebene von FM-Prozessen diskutiert werden. Das bedeutet, dass für Unternehmen und Organisationen das allgemein geltende Primat der Wirtschaftlichkeit in die Prozessgestaltung als umfassendes Korrektiv einzubeziehen ist.

Allgemein lässt sich Wirtschaftlichkeit[3] als das Verhältnis von Ertrag zu Kosten definieren:

$$Wirtschaftlichkeit = \frac{Ertrag}{Kosten}$$

Die Schwierigkeit bei der Anwendung des Wirtschaftlichkeitskriteriums auf das FM besteht ohne Zweifel darin, dass kein Ertrag in monetärer Form ausgewiesen werden kann. Behelfen kann man sich nur, indem man anstelle des Ertrages den Nutzen verwendet und folgendes schreibt:

$$E_{FM} = \frac{Nutzen}{Kosten}$$

E_{FM} soll als FM-Effizienzkriterium bezeichnet werden. Ungeachtet der schwierigen praktischen Handhabbarkeit eines solchen Kriteriums, lässt sich aber folgender, sehr

> Kostenziele im FM sind nur sinnvoll, wenn für die zu erbringende Funktion ein dazugehöriges Qualitätslevel angegeben wird.

Der im FM-Effizienzkriterium genannte Nutzen lässt sich in die beiden Kategorien:

- der jeweils einzelnen Funktion und
- der dazugehörigen Qualität (gemeint ist das Maß oder das Level bestimmter Qualitätsmerkmale)

aufspalten, was beispielhaft in der Tab. 3-3 dargestellt ist. Man kann damit konkreter definieren:

$$E_{FM} = \frac{Nutzen}{Kosten} = \frac{Funktion + Qualität}{Kosten}$$

---

[3] Wöhe weist darauf hin, dass bei einer solchen Formulierung Wirtschaftlichkeits- und Rentabilitätsvorstellungen miteinander vermischt werden, was aber für unsere Betrachtungen außer Acht gelassen werden kann (siehe Wöhe, G.: Einführung in die allgemeine Betriebswirtschaftslehre, München: Vahlen 1990, S. 149).

Beispiele für Funktionen	zugehörige Qualität
Raumwirkung (im Sinne von Ästhetik)	Ausstattungs- und Komfortniveau (Innenausbau, Materialien, Möblierung usw.)
Raumklima	Verfügbarkeit eines bestimmten Raumklimas, definiert durch Behaglichkeit und Raumluftqualität
Raumbeleuchtung	Verfügbarkeit einer visuellen Raumsituation, visuelle Behaglichkeit
Sanitärfunktionen	Verfügbarkeit, Hygienegrad, Sauberkeitsgrad
Sauberkeit	Sauberkeitsgrad zu bestimmten Zeiträumen
Sicherheit	Sicherheitsniveau
Transport	Verfügbarkeit (Transportbehaglichkeit)
Kommunikation	Verfügbarkeit, Kommunikationsniveau
Versorgung mit Speisen	Verfügbarkeit, kulinarische Behaglichkeit

Tab. 3-3: Beispiele für Funktionen und zugehörige Qualität

Es ist ersichtlich, dass die Qualität einer Funktion immer etwas mit der Verfügbarkeit einer bestimmten Eigenschaft wie

- Raumklima
- Lichtsituation
- Transportmöglichkeiten
- usw.

zu tun hat. Im üblichen Sprachgebrauch werden die Kategorien »Funktion« und »Qualität« oft vermischt, siehe z. B. die Beschreibung des Nutzens im Abschnitt 3.2 der GEFMA 100.

Die Schwierigkeit in der Anwendung des dargestellten Effizienzkriteriums besteht darin, die Qualität der Gebäudenutzung messbar und damit quantifizierbar zu machen. Qualität bedeutet nach [21] »*die gute Erfüllung menschlicher Bedürfnisse*«; nach [22] »*die Abwesenheit von Fehlern und das Gefühl von Perfektion*«, in der einschlägigen DIN ISO 9000 [23] wird Qualität als die »*Erfüllung von Erfordernissen und Erwartungen*«, d. h. Übereinstimmung von Produkt und Kundenforderungen oder -erwartungen definiert. Zur Definition der Qualität von FM-Leistungen ist die GEFMA 700 [24] heranzuziehen, in welcher ein umfassendes Qualitätsverständnis begründet wird. In erster Linie geht es um die Erfüllung von Kundenanforderungen, aber auch um das Einhalten gesetzlicher Anforderungen, die Abwehr von Risiken für die Kundenorganisation sowie die Bewahrung von Gesundheit und Wohlbefinden der betreffenden Menschen.

Qualität lässt sich somit als das Maß der Übereinstimmung von Prozessergebnis und Kundenforderung oder -erwartung verstehen.

Die Aufgabe besteht fortführend darin, die Qualitätsdefinition praktisch handhabbar zu machen. Das führt in direkter Linie zu der Aufgabe, die Qualität der einzelnen Funktionen mess- und klassifizierbar zu machen. Dabei muss man beachten, dass die Qualität von Dienstleistungen zwei Dimensionen hat:

- Eine objektive Dimension, die i. A. auf messbare Größen zurückgeführt werden kann (siehe [26]), wo ein Behaglichkeitssensor für die Messung der die thermische Behaglichkeit beeinflussenden Wärmeströme entwickelt wurde.
- eine subjektive Dimension, welche durch das individuelle Empfinden der die Dienstleistung rezipierenden Personen (Kundenerwartungen) geprägt ist.

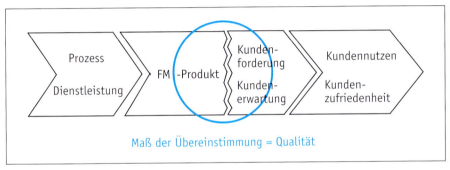

Abb. 3-3: Kausale Wirkungskette (in Anlehnung an [25])

Daraus folgt zum einen, dass der Qualitätszustand durch die Prozessbeteiligten (also den Auftragnehmer und den Kunden) durchaus unterschiedlich beurteilt werden kann. Diese subjektive Dimension macht die Messung von Qualität in Zusammenhang mit Dienstleistungen zu einer schwierigen Kategorie und es wird deutlich, dass Qualität als statistische Größe aufgefasst werden muss. Die Formulierung von Qualitätszielen für eine bestimmte Funktion bedeutet demzufolge entsprechend der oben genannten Definition, dass immer nur ein bestimmter Prozentsatz von Personen, welche Nutznießer einer bestimmten Funktion sind, zufrieden gestellt werden können.

Es gibt auch keinen eindeutigen Zusammenhang zwischen Aufwand und erreichbarem Qualitätslevel. Es macht immer nur eine relative Einschätzung bezüglich eines bestimmten Anforderungsniveaus Sinn. Anders formuliert: Eine höhere Qualität als gefordert, ist in der Regel sinnlos. Beispielsweise bringt die Erhöhung der Raumtemperatur (Teilaspekt des Raumklimas) über den behaglichen Bereich (20–22 °C) keine weitere Qualitätserhöhung, sondern im Gegenteil, die Qualität sinkt wieder.

Die Qualitätsproblematik soll an Hand zweier Beispiele nachfolgend analysiert werden.

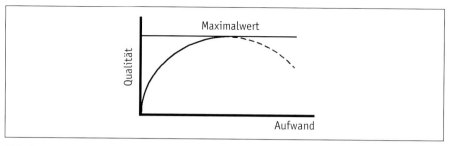

Abb. 3-4: Grenzwertbetrachtung der Qualität

3.4.2 Zur Qualität der Raumklimatisierung

Betrachtet man den Teilaspekt der Gebäudeklimatisierung und Raumluftkonditionierung, so wird deutlich, dass es hier sehr unterschiedliche Qualitätslevel gibt, die nach derzeitiger Praxis durch die Angabe des jeweiligen anlagentechnischen Ausstattungsniveaus charakterisiert werden:

- nur Heizung, keine Kühlung, Be- und Entlüftung über Fenster
- nur Heizung, keine Kühlung, mechanische Be- und Entlüftung
- Heizung und Kühlung über zentrale Lüftungsanlagen
- Heizung und Kühlung über thermisch aktive Bauteile kombiniert mit mechanischer oder ggf. natürlicher Be- und Entlüftung
- u. a.

Die Schwierigkeit einer quantifizierbaren Qualitätsbeschreibung wird schon dadurch ersichtlich, dass in der Praxis häufig das jeweilige anlagentechnische Ausstattungsniveau und nur selten die eigentlichen, die Qualität repräsentierenden Parameter zur Qualitätsbeschreibung genutzt werden. Diese Herangehensweise ist unzureichend, da zur Erbringung der Funktion »Raumklima« neben dem Vorhandensein bestimmter Gebäude- und Anlagenkonfigurationen auch noch Dienstleistungen erforderlich sind:

- Betriebsführung
- Unterhaltung
- Energiemanagement
- Versorgung.

Zu beachten ist, dass die Funktion »Raumklima« eigentlich folgendes umfasst:

- die Einhaltung bestimmter Qualitätsparameter (Temperatur, Feuchte, Geschwindigkeit – siehe weiter unten)
- eine bestimmte zeitliche Verfügbarkeit des durch diese Parameter definierten Raumklimas.

Die Raumklimaqualität lässt sich in die Teilkategorien

- thermische Behaglichkeit
- Raumluftqualität

untergliedern, wovon hier aus Gründen der Anschaulichkeit nur die thermische Behaglichkeit betrachtet werden soll.

Die objektive Dimension der thermischen Behaglichkeit lässt sich mit Hilfe folgender messbarer physikalischer Parameter beschreiben, welche in bestimmten Maßen zeitlich verfügbar sein müssen [21]:

- Raumlufttemperatur
- Temperatur der Umschließungsflächen (Strahlungstemperatur)
- Raumluftfeuchte
- Raumluftgeschwindigkeit.

Das bedeutet letztlich nichts anderes, als dass feste, mittlerweile definierte Zusammenhänge zwischen diesen physikalischen Größen und dem Behaglichkeitsempfinden von Menschen bestehen. Allerdings wird die Behaglichkeit auch durch subjektive Faktoren beeinflusst [27]:

- Geschlecht
- Konstitution
- Gesundheit
- Nahrungsaufnahme
- Alter
- Jahreszeit
- Art der Tätigkeit
- Kontakt zur Umwelt
- psychische Komponenten
- u. a.

Um den Schwierigkeiten, die sich aufgrund der subjektiven Dimension ergeben, entgegentreten zu können, hat man im Rahmen der DIN 7730 [28] das Behaglichkeitsempfinden als statistische Größe definiert. Dort wurde »... *der Anteil der Unzufriedenen in einem Kollektiv von Raumnutzern*« als Maß für die Qualität von Raumklima und Raumluft definiert. Der Berechnungsgang ist folgender:

- Berechnung des PMV (predected mean votum: vorausgesagtes mittleres Votum) in Abhängigkeit folgender Parameter:
  - Energieumsatz des menschlichen Körpers
  - Isolationswert der Bekleidung
  - Verhältnis der Oberflächenanteile bekleidet/nicht bekleidet
  - Lufttemperatur
  - mittlere Strahlungstemperatur
  - Luftgeschwindigkeit
  - Luftfeuchte
  - Wärmeübertragungskoeffizient
  - Oberflächentemperatur der Kleidung
- Ermittlung des PPD (predected percentage dissatisfied: Prozentsatz Unzufriedener).

Beispiel Büro

In einem Gruppenbüro arbeiten 15 Personen. Es soll der PPD für den Ist-Zustand ermittelt werden. Weiterhin ist abzuschätzen, wie sich bei beabsichtigten Energieeinsparungen und damit veränderten Raumparametern der PPD verändert.

	Größe	Einheit	Wert
Sitzende Tätigkeit	M	W/m²	69,6
Bekleidung (Kombination aus Unterwäsche, Hemd, Hose, Jacke, Socken, Schuhe)	I_{CL}	m² K/W	0,155
operative Raumtemperatur	t_o	°C	22
Luftgeschwindigkeit	v	m/s	0,2
Luftfeuchte	ϕ	%	50
Anzahl Personen im Raum			15

Tab. 3-4: Ausgangswerte zur Berechnung des PPD

Für die in der rechten Spalte der Tab. 3-4 stehenden Zahlenwerte, welche der DIN 7730 entnommen wurden, ergibt sich ein PMV von:

PMV = –0,07

Damit kann man den PPD mit folgender Formel berechnen:

$$PPD = 100 - 95 \cdot e^{-(0,03353 \cdot PMV^4 + 0,2179 \cdot PMV^2)}$$

PPD = 5,1 %

Im Beispiel wären 5,1 % der Personen unzufrieden, d. h. ca. 1 Person (genau: 0,76 Personen) wäre unzufrieden. Würde man zur Verringerung der Energiekosten versuchen, die operative Temperatur (näherungsweise als Mittelwert zwischen Lufttemperatur und Strahlungstemperatur anzusetzen) auf 20 °C zu verringern, ergibt sich:

PMV = –0,54
PPD = 11,1 %

In diesem Fall wären fast zwei Personen unzufrieden (genau: 1,66 unzufriedene Personen).

Das Beispiel zeigt den Weg, wie Qualität als Leitgröße bei der Bereitstellung der Funktion »Raumklima« integriert werden kann. Mit Hilfe der Gebäudeleittechnik kann die Anlage so gefahren werden, dass sich immer ein bestimmter Parametersatz von

Temperatur, Luftgeschwindigkeit und Feuchte im Raum ergibt. Deren einzuhaltende Soll-Werte ergeben sich aus einem festgelegten PPD über die in der DIN 7730 dargestellten Formel für den PVM. Der PPD wäre im Vorhinein mit dem Kunden zu vereinbaren.

3.4.3 Zur Qualität der Gebäudereinigung

Der Reinigungs- oder besser Sauberkeitszustand eines Gebäudes ist ebenfalls von entscheidender Bedeutung für die beabsichtigte Nutzung. Während beim Raumklima das Vorhandensein bestimmter technischer Ausrüstungen wesentlich die Qualität dieser Nutzungskategorie bestimmt, trifft dies bei der Reinigung weniger zu. Im Bereich der Reinigung beeinflusst die Beschaffenheit der zu reinigenden Flächen oder Gegenstände hauptsächlich den Aufwand und damit die Kosten, weniger den Endzustand, d. h. die beabsichtigte Qualität. Demzufolge steht der eigentliche Dienstleistungsprozess im Blickpunkt.

Auch hier stellt sich eingangs die Frage nach der Messung oder Klassifizierbarkeit der Qualität. Ungeachtet dessen, dass man wohl objektive Parameter wie Staubgehalt pro m² Fußbodenfläche oder Schlierenfläche pro m² Glasfläche, die die Qualität des Sauberkeitszustandes beschreiben, messen könnte, ist dies in der Praxis bislang ungebräuchlich. Das liegt sicher in erster Linie daran, dass bei der Beurteilung der Ergebnisse der Gebäudereinigung der subjektive Faktor mehr dominiert, als bei der Raumklimatisierung. Das steht in der Übereinstimmung mit der GEFMA 700 [24], welche unterscheidet zwischen

- Qualität der Prozessdurchführung und
- Qualität des (immateriellen) Produktes (hier Sauberkeit u.ä.).

Der Kunde beurteilt die Qualität also nicht nur nach dem Prozessergebnis, sondern zu nicht unerheblichen Anteil auch nach der Art und Weise der Prozessdurchführung.

Unter dem Aspekt der Messbarkeit kann man die Qualität der Gebäudereinigung, d.h. besser des Prozessergebnisses in folgender Art und Weise definieren:

> Unter Qualität der Gebäudereinigung ist das Maß zulässiger Verschmutzungen in einem bestimmten Reinigungsbereich zu verstehen. Ein bestimmter Qualitätslevel definiert sich demzufolge durch ein festgelegtes Maß an zulässigen Verschmutzungen.

In der Praxis werden derzeit Qualitätsmesssysteme auf der Basis von Checklisten verwendet. Dabei wird der Sauberkeitszustand eines kompletten Gebäudes oder Gebäudebereiches mit Hilfe sogenannter Schlüsselindikatoren beurteilt (siehe [29]). Schlüsselindikatoren können sein:

- Vollständigkeit der vertraglich vereinbarten Leistungen
- die Anzahl festgestellter Verschmutzungen pro Raum

- Kundenzufriedenheit, wird durch eine festgelegte Anzahl von Befragungen mit vorgegebenem Ergebnis festgestellt.

Die Einhaltung dieser Schlüsselindikatoren, welche als integrale Größen einzelner detailliert feststellbarer Parameter zu verstehen sind, wird mit Hilfe von Checklisten festgestellt. Dabei wird eine zufällig ausgewählte Anzahl von Räumen oder Gebäudebereichen (repräsentative Stichprobe) untersucht. (Ein Beispiel für ein in der Praxis handhabbares Qualitätsmesssystem siehe [30]).

3.4.4 Die Aufwandskategorie im FM-Effizienzkriterium

Die Kosten der Gebäudebereitstellung (Gesamtnutzenbereitstellung), d. h. aller Kosten im Lebenszyklus eines Gebäudes, umfassen die Summe der Kosten in den Lebensphasen des Gebäudes und werden in ihrer Gesamtheit als Lebenszykluskosten (life cycle costs) bezeichnet:

- Kosten für die Konzeption (Projektentwicklung)
- Kosten für die Planung
- Kosten für den Bau
- Kosten für die Nutzung
- Kosten für den Abriss.

Die ersten drei Kostenarten lassen sich zu den Errichtungskosten zusammenfassen. Sie lassen sich nach zwei Richtlinien strukturieren:

- Nach DIN 276 [31], wobei in der Norm die Projektentwicklungskosten nicht explizit genannt werden und offensichtlich nur teilweise zugeordnet werden können. Nicht klar ist außerdem, wo beispielsweise EDV-Systeme in Gebäuden eingeordnet werden sollen.
- Nach GEFMA 200 [32] und zwar unter den Rubriken

DIN 276; Kostengruppenhauptstruktur	GEFMA 200

100 Grundstück
200 Herrichten und Erschließen
300 Bauwerk- Baukonstruktion
400 Bauwerk- Technische Anlagen
500 Außenanlagen
600 Ausstattung und Kunstwerke
700 Baunebenkosten
    710 Bauherrenaufgaben
    720 Vorbereitung Objektplanung
    730 Architekten- und Ingenieurleistungen
    740 Gutachten und Beratung
    750 Kunst
    760 Finanzierung
    780 Allgemeine Baunebenkosten
	1000 Konzeptionsphase
	2000 Planungsphase
	3000 Errichtungsphase
	7000 Umbau- und Sanierungsphase
	9000 Verwertungsphase

Tab. 3-5: Kostenstrukturen für Errichtungskosten (Bau, Umbau, Abriss)

DIN 18960	GEFMA 200	II. Berechnungsverordnung
Kapitalkosten Objektmanagement- kosten Betriebskosten Instandsetzungskos- ten	4000 Vermarktungsphase 5000 Beschaffungsphase 6000 Betriebs- u. Nutzungsphase 8000 Leerstandsphase	Kapitalkosten Bewirtschaftungskosten – Abschreibungen – Verwaltungskosten – Betriebskosten – Instandhaltungskosten – Mietausfallwagnis

Tab. 3-6: Verschiedene Kostenstrukturen von Nutzungskosten

- Kosten der Konzeptionsphase
- Kosten der Planungsphase
- Kosten der Errichtungsphase

Außerdem werden noch folgende Kostenarten angeführt:

- Kosten der Umbau- und Sanierungsphase
- Kosten der Verwertungsphase (Abriss usw.)

Die Kosten in der Nutzungsphase werden im vorliegenden Richtlinienwerk unterschiedlich bezeichnet:

- DIN 18960 [35]: Baunutzungskosten
- GEFMA 200: Kosten der Betriebs- und Nutzungsphase
- II. Berechnungsverordnung (Anlage 3): Nebenkosten.

Zu beachten ist, dass die jeweilige Zuordnung von bestimmten Kostenarten zu den in der Tab. 3-6 genannten Hauptkostengruppen durchaus unterschiedlich sein kann. Insbesondere die Kategorie »Betriebskosten« hat einen jeweils unterschiedlichen Umfang. Nicht erfasst werden in den drei Strukturansätzen Kosten für zusätzliche Dienstleistungen (vgl. Abschnitt 3.3.1 und Tab. 3-2, siehe auch [33]), wo als zusätzliche Dienstleistungen für die Mitarbeiter genannt werden: die Durchführung von Betriebsfeiern oder ein Veranstaltungsservice, Literatur- und Presserecherchen, die Beratung zu Sozialleistungen, Wohnbaudarlehen, Mietrecht, die Organisation von Umzügen, der Betrieb von Shops und Verkaufsautomaten).

Zusammengefasst lassen sich die Lebenszykluskosten in vier Gruppen darstellen:

- Errichtungskosten
- Baunutzungskosten
- Kosten für zusätzliche Dienstleistungen
- Kosten für den Abriss.

Damit kann man das im vorherigen Abschnitt entwickelte FM-Effizienzkriterium entsprechend neu darstellen:

$$E_{FM} = \frac{Funktion + Qualität}{Lebenszykluskosten}$$

Als allgemein gültiges Ziel lässt sich für einen bestimmten Nutzen die Minimierung der Lebenszykluskosten formulieren. Es ergibt sich eine Optimierungsaufgabe der folgenden Art [34]:

Zielfunktion: Lebenszykluskosten $K_{LZ} = I_0 + K_{NK} + K_{DL}$
$K_{LZ} = min$

Nebenbedingungen: Nutzungskosten + DL-Kosten = $f_1(t)$ mit $t > 0$;
Nutzungskosten + DL-Kosten = $f_2(I_0)$ mit $I_0 > 0$;

K_{LZ} Lebenszykluskosten
K_{NK} Nutzungskosten
K_{DL} Kosten für zusätzliche Dienstleistungen
$f_i(t)$ Funktion i von t
t Nutzungszeit
I_0 Errichtungskosten
DL-Kosten   Kosten für zusätzliche Dienstleistungen (K_{DL})

Hier muss klar angemerkt werden, dass $f_2(I_0)$, d.h. Nutzungs- und Dienstleistungskosten als Funktion der Errichtungskosten ein für die Planung äußerst wünschenswerter Zusammenhang wäre. Ob ein solcher eindeutiger Zusammenhang jedoch besteht, muss bezweifelt werden. So ist evident, dass die Wartungskosten eines Heizkessels nicht von dessen Herstellungskosten abhängen. Demzufolge können Kessel unterschiedlicher Fabrikate und damit Anschaffungskosten durchaus gleiche Wartungskosten aufweisen und umgekehrt.

Formell kann die Optimierungsaufgabe mit Hilfe der Investitionsbewertungsverfahren in Kapitel 7 gelöst werden. Im Rahmen des DGNB- und BNB-Bewertungsverfahrens für das Nachhaltige Bauen wird die Barwert-Methode verwendet.

Abschließend sei noch darauf hingewiesen, dass die Forderung nach »Minimierung der Lebenszykluskosten« bezogen auf ein Gebäude kein absolutes Ziel ist. Es kann durchaus angebracht sein, höhere Kosten in Kauf zu nehmen, wenn dadurch ein höherer Nutzen für das Unternehmen möglich wird. Dieser höhere Nutzen muss aber nicht nur innerhalb des Bilanzkreises des einzelnen Gebäudes realisierbar sein, sondern bezieht sich auf das Unternehmen als Ganzes.

Beispiele für solch eine weitsichtige Herangehensweise sind:

- Für ein Wohnungsunternehmen kann es z.B. sinnvoll sein, die Attraktivität eines Quartiers durch exklusive Architektur in Verbindung mit einem innovativen und ökologisch sinnvollen Nahwärmekonzept zu steigern. Die zwangsläufig anfallenden Mehrkosten gegenüber einer herkömmlichen Variante könnten sich aufgrund einer besseren Vermietbarkeit und/oder höherer Kaltmieten amortisieren.
- Ein Unternehmen der Branche »Informationstechnik« setzt auf eine exklusive Gebäudegestaltung seiner neu zu errichtenden Firmenzentrale und erhofft sich da-

durch eine höhere Produktivität seiner Mitarbeiter oder will generell für die besten Fachkräfte am Markt seine Attraktivität als Arbeitgeber erhöhen. Auch hier können höhere Erträge im Kerngeschäft durchaus höhere Immobilienkosten rechtfertigen, allerdings zeigt sich gerade bei diesem Beispiel die Schwierigkeit einer monetären Bewertung des entsprechenden Nutzens.

3.5 Verwendete Quellen

[1] Sloterdijk, P.: Regeln für den Menschenpark – Ein Antwortschreiben zu Heideggers Brief über den Humanismus. 1. Aufl. Frankfurt am Main: Suhrkamp 1999, S. 34, 35
[2] Briese, D.: Immobilienpraxis im Technologiekonzern Siemens AG. In: Moslener, W. J. F.; Rondeau, E. P. (Hrsg.): Facility Management 2. Verfahren, Praxis, Potenziale. Berlin: Springer 2001, S. 147
[3] Facility Management Institut GmbH (Hrsg.); Kahlen, H.: Facility Management 1. Entstehung, Konzeptionen, Perspektiven. Berlin: Springer 2001
[4] Moslener, W. J. F.; Rondeau, E. P. (Hrsg.): Facility Management 2. Verfahren, Praxis, Potenziale. Berlin: Springer 2001
[5] Friedrichs, K.: Integrale Gebäudeplanung. In: Schulte, K.-W.; Pierschke, B. (Hrsg.): Facilities Management. Köln: Immobilien Informationsverlag Rudolf Müller 2000
[6] JenOptik AG (Hrsg.): Geschäftsbericht 2002. Jena, S. 86
[7] VDI (Hrsg.): Arbeitsplatz auf Rollen. Telearbeit: Mobile Arbeitsformen setzen sich auch in Chefetagen durch. VDI-Nachrichten (2002), Nr. 10, S. 40
[8] Berres, A.; Bullinger, H. J. (Hrsg.): Innovative Unternehmenskommunikation – Vorsprung im Wettbewerb durch neue Technologien. Band 2. Neue Technologien. Berlin: Springer 1999, Teil 11, 11.01
[9] Weltpremiere »EDAG-Holospace«. 3D-Projektion von Simulationsanwendungen in der Automobilentwicklung. www.edag.de (21.3.2002)
[10] Bauer, W.; Kern, P.: Innovative Arbeitskonzepte zur Steigerung von Kreativität und Produktivität im Büro. Zeitschrift für Arbeitswissenschaft 56 (2002), Nr. 4
[11] Bauer, W.: Das Büro der Zukunft. Innovative Bürokonzepte OFFICE 21. In: Berres, A.; Bullinger, H. J. (Hrsg.): Innovative Unternehmenskommunikation – Vorsprung im Wettbewerb durch neue Technologien. Band 2. Berlin: Springer 1999, S. 7
[12] Bauer, W.: Das Büro der Zukunft. Innovative Bürokonzepte OFFICE 21. In: Berres, A.; Bullinger, H. J. (Hrsg.): Innovative Unternehmenskommunikation – Vorsprung im Wettbewerb durch neue Technologien. Band 2. Berlin: Springer 1999, S. 12
[13] Schneider, R. u. a.: Das Intelligent Office als ganzheitlicher Lösungsansatz für das Corporate Real Estate Management. In: Schulte, K.-W.; Schäfers, W. (Hrsg.): Handbuch Corporate Real Estate Management. Köln: Immobilien Informationsverlag Rudolf Müller 1998
[14] Fraunhofer-Institut für Arbeitswirtschaft und Organisation IAO/Heuer Communikations 1997
[15] Pierschke, B.: Facilities Management. In: Schulte, K.-W. (Hrsg.): Immobilienökonomie. Band 1: Betriebswirtschaftliche Grundlagen. München: Oldenbourg 1998, S. 275 ff.
[16] congena Gesellschaft für Planung, Training und Organisation mbH (Hrsg.): Zukunftsstrategie Kombi-Büro. Chancen für Architektur und Organisation. München: Callwey Verlag 1994, S. 57
[17] Fuchs, W.: Bürokultur als Führungsinstrument. In: congena Gesellschaft für Planung, Training und Organisation mbH (Hrsg.): Zukunftsstrategie Kombi-Büro. Chancen für Architektur und Organisation. München: Callwey Verlag 1994, S. 31

[18] Kern, P.; Zinser, S.: Bürowelten im 21. Jahrhundert – Arbeitsumgebungen für Kreativität und Innovation. In: Lippert, W. (Hrsg.): Future Office: Corporate Identity & Corporate Culture. Regensburg: Metropolitan Verlag 1997, S. 88 ff.

[19] Gottschalk, O.; Daniels, K.; Dietrich, R.; Escherich, H.-J.: Verwaltungsbauten. Flexibel – Kommunikativ – Nutzerorientiert. 4., völlig neubearb. Aufl. Wiesbaden: Bauverlag 1994, S. 17

[20] DIN 4543-1, Ausgabe: 1994-09 Büroarbeitsplätze – Teil 1: Flächen für die Aufstellung und Benutzung von Büromöbeln; Sicherheitstechnische Anforderungen, Prüfung

[21] Recknagel, H.; Sprenger, E.; Schramek, E.-R. (Hrsg.): Taschenbuch für Heizung und Klimatechnik 2001/2002, einschließlich Warmwassererzeugung und Kältetechnik. 70. Aufl. München: Oldenbourg Industrieverlag 2001

[22] Rondeau, E. P.: Facility Management in den USA. In: Moslener, W. J. F.; Rondeau, E. P. (Hrsg.): Facility Management 2. Verfahren, Praxis, Potenziale. Berlin: Springer 2001, S. 25

[23] DIN EN ISO 9000, Ausgabe: 2000-12 Qualitätsmanagementsysteme – Grundlagen und Begriffe (ISO 9000:2000)

[24] GEFMA (Hrsg.): GEFMA 700 FM-Excellence. Grundlagen für ein branchenspezifisches Qualitätsprogramm. Bonn: GEFMA e.V. 2006-1

[25] GEFMA (Hrsg.): GEFMA 700 FM-Excellence. Grundlagen für ein branchenspezifisches Qualitätsprogramm. Bonn: GEFMA e.V. 2000, S. 6

[26] Döge, K.: Behaglichkeitssensor. KI Luft- und Kältetechnik 38 (2002), Nr. 10, S. 485–491

[27] Recknagel, H.; Sprenger, E.; Schramek, E.-R. (Hrsg.): Taschenbuch für Heizung und Klimatechnik 2001/2002, einschließlich Warmwassererzeugung und Kältetechnik. 70. Aufl. München: Oldenbourg Industrieverlag 2001, S. 50

[28] DIN EN ISO 7730, Ausgabe 2006-05: Ergonomie der thermischen Umgebung – Analytische Bestimmung und Interpretation der thermischen Behaglichkeit durch Berechnung des PMV- und des PPD-Indexes und Kriterien der lokalen thermischen Behaglichkeit (ISO 7730: 2005); Deutsche Fassung EN ISO 7730: 2005

[29] Nitsche, S.: Service Level Agreements im Faciltiy Management am Beispiel der Gebäudereinigung für ein Bürogebäude. Diplomarbeit (unveröff.). Fachhochschule Zittau/Görlitz 2002

[30] Bundesinnungsverband des Gebäudereiniger-Handwerks (Hrsg.): Qualitätsmesssystem für ergebnisorientierte Reinigungsleistungen. Systembeschreibung. Bonn: Bundesinnungsverband des Gebäudereiniger-Handwerks 2001

[31] DIN 276-1, Ausgabe: November 2006: Kosten im Bauwesen – Teil 1: Hochbau

[32] GEFMA (Hrsg.): GEFMA 200: Kosten im Facility Management. Kostengliederungsstruktur zur GEFMA 100. Bonn: GEFMA e.V. Juli 2007

[33] Jungbluth, H. M.: Seltenes Stück Kultur. GEBÄUDE-MANAGEMENT (2002), Nr. 1–2, S. 32–34

[34] Runge, F.: Gebäudenutzungskosten – ein Buch mit sieben Siegeln? bauzeitung 56 (2002), Nr. 4, S. 79–83

[35] DIN 18960, Ausgabe März 2007: Nutzungskosten im Hochbau

4 Das Gebäudemanagement

4.1 Strukturen

Das Gebäudemanagement umfasst alle Leistungen, welche in der Nutzungsphase eines Gebäudes für dessen Betrieb erforderlich sind. Die oben angeführten zusätzlichen Dienstleistungen sollen hier aufgrund ihres individuellen Charakters und ihrer Objektspezifität nicht mit betrachtet werden. Die DIN 32736 [1] enthält folgende Definition:

> Das Gebäudemanagement ist die Gesamtheit aller Leistungen zum Betreiben und Bewirtschaften von Gebäuden einschließlich der baulichen und technischen Anlagen auf der Grundlage ganzheitlicher Strategien. Dazu gehören auch die infrastrukturellen und kaufmännischen Leistungen.

Eine vergleichbare Definition findet man in der GEFMA 100-1. In beiden Richtlinienwerken wird die Struktur des Gebäudemanagements jedoch unterschiedlich gehandhabt. Die Leistungen lassen sich

- nach dem Charakter der zu erbringenden Leistungen und
- nach deren Inhalt

strukturieren.

Die DIN 32736 unterscheidet nach dem Leistungscharakter zwischen den Leistungstypen

- strategische Leistungen mit Schwerpunkt auf Führung und Entscheidung
- administrative Leistungen mit Schwerpunkt auf Handhabung, Organisation und Planung
- operative Leistungen mit Schwerpunkt auf Umsetzung und Ausführung.

Dies soll hier nicht weiter verfolgt werden, da auf eine Reihe von Aspekten im 5. Kapitel eingegangen wird. Außerdem werden die Leistungen nach inhaltlichen Gesichtspunkten entsprechend gegliedert:

- Technisches Gebäudemanagement (TGM)
- Infrastrukturelles Gebäudemanagement (IGM)
- Kaufmännisches Gebäudemanagement (KGM)
- Flächenmanagement.

Die GEFMA 100-1 verfolgt einen deutlich integrativeren Ansatz, bei welchem nicht mehr zwischen den drei Sparten TGM, IGM und KGM unterschieden wird. In der Nutzungs- und Betriebsphase (Nr. 6 in Abb. 4-2) gibt es folgende Gliederungspunkte:

- Objektbetrieb managen
- Arbeitsstätten bereitstellen

- Objekte betreiben
- Objekte ver- und entsorgen
- Objekte reinigen und pflegen
- Objekte schützen und sichern
- Objekte verwalten
- Support bereitstellen
- Projekte durchführen.

Aus der Abb. 4-2 geht außerdem hervor, dass es neben der eigentlichen Betriebs- und Nutzungsphase noch die Phasen »Vermarktung«, »Beschaffung« und »Leerstand« gibt, welche sich teilweise zeitlich überlagern.

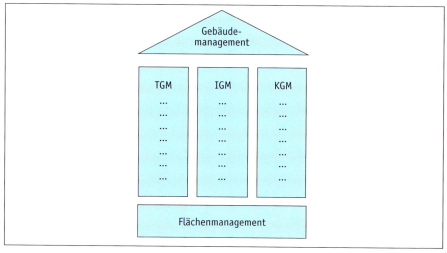

Abb. 4-1: GM-Struktur nach DIN 32736

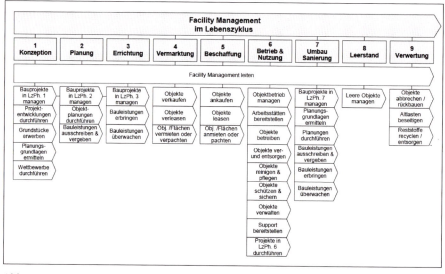

Abb. 4-2: Struktur des GM nach GEFMA 100-1

Wesentlicher Kritikpunkt an dem Säulenmodell der DIN 32736 für das GM ist die reine Spartengliederung. Diese behindert vor allem die so wichtige Prozessorientierung des FM und zwar dahingehend, dass es eine Reihe durchaus spartenübergreifender Prozesse gibt, die sich in der Praxis herauskristallisiert haben und was auch im Lebenszyklusansatz der GEFMA 100-1 verdeutlicht wird. Ein Beispiel ist die Einordnung von Energielieferverträgen beim kaufmännischen Gebäudemanagement. Dadurch werden unter Umständen wertvolle Kosteneinsparpotenziale verschenkt, wenn Energieeinkauf als rein kaufmännische Aufgabe angesehen wird. Diese Gefahr besteht insbesondere bei getrennter Vergabe oder Verantwortungszuordnung von technischem und kaufmännischem Gebäudemanagement (Abb. 4-3, siehe hierzu auch Abschn. 5.4.2).

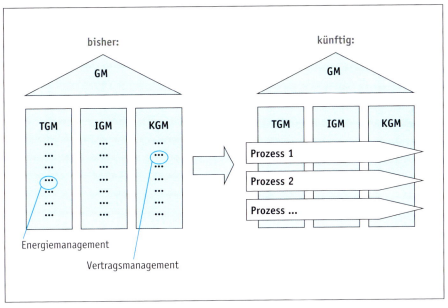

Abb. 4-3: Prozessmodell für das GM (vgl. [3])

Generell sind die genannten Richtlinienwerke im Sinne von Leistungsbeschreibungen zu lesen. Wenn man nicht nur die Leistungen an sich sondern ihre hierarchische Struktur darstellen will, gelangt man zu einem anderen Modell. Darin sind zu unterscheiden:

- übergeordnete Leistungen (siehe GEFMA 100-1)
- Leistungen mit Basisfunktion: Flächenmanagement sowie Kosten- und Leistungsrechnung
- originäre Bewirtschaftungsleistungen
- Steuerungsinstrumente (d. h. spezielle Methoden, wie die vorgenannten Leistungen im Sinne eines integralen Ansatzes zu erbringen sind).

Das bedeutet, dass das kaufmännische Gebäudemanagement in drei voneinander zu trennende Komplexe unterteilt wird:

- Basisfunktion, die im wesentlichen als die Kosten- und Leistungsrechnung aufgefasst werden kann
- originäre Bewirtschaftungsleistungen, die vom Charakter her durchaus vergleichbar sind mit Dienstleistungen beim TGM und IGM
- Kostensteuerungsinstrumente (Controlling und Benchmarking).

Controlling und Benchmarking sind weniger als Dienstleistung an sich zu verstehen, sondern vielmehr als Methoden, welche die oben erwähnte Kostenorientierung des FM praktisch zum Ausdruck bringen. Nach diesem Modell soll im Folgenden vorgegangen werden, wobei die inhaltlichen Aspekte (das »Was«) in diesem Kapitel und die methodischen Aspekte, also das »Wie« im Kapitel 5 beschrieben werden.

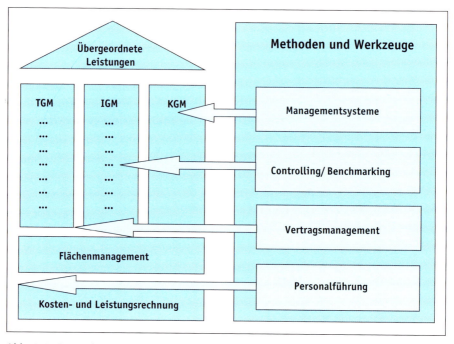

Abb. 4-4: Integrales Modell für das GM

4.2 Flächenmanagement

Unter Flächenmanagement wäre korrekterweise die Steuerung des Prozesses der Bereitstellung von Flächen zu verstehen. In der Praxis wird allerdings häufig der Prozess als Flächenmanagement bezeichnet. Dies soll hier übernommen werden. In der GEFMA 100-2 findet man den Prozess unter der Ordnungsnummer 6.210 »Flächenmanagement in der Lebenszyklusphase 6 durchführen«. Er umfasst folgende Tätigkeiten:

- Flächendokumentation
- Flächenanalyse und -controlling
- Flächenbedarfsplanung
- Flächenbelegungsplanung

Das Ziel des Flächenmanagements besteht in der

- Bereitstellung von Informationen zu den Flächen, die für die Durchführung anderer Prozesse erforderlich sind (Basisfunktion).
- Bereitstellung von Flächen definierter Qualität bei minimalem Aufwand (Flächeneffizienz)

4.2.1 Basisfunktion

Die Basisfunktion des Flächenmanagements, durch welche Informationen zu den Flächen strukturiert und bereitgestellt werden, ist die Voraussetzung für:

- die Planung betrieblicher Prozesse
- alle Gebäudemanagementprozesse
- Sanierungs-, Modernisierungs- und Umbaumaßnahmen
- Abrechnungs- und Controllingfunktionen im Gebäudemanagement.

Die Bereitstellung der Informationen zu den Flächen geschieht auf der Basis einer gebäudespezifischen Nutzungsflächen-Systematik, welche die Grundlage einer Datenbank ist. Üblicherweise wird die Datenbank als Raumbuch angelegt. Die Tab. 4-1 verdeutlicht das Prinzip eines solchen Raumbuches, welches dann in sehr komplexer Form in einer relationalen oder objektorientierten Datenbank realisiert wird. In den

Geschoss	Raum	Nutzung	Nutzungsfläche	Eigenschaften	Ausstattung
1					
	1	Büro	23	Fußboden	Schreibtisch
				Wandfläche	Stuhl
				Fenster	Regal
				...	...
	2	Büro	23	...	...
	3	Büro	23	...	...
	4	Büro	23	...	...
	5	Server	12	...	...
	...				
2					
	1	Büro	23	...	...
	2	Büro	25	...	...
	3	Büro	13	...	...
	4	Besprechung	43	...	...
	5	Server	13,5	...	...
	...				
...					

Tab. 4-1: Beispielhafte Nutzungsflächen-Systematik (Raumbuch)

entsprechenden Eigenschaftsrubriken (in Tab. 4-1 nur sinngemäß angedeutet) können den Gebäudeteilen, welche für das Gebäudemanagement entscheidend sind, bestimmte Beschaffenheitseigenschaften zugeordnet werden. Für die Durchführung der Unterhaltsreinigung muss beispielsweise bekannt sein, welche Fußbodenart im Raum vorhanden ist (textiler Fußboden, Fliesen- oder Kunststoffbelag), damit die Reinigungstechnologie festgelegt werden kann (Saugen oder Nass-Wischen). Sollen Bauunterhaltsleistungen (Instandhaltung) wie z. B. die malermäßige Instandsetzung des Raumes vorgenommen werden, muss neben der Wandfläche auch deren Beschaffenheit bekannt sein usw.

Die Aktivitäten bei der Bereitstellung von Flächen lassen sich gut mit dem Buchungsvorgang in einem Hotel vergleichen. Der Gast wählt ein Zimmer einer bestimmten Größe und Beschaffenheit aus und bucht es. Dieses wird ihm in einem bestimmten Zeitraum zur Nutzung zur Verfügung gestellt. Danach muss es gereinigt werden, möglicherweise sind noch andere Aktivitäten erforderlich, damit das Zimmer dem nächsten Gast wieder zur Verfügung gestellt werden kann. Gleichermaßen wird die Abdeckung des Raumbedarfs in einem Unternehmen oder einer öffentlichen Institution organisiert. Eine Abteilung benötigt für eine bestimmte Anzahl von Mitarbeitern Räume mit bestimmten Größen und Beschaffenheit. Diese werden ausgewählt, ggf. speziell hergerichtet und zur Nutzung bereitgestellt. Dann erfolgt die Nutzung in einem bestimmten Zeitraum, der natürlich viel länger sein kann, als der, für welchen üblicherweise ein Hotelzimmer genutzt wird. Während der Nutzung sind bestimmte Aktivitäten wie beispielsweise die Reinigung der Räume erforderlich usw.

Ausgangspunkt ist die Flächensystematik des Gebäudes, welche auf der Basis der DIN 277-1 bzw. der DIN EN 15221-6 aufgebaut werden sollte.

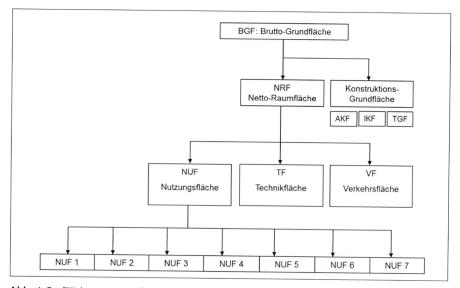

Abb. 4-5: Flächensystematik nach DIN 277-1

Abkürzung	Erläuterung
BGF	Brutto-Grundfläche: Gesamtfläche aller Grundrissebenen eines Bauwerks
NRF	Netto-Raumfläche: Grundflächen der nutzbaren Räume
KGF	Konstruktions-Grundfläche: Grundflächen der aufgehenden Bauteile
AKF	Außenwand-Konstruktions-Grundfläche
IKF	Innenwand-Konstruktions-Grundfläche
TGF	Trennwand-Grundfläche
NUF	Nutzungsfläche: Teilfläche der NRF, die der wesentlichen Zweckbestimmung des Bauwerks dient
TF	Technikfläche: Teilfläche der NRF für technische Anlagen zur Ver- und Entsorgung des Gebäudes
VF	Verkehrsfläche: Teilfläche der NRF für die horizontale und vertikale Verkehrserschließung des Gebäudes
NUF 1... 7	Untergliederung der Nutzungsfläche nach Nutzungsprozessen, (siehe Tab. 4-3)

Tab. 4-2: Erläuterungen zur Abb. 4-5

Es gelten folgende Beziehungen zwischen den Flächen:

BGF = NRF + KGF
KGF = AKF + IKF + TGF
NRF = NUF + TF + VF

Außerdem kann die Brutto-Grundfläche (BGF) noch in folgende Teilflächen gegliedert werden:

IGF (Innen-Grundfläche) = BGF – AKF
NGF (Netto-Grundfläche) = IGF – IKF
NRF (Netto-Raumfläche) = NGF – TGF

Abkürzung	Erläuterung
NUF 1	Wohnen und Aufenthalt
NUF 2	Büroarbeit
NUF 3	Produktion, Hand- und Maschinenarbeit, Forschung und Entwicklung
NUF 4	Lagern, Verteilen, Verkaufen
NUF 5	Bildung, Unterricht und Kultur
NUF 6	Heilen und Pflegen
NUF 7	Sonstige Nutzungen

Tab. 4-3: Untergliederung der Nutzungsfläche nach Nutzungsprozessen

4.2.2 Flächeneffeffizienz

Die Flächeneffizienz kann durch

- die Gebäudegestaltung und/ oder
- organisatorische Maßnahmen

verbessert werden. Die quantitative Bewertung der Flächeneffizienz erfolgt mit Hilfe verschiedener Kennzahlen.

Beeinflussung durch Gebäudegestaltung

Die Flächen (Räume) des Gebäudes müssen so beschaffen sein, dass die geplanten Prozesse der Nutzung optimal durchgeführt werden können. Dieser Grundsatz ist sicher logisch und bildet schon immer die Qualitätsbasis der Entwurfsarbeit des Architekten. Aus Sicht des FM muss der genannte Grundsatz durch einen weiteren ergänzt werden: Die Flächen (Räume) des Gebäudes müssen außerdem so beschaffen sein, dass die Prozesse des Gebäudemanagements (der Bewirtschaftung) ebenfalls optimal realisiert werden können. Optimal bedeutet, dass die für die Nutzungsprozesse benötigten Funktionen mit der jeweils erforderlichen Nutzungsqualität mit geringstmöglichem Aufwand bereitgestellt werden. Der Aufwand entspricht den Lebenszykluskosten, welche sich aus den Herstellkosten (vgl. DIN 276) und den Nutzungskosten (vgl. DIN 18960 oder GEFMA 200) zusammensetzen.

Wichtig ist die Frage wie flächeneffizient das Gebäude aufgrund seiner baukonstruktiven Gestaltung ist. Diese Eigenschaft kann mit Hilfe der Kennzahl F_{Geb} bewertet werden:

$$F_{Geb} = \frac{NUF}{BGF}$$

NUF   Nutzungsfläche des Gebäudes nach DIN 277-1
BGF   Bruttogrundfläche nach DIN 277-1

Es gibt zwei Gestaltungsansätze bei Bürogebäuden, die auf eine hohe Flächeneffizienz führen:

- Großraumbüros bzw. offene Bürolandschaften (Kombibüros u. ä.) anstelle von klassischen Zellbüros.
- Verwendung von baukonstruktiven Wandsystemen mit geringen Wandstärken (z. B. Vakuumdämmpaneele für die Außenwanddämmung)

Beeinflussung durch organisatorische Maßnahmen

Natürlich sollte auch überlegt werden, inwieweit die Nutzungsfläche des Gebäudes reduziert werden kann. Hierzu könnten folgende Ansätze verfolgt werden:

- Desk-sharing-Konzepte, d.h. es werden weniger Arbeitsplätze realisiert, als das Unternehmen Mitarbeiter hat. Man geht davon aus, dass sich ein Teil der Mitarbeiter beim Kunden befindet oder ggf. zu Hause arbeitet. In letzter Konsequenz bedeutet dieser Ansatz den Verzicht auf ständige persönliche Arbeitsplätze. Der Mitarbeiter bekommt bei Anwesenheit einen verfügbaren Arbeitsplatz zugewiesen.
- Auslagerung von Archivierungsprozessen an spezialisierte Dienstleister, wodurch die Archivflächen reduziert werden können.
- Multifunktionale Räume, d.h. Räume in denen je nach Bedarf unterschiedliche Prozesse durchgeführt werden können (Kantine wird auch als Besprechungsraum genutzt o.ä.)
- Verzicht auf eine hierarchiebedingte Flächenzuweisung, d.h. die Bürogröße richtet sich nicht nach der Stellung des Mitarbeiters in der Unternehmenshierarchie.

Im operativen Geschäft kann mit Hilfe von Belegungsgraden die jeweilige Auslastung dargestellt werden:

- Flächenanteiliger oder raumanteiliger Belegungsgrad (vermietete Fläche zu vermietbarer Fläche oder Hotel: belegte Zimmer zur Gesamtanzahl an Zimmern)
- zeitanteiliger Belegungsgrad (z.B. Auslastung eines Seminarraumes, Besprechungsraumes)
- Gesamtbelegungsgrad: Mittelwert zwischen Flächen- und Zeitnutzungsgrad

Den Gesamtbelegungsgrad F_{BEL} kann man nach folgender Formel berechnen:

$$F_{BEL} = \sum_{i=1}^{n} \frac{\tau_i}{\tau_{ges}} \cdot \frac{A_i}{A_{ges}}$$

τ_i Mietzeitraum für die Fläche A_i
A_i in der Zeit τ_i vermietete Fläche
τ_{ges} Gesamtzeit in welcher Vermietung möglich ist (i.d.R.: Jahr)
A_{ges} gesamte vermietbare Fläche
n Anzahl der Räume

Beispiel

Gesamte vermietbare Fläche: 10.000 m²
Mietfläche 1:   5 Monate werden 8.000 m² vermietet
Mietfläche 2:   7 Monate werden 7.000 m² vermietet

$$BG = \frac{5}{12} \cdot \frac{8.000}{10.000} + \frac{7}{12} \cdot \frac{7.000}{10.000} \cdot 100\% = 74\%$$

4.2.3 Mietflächen

Die Gesellschaft für immobilienwirtschaftliche Forschungen (gif) hat die Richtlinie zur Berechnung der Mietfläche für gewerblichen Raum (MF-G) herausgegeben. Das Gebäude wird in drei Flächenkategorien unterteilt:

- Mietfläche 1: Mietfläche mit exklusivem Nutzungsrecht
    - Nutzungsfläche nach DIN 277-1 des Mietbereichs
    - Verkehrsfläche nach DIN 277-1, welche innerhalb des Mietbereichs liegt bzw. diesem direkt zuordenbar ist
    - Technische Funktionsfläche nach DIN 277-1, welche zum Mietbereich gehört, d.h. Räume mit individuellen, betriebstechnischen Anlagen des Nutzers
- Mietfläche 2: Mietfläche mit gemeinschaftlichem Nutzungsrecht
    - Nutzungsflächen, für die eine gemeinschaftliche Nutzung vorgesehen ist, wie Sanitärräume, Personalaufenthaltsräume etc.
    - Verkehrsflächen mit gemeinschaftlicher Nutzung wie Eingangshallen, Aufzugsvorräume, Erschließungsflure etc.
- Flächen, die keine Mietfläche sind, dazu gehören:
    - Räume für den zivilen Bevölkerungsschutz
    - Treppenpodeste, Aufzugsschächte, Notausgänge, Fluchtbalkone
    - Hausanschlussräume, Heizungsräume, Haustechnikräume, Aufzugs- und Förderanlagen, begehbare Schächte
    - Konstruktionsgrundflächen
    - Flächen, deren lichte Raumhöhe 1,50 m oder weniger beträgt
    - Ortsgebundene Wände, d.h. konstruktiv notwendige (Statik) und allgemein notwendige (Sanitärräume, Haustechnik usw.)

Die Mietfläche wird aus den lichten Maßen zwischen ortsgebundenen Wänden ermittelt, wobei nicht ortsgebundene (nicht tragende) Wände übermessen werden.
Der auf den Mieter entfallende Teil der Mietfläche 2 wird anteilig umgelegt.

4.3 Kaufmännisches Gebäudemanagement: Kosten- und Leistungsrechnung

Die Kosten- und Leistungsrechnung (KLR) bildet die Grundlage für das Management aller Kosten im Lebenszyklus des Gebäudes. Das Ziel der KLR im FM besteht darin, alle anfallenden Kosten entsprechend den üblichen betriebswirtschaftlichen Regeln detailliert zu erfassen, jedoch in einer Untergliederung, die den Anforderungen des FM gerecht wird. Dabei sollen konkret folgende Aufgaben gelöst werden:

- eine verursachergerechte Zuordnung der Kosten, d.h. nicht nur wie traditionell üblich im Rahmen von Allgemeinkostensätzen
- die Steuerung der Kosten in Hinblick auf bestimmte Ziele mit Hilfe moderner Methoden wie Controlling und Benchmarking

4.3 Kaufmännisches Gebäudemanagement: Kosten- und Leistungsrechnung

- die Dokumentation der FM-Kosten als Grundlage für Nebenkostenabrechnungen und andere buchhalterische Leistungen sowie gesetzliche Dokumentationspflichten.

Nach allgemeiner Betriebswirtschaftslehre ermöglicht die KLR durch einen Vergleich der Kosten mit der erzielten Leistung eine Kontrolle der Wirtschaftlichkeit des Unternehmens. [6] Sie umfasst die Komponenten *Kostenartenrechnung, Kostenstellenrechnung und Kostenträgerrechnung*.

Das Ziel der betrieblichen Kostenrechnung besteht in der Bestimmung der so genannten Stückkosten (Kosten pro Stück oder allgemein pro betrieblicher Leistungseinheit), ihr Ablauf auf Vollkostenbasis ist folgender (Abb. 4-6):

1. Erfassung sämtlicher Kosten nach Kostenarten
2. Aufspaltung der Gesamtkosten in Gemeinkosten und Einzelkosten. Verteilung der Gemeinkosten über Kostenzuordnungsverfahren auf die Kostenstellen. Einzelkosten werden direkt zugeordnet.
3. Kostenstellenumlage der Hilfskostenstellen auf die Hauptkostenstellen.
4. Übernahme der Einzelkosten in die Kostenträgerrechnung sowie der Gemeinkosten aus den Hauptkostenstellen.
5. Ermittlung der Kosten je Produkteinheit (Stückkosten).

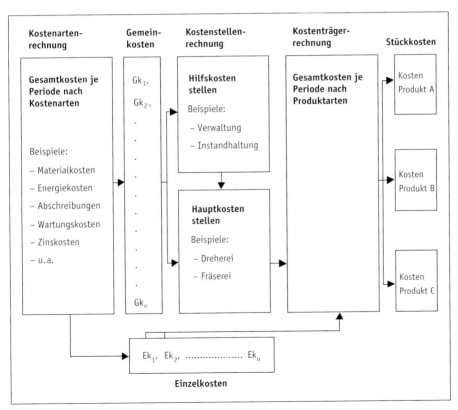

Abb. 4-6: Schema der betrieblichen Kostenrechnung [7]

In der Abb. 4-6 finden FM-Aspekte keinen Niederschlag. Die entsprechenden Kosten werden als Gemeinkosten auf die Kostenstellen und weiterführend auf die Kostenträger umgelegt. Auf diese Art gibt es keine Kostentransparenz und den Nutzern der FM-Leistung (interne Kunden) ist nicht klar, welchen Aufwand die einzelnen Dienstleistungen verursachen. Die Aufgabe einer FM-gerechten KLR besteht darin, die FM-Kosten im Einzelnen ersichtlich zu machen und durch die verursachergerechte Zuordnung einen kostenbewussten Umgang mit diesen Leistungen zu erreichen.

Im Endeffekt ist ein Schema der Kostenrechnung zu entwickeln, welches die in der Abb. 2-4 dargestellte Unternehmensstruktur abbildet. Zuvor sollen jedoch die drei Komponenten der KLR unter FM-Gesichtspunkten analysiert werden.

4.3.1 Kostenartenrechnung

> Bei der Kostenartenrechnung werden alle anfallenden Kosten verschiedenen festgelegten Kostenarten zugeordnet. Die formelle Grundlage der Zuordnung ist ein Kontenrahmen.

In der betrieblichen Praxis existieren verschiedene Kontenrahmen, in welchen FM-Kosten nur unzureichend abgebildet werden:

- Gemeinkontenrahmen der Industrie (GKR in der Tab. 4-4)
- Industriekontenrahmen
- verschiedene DATEV-Kontenrahmen
- empfohlene Kontenrahmen von Branchenverbänden (z. B. Wohnungswirtschaft).

Kostenarten der Betriebsbuchhaltung, z. B. Kontenklasse 4 GKR	Kostengruppen nach GEFMA 200							
	6.330.4xx							
	410	420	430	440	450	460	470	480
40 Materialkosten				▶				
41 Hilfs- und Betriebsstoffe								
42 Brennstoffe, Energie		▶						
43 Löhne und Gehälter								▶

Tab. 4-4: Beispiel für eine Zuordnungsmatrix (in Anlehnung an [8]) – für 4xx ist dann die jeweilige Kostengruppe nach DIN 276 einzusetzen (410, 420, usw.)

Das Ziel besteht nun darin, die im allgemeinen Kontenrahmen gebuchten Kostenarten unter Beachtung der FM-Leistungsstruktur tiefer zu gliedern. Das bedeutet letztlich, dass ein Zusammenhang zwischen Kontenrahmen und FM-Kostenstruktur hergestellt werden muss. FM Kostenstrukturen sind wie schon erwähnt in folgenden Unterlagen zu finden:

- DIN 276
- DIN 18960 oder GEFMA 200 oder eigene FM-Kostenstruktur z. B. angelehnt an Leistungsspektrum nach DIN 32736.

Der Zusammenhang zwischen dem jeweiligen Kontenrahmen und der für das FM bevorzugten Kostenstruktur ist durch eine Zuordnungsmatrix gegeben (siehe Tab. 4-4), auf deren Basis FM-Kosten schon beim Buchungsprozess erfasst werden können. Praktisch erfolgt die Buchung der Kostengruppen (Spalten der Tab.) auf separate Kostenstellen.

Die GEFMA 200 bietet eine auf den Lebenszyklusphasen der Abb. 4-2 aufbauende Kostenartenstruktur an, deren Vorteil darin besteht, dass sie sowohl für die Systematisierung der Planungs- und Baukosten als auch der Nutzungskosten nach gleichem Prinzip verwendet werden kann. Der Kostenartenschlüssel hat fünf Ebenen:

- Lebenszyklusphase
- Hauptprozess
- Teilprozess
- Tätigkeit
- Sachbezug (nach DIN 276-1).

4.3.2 Kostenstellenrechnung

> Die Kostenstellenrechnung beantwortet die Frage, an welchen Stellen die Kosten im Unternehmen entstehen.

Die Kostenstellenstruktur stellt ein Abbild der betrieblichen Organisationsstruktur dar. Das Unternehmen wird in Kostenstellen zerlegt und die Kosten werden am Ort ihrer Entstehung bilanziert. Im Einzelnen spielen folgende Überlegungen eine Rolle (siehe Tab. 4-5):

- betriebliche Organisationsstruktur, d.h. hierarchische Gliederung in Gruppen, Abteilungen, Bereiche u.ä. einschließlich der Verantwortungsbereiche einzelner Mitarbeiter und Kostenstellen für zeitlich begrenzte Projekte u.ä.
- territoriale Struktur des Unternehmens (Niederlassungen, Gebäude, Etagen, Räume, Hallenbereiche u.a.)
- Prozessstruktur des Unternehmens – Schnittstelle zu Kostenträgern.

Außerdem ist zu unterscheiden zwischen:

- Hauptkostenstellen, das sind die Kostenstellen, deren Leistungen direkt in die Wertschöpfung (verkaufbare Leistung) einfließen
- Hilfskostenstellen, Verbuchung von Kosten für Leistungen, die intern von anderen Kostenstellen verwendet werden (z.B. Grundstücke und Gebäude, Betriebshandwerker, Feuerwehr u.a.).

1. FM Bereich (Hilfskostenstellen)	2. Fertigungsbereich
10 Instandhaltung	30 Fertigungshilfskostenstellen
100 Bürogebäude	301 Betriebsleitung
101 Fertigungshallen	302 Arbeitsvorbereitung
102 Außenanlagen, Betriebsstraßen	303 Einsatzplanung
11 Energieversorgung	31 Dreherei
110 Abwasser	310 Linie 1
111 Wasser	311 Linie 2
112 Heizenergie	312 Linie 3
113 Elektroenergie	32 Fräserei
114 Ablesen, Auswertung Zähler	33 Farbspritzerei
12 Betreiben	34 Stanzerei
121 Bürogebäude	35 Verpackung
122 Fertigungshallen	36 Qualitätskontrolle
13 Reinigung	4. Vertriebsbereich
130 Bürogebäude	40 Marketing
131 Industrieflächen	400 Werbung
14 Sozialeinrichtungen	401 Marktforschung
140 Kantine	41 Verkauf
141 Fitnesscenter	410 Verkaufsleitung
142 Sportplatz	411 Auftragsabwicklung
143 Ferienheim	412 Einsatzplanung
2. Materialbereich	5. Verwaltungsbereich
20 Beschaffung	50 Geschäftsführung
200 Leitung Beschaffung	500 Geschäftsführer
201 Beschaffung Fertigung	501 Sekretariat
202 Beschaffung Verwaltung	51 Rechnungswesen
21 Lager	510 Finanzbuchhaltung
210 Materiallager	511 Lohn- und Gehaltsabrechnung
211 Materialausgabe	512 Controlling
212 Eingangskontrolle Lager	52 EDV

Tab. 4-5: Beispiel für einen Kostenstellenplan eines Unternehmens (nonproperty company in Anlehnung an [9])

4.3.3 Kostenträgerrechnung

> Durch die Kostenträgerrechnung erfolgt die Verrechnung der Kosten auf die einzelnen Kostenträger, d.h. die einzelnen betrieblichen Produkte bzw. Dienstleistungen.

Aus Sicht des FM bedarf es einer Erweiterung der Kostenträgerrechnung dahingehend, dass analog zu den Hilfskostenstellen interne Hilfskostenträger eingeführt werden, welche die FM-Leistungen darstellen. Im Endeffekt muss die Kostenträgerrechnung zur Prozesskostenrechnung ausgebaut werden, indem die Gesamtheit der dem FM zuzuordnenden Unterstützungsprozesse in Einzelprozesse zerlegt werden, die dann im betrieblichen Rechnungswesen als interne Kostenträger fungieren (siehe Abb. 4-7).

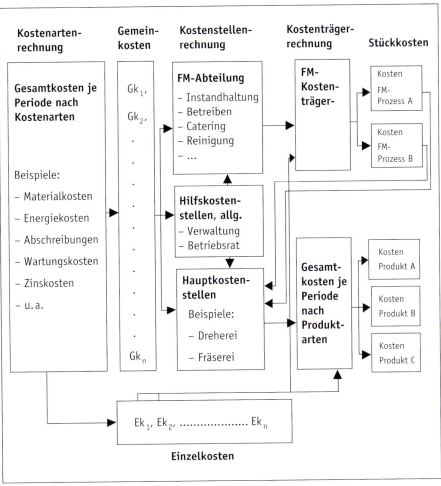

Abb. 4-7: Kostenrechnungsstruktur unter dem Aspekt der Prozesskostenrechnung (entwickelt aus der Abb. 4-6)

4.3.4 Kosten- und Leistungsrechnung im FM

Die Buchung der einzelnen Rechnungen für in Anspruch genommene externe Leistungen und Materialien ist die Grundlage der Kosten- und Leistungsrechnung. Durch den Buchungsvorgang entsteht zwangsläufig ein Informationsverlust. Der Rechnungsbetrag wird einer Kostenart und einer Kostenstelle zugeordnet. Nach dem Buchungsvorgang stehen nur noch diese Informationen zur Verfügung. Es ist evident, dass der Informationsverlust umso geringer sein wird, je stärker bei Kostenarten und Kostenstellen differenziert wird.

Deshalb muss die Kosten- und Leistungsrechnung im FM durch die Einführung zusätzlicher Kostenarten und Kostenstellen so qualifiziert werden, dass detaillierte Informationen über die Kostenstrukturen der FM-Leistungen zur Verfügung stehen. Dies soll an einem einfachen Beispiel demonstriert werden. Dabei werden zwei Arten der Kosten- und Leistungsrechnung gegenübergestellt:

- Kosten- und Leistungsrechnung ohne Berücksichtigung von FM-Aspekten
- Kosten- und Leistungsrechnung mit Berücksichtigung von FM-Aspekten.

Beispiel, Teil 1 ohne Berücksichtigung von FM-Aspekten:

Ein fiktives Unternehmen hat folgende drei Gebäude.

Gebäude	BGF m²
Haus 6	3.779
Haus 13	5.461
Haus 82	4.290
Gesamt	**13.530**

Für Kostenarten, -stellen, und -träger ist folgendes System vorgegeben:

Nr.	Kostenart
1	Materialkosten
2	Gas, Strom, Wasser
3	Instandhaltung Gebäude
4	Personalkosten Mitarbeiter
5	Reinigung
6	Sonstiges
Nr.	**Kostenstelle**
100	Gebäude
Nr.	**Kostenträger**
900	Allgemeinkosten

Kaufmännisches Gebäudemanagement: Kosten- und Leistungsrechnung 4.3

Es ist ersichtlich, dass die Kosten nur 6 verschiedenen Kostenarten zugeordnet werden können. Außerdem gibt es jeweils nur eine Kostenstelle sowie einen Kostenträger, die in Frage kommen. Es kann also nicht zwischen den einzelnen Gebäuden differenziert gebucht werden.

Die Bewirtschaftungskosten werden durch die nachfolgenden 28 Einzelbuchungen repräsentiert.

Nr.	Bezeichnung	Betrag in €/a	Kostenart	Kostenstelle
1	Heizenergie Haus 6	14.323,30	2	100
2	Heizenergie Haus 13	11.465,87	2	100
3	Heizenergie Haus 82	11.870,54	2	100
4	Elektroenergie Haus 6	15.846,63	2	100
5	Elektroenergie Haus 13	7.037,64	2	100
6	Elektroenergie Haus 82	13.665,77	2	100
7	Wasser Haus 6	1.384,71	2	100
8	Wasser Haus 13	2.750,65	2	100
9	Wasser Haus 82	1.180,67	2	100
10	Abwasser Haus 6	2.660,01	2	100
11	Abwasser Haus 13	2.580,25	2	100
12	Abwasser Haus 82	1.641,96	2	100
13	Wartung Kessel Haus 6	1.000,00	3	100
14	Wartung Kessel Haus 13	1.200,00	3	100
15	Wartung Kessel Haus 82	1.000,00	3	100
16	Reparatur Abwasserhebeanlage, Haus 13	5.000,00	3	100
17	Chemikalien Wasseraufbereitung Heizung	900,00	1	100
18	Kleinteile	3.500,00	1	100
19	Schornsteinfeger Haus 6	500,00	6	100
20	Schornsteinfeger Haus 13	400,00	6	100
21	Schornsteinfeger Haus 82	400,00	6	100
22	Hausmeister	22.000,00	4	100
23	Unterhaltsreinigung Haus 6	11.337,00	5	100
24	Unterhaltsreinigung Haus 13	17.693,64	5	100
25	Unterhaltsreinigung Haus 82	11.840,40	5	100
26	Glasreinigung Haus 6	2.267,40	5	100
27	Glasreinigung Haus 13	3.538,73	5	100
28	Glasreinigung Haus 82	3.670,52	5	100
	Summe Nutzungskosten	**172.655,69**		

4 Das Gebäudemanagement

Bei der Buchung des einzelnen Zahlungsvorgangs werden der Zahlung die Kostenart und die Kostenstelle zugewiesen. Alle drei Informationen werden in der Buchungsdatenbank erfasst.

Nach dem Buchungsvorgang stehen in der Datenbank folgende Informationen zur Verfügung:

Kostenarten	Kostenstellen, Betrag in €			
	100	101	102	103
6.310	22.000,00			
6.330	4.400,00	1.500,00	1.600,00	1.400,00
6.340			5.000,00	
6.415		15.846,63	7.037,64	13.665,77
6.413		14.323,30	11.465,87	11.870,54
6.411		1.384,71	2.750,65	1.180,67
6.436		2.660,01	2.580,25	1.641,96
6.510		11.337,00	17.693,64	11.840,40
6.520		2.267,40	3.538,73	3.670,52
Summe	26.400,00	49.319,05	51.666,78	45.269,86

Die Zuordnung auf die Gebäude kann nur pauschal über die Flächen erfolgen:

	Betrag in €/a	in €/m² Monat
Nutzungskosten Haus 6	48.223,64	1,06
Nutzungskosten Haus 13	69.687,56	1,06
Nutzungskosten Haus 82	54.744,49	1,06

Damit ist keine konkrete Aussage möglich, welches Gebäude welche Kosten verursacht hat, da diese Informationen durch den Buchungsvorgang quasi verloren gegangen sind. Im folgenden 2. Teil des Beispiels wird gezeigt, wie diesem Informationsdefizit durch die Einführung zusätzlicher Kostanarten und -stellen abgeholfen werden kann.

Beispiel, Teil 2 mit Berücksichtigung von FM-Aspekten:

Es werden jetzt zusätzliche Kostenarten nach GEFMA 200 eingeführt. Außerdem wird jedem Gebäude eine separate Kostenstelle zugeordnet. Die Kostenstelle 100 dient für die Erfassung von Kosten, welche nicht direkt einem Gebäude zuordenbar sind.

Kostenarten nach GEFMA 200	
6.310	Bedienung
6.330	Wartung und Inspektion
6.340	Instandsetzung und Erneuerung
6.415	Strom
6.413	Energieträger für Heizwecke
6.411	Wasser
6.436	Abwassergebühren
6.510	Unterhaltsreinigung
6.520	Glas- und Fassadenreinigung
Gebäude- und Anlagenkomponente nach DIN 276	
1	Gebäude, allgemein
300	Bauwerk, allgemein
400	Technische Anlagen, allgemein
410	Wasser-, Abwasser, Sanitärtechnik
420	Heizung, Wärmeversorgung
Kostenstellen	
100	Allgemein Gebäude
101	Haus 6
102	Haus 13
103	Haus 82
Kostenträger	
900	Allgemeinkosten

Damit wird folgendermaßen gebucht:

Nr.	Bezeichnung	Betrag in €/a	Kostenart	Anlagenart	Kostenstelle
1	Heizenergie Haus 6	14.323,30	6.413	420	101
2	Heizenergie Haus 13	11.465,87	6.413	420	102
3	Heizenergie Haus 82	11.870,54	6.413	420	103
4	Elektroenergie Haus 6	15.846,63	6.415	400	101
5	Elektroenergie Haus 13	7.037,64	6.415	400	102
6	Elektroenergie Haus 82	13.665,77	6.415	400	103
7	Wasser Haus 6	1.384,71	6.411	410	101
8	Wasser Haus 13	2.750,65	6.411	410	102
9	Wasser Haus 82	1.180,67	6.411	410	103
10	Abwasser Haus 6	2.660,01	6.436	410	101
11	Abwasser Haus 13	2.580,25	6.436	410	102
12	Abwasser Haus 82	1.641,96	6.436	410	103
13	Wartung Kessel Haus 6	1.000,00	6.330	420	101
14	Wartung Kessel Haus 13	1.200,00	6.330	420	102
15	Wartung Kessel Haus 82	1.000,00	6.330	420	103
16	Reparatur Abwasserhebeanlage, Haus 13	5.000,00	6.340	410	102
17	Chemikalien (Wasseraufbereitung Heizung)	900,00	6.330	420	100
18	Kleinteile (Instandhaltung)	3.500,00	6.330	400	100
19	Schornsteinfeger Haus 6	500,00	6.330	420	101
20	Schornsteinfeger Haus 13	400,00	6.330	420	102
21	Schornsteinfeger Haus 82	400,00	6.330	420	103
22	Hausmeister	22.000,00	6.310	1	100
23	Unterhaltsreinigung Haus 6	11.337,00	6.510	1	101
24	Unterhaltsreinigung Haus 13	17.693,64	6.510	1	102
25	Unterhaltsreinigung Haus 82	11.840,40	6.510	1	103
26	Glasreinigung Haus 6	2.267,40	6.520	300	101
27	Glasreinigung Haus 13	3.538,73	6.520	300	102
28	Glasreinigung Haus 82	3.670,52	6.520	300	103
	Summe Nutzungskosten	**172.655,69**			

Jetzt wird beim Buchungsvorgang stärker differenziert. Es gibt mehr Kostenarten und vor allem können die meisten Kosten den Gebäuden über deren Kostenstelle zugeordnet werden.

Im Ergebnis können die Kosten weitestgehend nach dem Verursacherprinzip auf die Gebäude aufgeteilt werden. Nur ein kleiner Teil (Kostenstelle 100) muss weiterhin über die Fläche umgelegt werden.

	Betrag in €/a	
Nutzungskosten Haus 6, direkt zuordenbar	49.319,05	
Nutzungskosten Haus 13, direkt zuordenbar	51.666,78	
Nutzungskosten Haus 82, direkt zuordenbar	45.269,86	
Nutzungskosten nicht zuordenbar (Kostenstelle 100)	26.400,00	
		in €/m² Monat
Nutzungskosten Haus 6	56.692,71	1,25
Nutzungskosten Haus 13	62.322,39	0,95
Nutzungskosten Haus 82	53.640,60	1,04

Die spezifischen Kosten in €/m² Monat zeigen deutliche Unterschiede zwischen den Gebäuden. Betrachtet man nun noch die Instandhaltungskosten (KG 6.330 und 6.340) ergibt sich folgendes Bild (Kleinteile wurden flächenanteilig zugeordnet):

	Betrag in €/a	in €/m² Monat
Kosten Instandhaltung, Haus 6	2.728,94	0,06
Kosten Instandhaltung, Haus 13	8.375,95	0,13
Kosten Instandhaltung, Haus 82	2.795,12	0,05

Man erkennt, dass das Haus 13, welches die geringsten Nutzungskosten aufweist, die höchsten Instandhaltungskosten hat. Demzufolge gibt es hier noch ein konkretes Einsparpotential.

Insgesamt verdeutlicht das Beispiel, wie durch die Einführung zusätzlicher Kostenarten und -stellen am Jahresende deutlich mehr Informationen über die Kostenstruktur vorliegen, als vorher. Damit gelingt es, mögliche Einsparpotenziale zu erkennen. Im nächsten Schritt ist es sinnvoll, auch die Kostenträger noch weiter zu differenzieren, was auf die Prozesskostenrechnung im folgenden Abschnitt führt.

4.3.5 Prozesskostenrechnung

Nach Weppler [10] basieren die in den Unternehmen zum Einsatz kommenden Kostenrechnungsverfahren noch zum Großteil auf den traditionellen Vollkostenrechnungssystemen. Neuere Ansätze stellen den Prozessaspekt in den Vordergrund und versuchen dadurch, die Nachteile der traditionellen prozentualen Gemeinkostenverrechnung auf der Basis von Kostenstellen zu überwinden und eine kostenstellenübergreifende oder prozessbezogene Perspektive einzunehmen.

Verfolgt man den Denkansatz der Abb. 2-4, so ist es sinnvoll die KLR in folgenden Punkten zu präzisieren:

- Entwicklung einer FM-gerechten Kostenartenstruktur, d. h. detaillierte Gliederung eines Teils der Kosten
- Abbildung der FM-Objekte in der Kostenstellenstruktur, d. h. sowohl leistungsbezogen (FM-Abteilung) als auch objektbezogen (Gebäude, Gebäudeteile, Räume)
- Einführung interner Kostenträger, die letztlich identisch mit den im jeweiligen Fall erforderlichen FM-Prozessen sind
- Berechnung der Prozesskosten für jeden FM-Prozess.

Diese Vorgehensweise wurde schematisch in der Abb. 4-7 dargestellt, welche direkt aus der Abb. 4-6 entwickelt wurde.

Die GEFMA 230 »Prozesskostenrechnung im FM« nennt folgende Arbeitsschritte, mit denen die Prozesskostenrechnung im FM aufgebaut werden kann:

1. Tätigkeitsanalyse (Ermittlung aller für einen Prozess erforderlichen Aktivitäten)
2. Ermitteln von Kostentreibern (Ermittlung des sogenannten Multiplikators für jede Tätigkeit, d. h. der Größe, durch welche sich der Aufwand für den Gesamtaufwand der jeweiligen Tätigkeit ergibt. Beispiel für Multiplikator: Häufigkeit der Durchführung einer bestimmten Tätigkeit – x-mal täglich reinigen)
3. Verdichtung der Aktivitäten zu Teilprozessen
4. Ermittlung der Prozesskosten
5. Kalkulation der Hauptprozesse.

Berechnung der Prozesskosten

Die im Abschnitt 3.4.4 eingeführte Größe der Lebenszykluskosten ist für die Praxis schlecht handhabbar. Zweckmäßigerweise müssen die Prozesskosten auf die betriebswirtschaftlich sinnvolle Abrechnungsperiode des Geschäftsjahres bezogen werden, um sie mit anderen Kosten im Unternehmen vergleichbar zu machen. Formell geschieht dies mit Hilfe des im Kapitel 7 beschriebenen Annuitätenverfahrens, bei welchem alle mit einer Investition im Zusammenhang stehenden Ein- und Auszahlungen auf ein repräsentatives Jahr bezogen werden. Hier sollen die Kosten eines FM-Prozesses $K_{ges,j}$ einfach wie folgt beschrieben werden:

$$K_{ges,j} = \sum_i K_i = \sum_i (V_i \cdot k_i)$$

K_i Kosten für den Teilaufwand i
V_i Verbrauch von:
             Kapital
             Energie- und Medien
             Material und Hilfsstoffen
             interner Arbeitszeit
             externen Dienstleistungen
             sonstigen Aufwendungen
k_i Einkaufspreis oder interner Verrechnungspreis für den Verbrauch V_i

Für jeden FM-Prozess lässt sich dann mit Hilfe der Gesamtkosten und einer geeigneten Bezugsgröße X_j die Prozesskostenverrechnungseinheit $k_{Pr,j}$ bestimmen:

$$k_{Pr,j} = \frac{K_{Ges,j}}{X_j}$$

Die nachfolgenden Beispiele sollen die Vorgehensweise bei der Prozesskostenrechnung verdeutlichen.

Beispiel 1: Kosten des Prozesses »Wärmeversorgung für ein Bürogebäude«

Es handelt sich um ein einfach ausgestattetes Bürogebäude, bei welchem keine Lüftungs- und Klimaanlage sondern nur eine Heizungsanlage mit Erdgaskessel installiert ist. Folgende Ausgangsdaten sind für den Prozess relevant:

Kostenansatz	Wert
Investitionskosten Heizung I_0	250.000 €
Instandsetzungskosten I_{IS}	2 % der Investitionskosten/a [11]
Jährliche Heizwärme $Q_{a,Nutz}$	590.000 kWh/a
Jahresnutzungsgrad des Wärmeerzeugers η_a	92 % (siehe Kap. 6)
Erdgasbezugspreis k_{Erdgas}	0,04 €/kWh
Bedienaufwand durch Hausmeister V_{HM}	2,5 h pro Woche, 52 Wochen pro Jahr
Interner Verrechnungssatz für den Hausmeister k_{HM}	30 €/h
Wartungsvertrag mit externer Fremdfirma K_W	500 €/a
Interner Verwaltungsaufwand V_{Verw}	24 h/a
Interner Verrechnungssatz für Verwaltung k_{Verw}	40 €/h

Tab. 4-6: Ausgangswerte für die Prozesskostenrechnung bei der Wärmeversorgung

Aus der Tab. 4-6 wird ersichtlich, dass folgender Aufwand für den Prozess zu kalkulieren ist:

- Kosten für Kapital
- Kosten für Instandsetzung
- Kosten für Energieverbrauch
- Kosten für Bedienung
- Kosten für Wartung
- Kosten für Verwaltung.

Die Berechnung der Kosten für das Kapital ist formell gesehen mit Schwierigkeiten behaftet. Die Schwierigkeit besteht darin, dass die Tilgung eines annuitätischen Darlehns, durch welches die Investitionskosten bereitgestellt werden können, keine Kosten darstellt sondern nur die dazugehörigen Zinsen. Auf der anderen Seite werden Abschreibungen bilanziert, die zwar Kosten aber keine Auszahlungen sind. Da Tilgung und Abschreibung über die Gesamtlaufzeit gesehen näherungsweise gleiche Zahlenwerte haben, sollen hier die Kapitalkosten (auch als investitionsgebundene Kosten bezeichnet) folgendermaßen berechnet werden:

$K_K = I_0 \cdot a$

I_0 \qquad Investitionskosten

a \qquad Annuitätsfaktor $a = \dfrac{(1+i)^T \cdot i}{(1+i)^T - i}$

i \qquad Kalkulationszins

T \qquad Betrachtungszeit

Die Kosten für Instandsetzung ergeben sich in Abhängigkeit der Investitionskosten:

$K_{IS} = I_0 \cdot f_{IS}$

f_{IS} \qquad Faktor für Instandsetzungskosten

Die Kosten K_{Erdgas} für den Energiebezug berechnen sich wie folgt:

$K_{Erdgas} = \dfrac{Q_{a,Nutz}}{\eta_a} \cdot k_{Erdgas}$

$Q_{a,Nutz}$ \qquad Jährlich benötigte Heizwärme (siehe Abschnitt 6.7.2.6)
η_a \qquad Jahresnutzungsgrad des Wärmeerzeugers (siehe Abschnitt 6.7.2.5)

Die Kosten für den Hausmeister K_{HM} und für die Verwaltung K_{Verw} berechnen sich mit den Stundensätzen:

$K_{HM} = V_{HM} \cdot k_{HM}$
$K_{Verw} = V_{Verw} \cdot k_{Verw}$

Kaufmännisches Gebäudemanagement: Kosten- und Leistungsrechnung 4.3

Die Wartungskosten K_W sind direkt zu berücksichtigen.

Die Gesamtkosten für den Prozess, bezogen auf ein Jahr ergeben sich als Summe der angeführten Teilkosten für die einzelnen Prozesskomponenten:

$K_{Ges} = K_K + K_{IS} + K_{Erdgas} + K_{HM} + K_W + K_{Verw}$ in €/a.

Der Prozesskostenstückpreis, welcher zur Verrechnung auf die einzelnen betrieblichen Bereiche genutzt werden soll, ergibt sich in diesem Fall wie folgt:

$$k_{Pr, Wärme} = \frac{K_{Ges}}{Q_{a, Nutz}} \text{ in €/kWh}$$

NRF	5.000	m²
Investition Heizung	250.000	€
Kalkulationszinsfluss	5 %	
Betrachtungszeitraum	20	a
Annuitätsfaktor	0,08024	
Faktor Instandsetzung	2 %	
Jährliche Heizwärme	595.000	kWh/a
Jahresnutzungsgrad des Wärmeerzeugers	92 %	
Jährliche Energiemenge Erdgas	646.739	kWh/a
Erdgasbezugspreis	0,04	€/kWh
Bedienaufwand durch Hausmeister	130	h/a
interner Verrechnungssatz für den Hausmeister	30	€/h
Zeitaufwand für Verwaltung	24	h/a
interner Verrechnungssatz für Verwaltung	40	€/h
Wartungsvertrag mit externer Fremdfirma	500	€/a
Investitionsgebundene Kosten K_K	20.061	€/a
Instandsetzungskosten K_{IS}	5.000	€/a
Erdgasbezugskosten K_{Erdgas}	25.870	€/a
Kosten für Hausmeister (Bedienung) K_{HM}	3.900	€/a
Wartungskosten K_W	500	€/a
Verwaltungskosten K_{Verw}	960	€/a
Gesamtkosten	56.290	€/a
Prozesskostenverrechnungseinheit	0,095	€/kWh

Tab. 4-7: Kalkulationsergebnis für den Prozess »Wärmeversorgung«

mit $Q_{a,Nutz}$ als Verrechnungsgröße. Die auf die einzelnen Bereiche entfallene Nutzwärmemenge kann entweder mit Hilfe von Unterzählern gemessen oder pauschal über den Flächenanteil ermittelt werden. Die Tab. 4-7 enthält das Ergebnis für das Beispiel 1. Während beim traditionellen Umlageverfahren nur die Erdgaskosten (weniger als 50 %) auf die Nutzungsbereiche direkt umgelegt und alle übrigen Kosten über Gemeinkostensätze abgerechnet werden, können mit Hilfe der Prozesskostenrechnung alle Kosten verursachergerecht zugeordnet werden. Im Einzelfall ist zu erwägen, ob die investitionsgebundenen Kosten K_K mit berücksichtigt werden. Dies empfiehlt sich z. B. bei größeren Unternehmen mit ausgedehnten Anlagen, bei denen die nutzende Struktureinheit ggf. selbst über die Investition in eine neue Kesselanlage mit besserem Wirkungsgrad entscheiden kann.

Beispiel 2: Kosten des Prozesses »Unterhaltsreinigung« für ein Bürogebäude

Die zu reinigende Fläche beträgt 5.000 m² (entspricht im Beispiel der NRF). Die Reinigung wird durch ein Fremdunternehmen erbracht. Laut interner Vorgabe ist die Leistung alle 2 Jahre neu zu vergeben. Die Abrechnung erfolgt monatlich, wobei die Qualität über ein Punktesystem durch den Auftraggeber kontrolliert wird. Es sind somit folgende Teilprozesse zu berücksichtigen:

- Reinigungsleistung durch das Fremdunternehmen
- Interner Aufwand für das Vergabeverfahren
- Interner Aufwand für die Qualitätskontrolle.

Kostenart	Wert
Reinigungsleistung durch das Fremdunternehmen	0,20 €/m² pro Monat
Interner Aufwand für das Vergabeverfahren	40 h pro Vergabe 1 Vergabe alle 2 Jahre
Interner Aufwand für die Qualitätskontrolle	2 h pro Monat
Interner Verrechnungssatz Vergabe und Qualitätskontrolle	40 €/h

Tab. 4-8: Ausgangswerte für die Prozesskostenrechnung bei der Unterhaltsreinigung

Die Prozesskosten ergeben sich demzufolge:

$$K_{Ges} = K_{DL} + K_{Vergabe} + K_{Qua} \text{ in } €/a$$

und die Prozesskostenverrechnungseinheit:

$$k_{Pr,UR} = \frac{K_{Ges}}{NRF} \text{ in } €/m^2 a$$

In der Tab. 4-9 ist das Ergebnis für das Beispiel 2 enthalten.

NRF (Netto-Raumfläche)		5.000	m²
Reinigungspreis des Fremdunternehmens		2,40	€/m²a
Kosten für Unterhaltsreinigung	K_{DL}	12.000	€/a
Kosten für Vergabe	$K_{Vergabe}$	800	€/a
Kosten Qualitätskontrolle	K_{Qua}	960	€/a
Gesamtkosten		13.760	€/a
Reinigungspreis, bezogen auf NRF		2,75	€/m²a

Tab. 4-9: Kalkulationsergebnis für den Prozess »Unterhaltsreinigung«

Zwar fällt hier der Unterschied zwischen den Dienstleisterkosten und den Prozesskosten nicht ganz so gravierend wie im vorangegangenen Beispiel aus, dennoch ist die Vorgehensweise zu empfehlen, da auf diesem Wege ein Großteil anfallender Gemeinkosten präziser zugeordnet werden können.

4.3.6 Kostenzuordnungsverfahren

Mit Hilfe von Kostenzuordnungsverfahren soll die Umlage von FM-Kosten auf die internen Kunden erfolgen. Diese Aufgabe besteht sowohl bei der Umlage von Gemeinkosten als auch bei der Verrechnung von Prozesskosten. Folgende Methoden können verwendet werden:

- direkte Zuordnung, wenn Kosten für eine bestimmte Leistung einer Kostenstelle oder Kostenträger direkt zugeordnet werden können (Abb. 4-8).
- Umlage nach Verbrauch (z. B. beim Heizenergie- oder Elektroenergieverbrauch, wenn pro Kostenstelle Unterzähler installiert wurden). Die Verrechnung auf die Verbraucher kann einerseits erfolgen, dass nur die Energiekosten selbst verrechnet

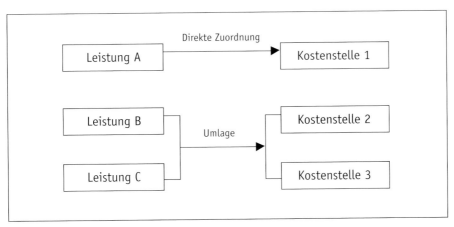

Abb. 4-8: Kostenzuordnungsverfahren

werden oder andererseits dass die gesamten Prozesskosten wie oben beschrieben entsprechend der Prozesskostenverrechnungseinheit verrechnet werden.
- einfache Umlageverfahren von Gemeinkosten und/oder Prozesskosten (€ pro m², € pro Mitarbeiter, € pro Gebäude, ...)

4.4 Technisches Gebäudemanagement

Die in der DIN 32736 angegebene Definition beschreibt das technische Gebäudemanagement:

> Das technische Gebäudemanagement umfasst alle Leistungen, die zum Betreiben und Bewirtschaften der baulichen und technischen Anlagen eines Gebäudes erforderlich sind.

In den für das FM maßgeblichen Richtlinien DIN 32736 und GEFMA 100-1 werden folgende Schwerpunkte für das TGM angegeben:

DIN 32736	GEFMA 100-2	
Betreiben	63.000	Objekte betreiben
Dokumentieren	6.140	Dokumentation pflegen
Energiemanagement	6.420	Energiemanagement durchführen
Informationsmanagement	Enthalten in: 6.120 6.300	FM-Tools bereitstellen Objekte betreiben
Modernisieren Sanieren Umbauen	7.100 bis 7.600	Um- und Ausbauten, Sanierungen, Modernisierungen durchführen
Verfolgen der technischen Gewährleistung	6.130 6.770	Meldungen verfolgen Mängelansprüche geltend machen

Tab. 4-10: Leistungen des TGM nach verschiedenen Richtlinien

Die GEFMA 100-1 verfolgt einen deutlich integrativeren Ansatz, bei welchem die einzelnen Sparten TGM, IGM und KGM im Zusammenhang betrachtet werden. Diese Vorgehensweise entspricht Erfahrungen der Praxis insbesondere bei größeren Objekten und steht außerdem im Zusammenhang mit dem Trend zur zunehmenden Vergabe integrierter Leistungen an einen Anbieter.

Nachfolgend wird auf die beiden Schwerpunkte *Betreiben und Instandhalten* sowie *Energiemanagement* eingegangen, bei den übrigen Themen wird auf die Richtlinien selbst oder die Literatur verwiesen.

4.4.1 Betriebsführung und Instandhaltung

4.4.1.1 Begriffsabgrenzungen

Zunächst ist es erforderlich, die Begriffe

- Betriebsführung,
- Instandhaltung und
- Unterhaltung

genau abzugrenzen. Am praktikabelsten erfolgt dies in der GEFMA 108 (siehe Abb. 4-9). Dabei wird ein Teil der Instandhaltungsleistungen dem Betrieb zugeordnet und ein Teil dem Unterhalt.

Im Prinzip geht es darum, den mehr oder weniger gängigen Begriff der Instandhaltung mit seinen Hauptkategorien

- Wartung
- Inspektion
- Instandsetzung
- Verbesserung

den in der Immobilienwirtschaft gängigen Kostenaufteilungsverfahren anzupassen.

Dabei sind die im Rahmen der Instandhaltung anfallenden Kosten,

- den umlagefähigen Betriebskosten und/oder
- den nicht umlagefähigen Instandsetzungskosten (Bauunterhaltskosten)

zuzuordnen.

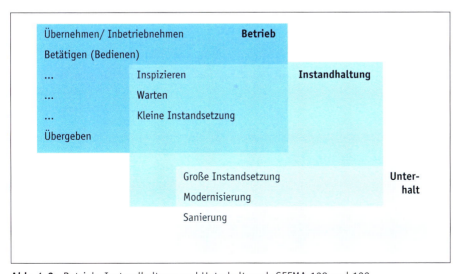

Abb. 4-9: Betrieb, Instandhaltung und Unterhalt nach GEFMA 108 und 122

4.4.1.2 Betriebsführung Technik

Zur Betriebsführung Technik gehören nach GEFMA 122 folgende Leistungen:

- Übernehmen oder Inbetriebnehmen
- Betätigen
    - Stellen
    - Überwachen
    - Störungen beheben

Nr.	Tätigkeit	Beispiele im Gebäude	Beispiele bei gebäudetechnischen Anlagen
1	Übernehmen oder Inbetriebnehmen	Übernehmen vom Auftraggeber oder Vertragsvorgänger oder Mitwirken bei der Inbetriebnahme u. Abnahme (bei Neubauten)	
2	Betätigen (Bedienen)		
2.1	Stellen	Türen und Tore morgens öffnen, abends schließen	Stellen, Schalten von Pumpen, Heizkesseln u. ä., sofern nicht automatisch
2.2	Überwachen	Sauberkeit und Einhaltung der Hausordnung kontrollieren	bei GLT: Stör- und Gefahrmeldung entgegennehmen, weiterleiten, Gegenmaßnahmen einleiten
2.3	Störungen beheben	Türen, Fenster und Schlösser richten	Wasserabläufe frei machen, Sicherungsautomaten drücken
2.4	Verbrauchsstoffe auffüllen		Chemikalien für Wasseraufbereitung, Heizöl
2.5	Prüfungen veranlassen		TÜV-Prüfungen, Schornsteinfegermessung
2.6	Optimieren im lfd. Betrieb		(siehe Energiemanagement (4.4.2))
2.7	Gewährleistung verfolgen	Mängel registrieren und melden, Eigentümer bei der Durchsetzung von Gewährleistungsansprüchen unterstützen.	
3	Instandhalten		
3.1	Inspizieren	Verkehrssicherung	auf Funktion prüfen, z. B. Sicherheitsventil bei Heizkessel
3.2	Warten		gemäß Wartungsplänen oder -verträgen
3.3	Kleine Instandsetzung	»Schönheitsreparaturen«	Verschleißteile austauschen (Filter, Leuchtmittel)
4	Entsorgen		ausgetauschte Verschleißteile
5	Kleine Umbauten	Änderungen an Einbauten	nutzungsbedingte Umbauten (z. B. Heizkörper versetzen)
6	Dokumentieren	Ereignisse, Schäden	Zählerstände, Betriebszustände
7	Übergeben oder	Übergeben an Auftraggeber oder Vertragsnachfolger oder Mitwirken bei der Außerbetriebnahme	

Tab. 4-11: Betriebsführung in Anlehnung an [12]

- Verbrauchsstoffe auffüllen
- Prüfungen veranlassen
- Optimieren im laufenden Betrieb
- Gewährleistung verfolgen
- Instandhalten
  - Inspizieren
  - Warten
  - Kleine Instandsetzung
- Entsorgen
- Kleine Umbauten
- Dokumentieren
- Übergeben oder Außerbetriebnehmen.

4.4.1.3 Instandhaltung

> Unter Instandhaltung ist nach DIN 31051 [13] folgendes zu verstehen:
> - Inspektion
> - Wartung
> - Instandsetzung
> - Verbesserung

Wichtig für die Instandhaltungsplanung ist der Begriff der Lebensdauer von Gebäudeelementen. Grundsätzlich unterscheiden wir zwischen der technischen und der wirtschaftlichen Lebensdauer. Maßgeblichen Einfluss auf die technische Lebensdauer haben

- die Nutzungshäufigkeit und -intensität (einschl. missbräuchlicher Nutzung und Gewalteinwirkung)
- die Bauteilqualität
- Umwelteinflüsse
- die Instandhaltungsqualität.

Ausgehend von der These, dass jegliche Nutzung von Gebäuden und Anlagen immer mit Abnutzung verbunden ist, lässt sich als theoretische Leitgröße der Instandhaltung der Abnutzungsvorrat definieren:

> Der Abnutzungsvorrat ist der Vorrat der möglichen Funktionserfüllungen unter festgelegten Bedingungen, der einer Betrachtungseinheit (Gebäude- oder Anlagenteil) aufgrund der Herstellung oder aufgrund der Wiederherstellung durch eine Instandsetzungsmaßnahme innewohnt.

Eine Verringerung des Abnutzungsvorrates geschieht aufgrund folgender Ursachen:

- Reibung einschließlich Erosion und Abrasion
- Schwingungen
- Wechselbeanspruchungen
- Korrosion
- chemische Veränderungen
- Überbeanspruchung.

Die theoretischen Zusammenhänge sind in der Abb. 4-10 wiedergegeben. Entsprechend der DIN 31051 ist in Folge der Instandsetzung eine Erhöhung des Abnutzungsvorrats über den ursprünglichen Wert von 100 % dann möglich, wenn diese Maßnahmen eine Verbesserung beinhalten, beispielsweise durch ein Ersatzteil mit besseren Materialeigenschaften.

Die Erfassung des zum Zeitpunkt t_i noch vorhandenen Abnutzungsvorrates erfolgt im Rahmen der Inspektion. Durch die Wartung kann es gelingen, den Abbau des Abnutzungsvorrates zu verlangsamen. Ein neuer Abnutzungsvorrat wird durch eine Instandsetzungsmaßnahme geschaffen.
Wünschenswert als Voraussetzung für die Planung der Instandhaltung wäre die Kenntnis des genauen Abnutzungsverlaufes. Solche Abnutzungskurven können in der

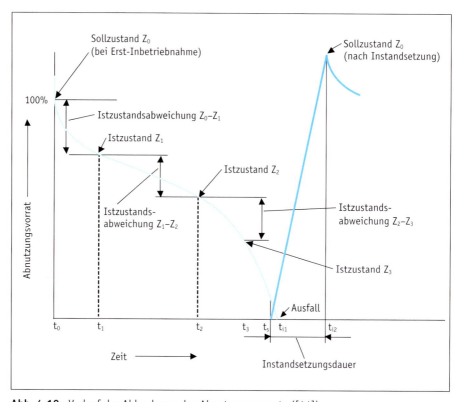

Abb. 4-10: Verlauf der Abbaukurve des Abnutzungsvorrats ([14])

Regel nur durch Messungen bestimmt werden, demzufolge finden sich in der Literatur kaum allgemeingültige Aussagen zu Abnutzungsverläufen von Gebäuden oder deren technischen Einrichtungen.

Da die theoretische Größe des Abnutzungsvorrates für die praktische Planung nicht handhabbar ist, muss eine andere Herangehensweise entwickelt werden. Warnecke [16] beschreibt allgemein Ziel- oder Aufgabenkategorien für den Instandhaltungsbereich von Industrieunternehmen, welche sich direkt auf das FM übertragen lassen:

- Technische Störungs- und/oder Ausfallzeitspannen gering halten oder Anzahl der technischen Störungen und/oder Ausfälle minimieren
- Ausfallfolgekosten minimieren
- Instandhaltungskosten (Arbeitszeiten + Materialeinsatz) minimieren.

Die Ausfallzeiten können besser als Verfügbarkeit V beschrieben werden:

$$V = \frac{\Delta \tau_{B,\,störfrei}}{\Delta \tau_{B,\,störfrei} + \Delta \tau_{B,\,Ausfall}}$$

$\Delta \tau_{B,störfrei}$ durchschnittliche Zeitdauer des störungsfreien Betriebes
$\Delta \tau_{B,Ausfall}$ durchschnittliche Ausfallzeit

Mit der Größe der Verfügbarkeit steht somit ein Qualitätskriterium für die Instandhaltung zur Verfügung. Die praktische Frage aus Sicht des Gebäudebetreibers oder -nutzers ist nun, welche Instandhaltungskosten müssen aufgewendet werden (siehe Abb. 4-13), um eine bestimmte Verfügbarkeit zu erreichen. Zunächst kann man die Gesamtkosten für die Instandhaltung auch als Summe von Wartungs- und Inspektionskosten K_W auf der einen Seite und Instandsetzungskosten K_{IS} auf der anderen Seite auffassen:

$$K_{Ges} = K_W + K_{IS}$$

Damit ergibt sich eine Optimierungsaufgabe entsprechend der Abb. 4-11. Es macht aber wenig Sinn, nur isoliert die Instandhaltungskosten zu betrachten, da die Flächenverfügbarkeit und die Nutzungsqualität oft eine entscheidende Rolle spielt. So ist es beispielsweise bei einem Kongresszentrum wichtig, nicht nur die Instandhaltungskosten, sondern auch die möglichen Folgekosten einschließlich des Imageverlustes zu betrachten, da diese von entscheidender Höhe sind.

Allerdings ist eine solche Optimierung aufgrund fehlenden, verallgemeinerungsfähigen Datenmaterials nur schwer durchführbar. Somit muss der Prozess »Instandhaltung« maßnahmenorientiert geplant werden. Im Grunde gibt es drei Typen von Instandhaltungsstrategien [18], dargestellt in Tab. 4-12.

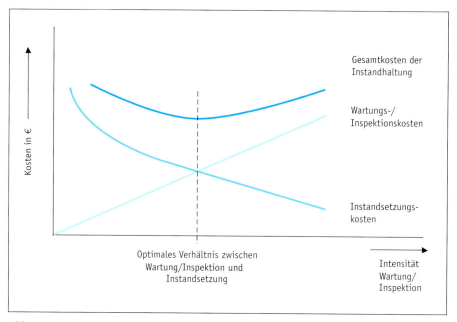

Abb. 4-11: Optimierung der Instandhaltungskosten (vgl. z. B. [17])

Strategie	Beschreibung	Vorteil	Nachteil
intervallabhängig	Einleitung von Maßnahmen in Abhängigkeit von der Zeit, Betriebszeit, Brennerstarts o. ä.	Gute Planbarkeit der Maßnahmen Hohe Verfügbarkeit	Technische Lebensdauer wird nicht optimal ausgenutzt, höhere Anzahl an Maßnahmen erhöht Fehlerwahrscheinlichkeit
zustandsabhängig	Einleitung von Maßnahmen in Abhängigkeit vom Ist-Zustand, festgestellt durch Inspektion über Messung von Betriebsparametern	Sehr gute Ausnutzung der technischen Lebensdauer Hohe Verfügbarkeit	Hoher Planungsaufwand Kostennachteile durch zusätzliche Anzahl an Inspektionen und erforderliche Qualifikation des Personals
schadensbedingt	Einleitung von Maßnahmen erst im konkreten Schadensfall	Optimale Ausnutzung der technischen Lebensdauer geringer Planungsaufwand	hohe Schadensfolgekosten mögliche Verkürzung der Lebensdauer anderer Komponenten eingeschränkte Verfügbarkeit geringer Komfort aufgrund von Ausfällen zum ungünstigsten Zeitpunkt

Tab. 4-12: Instandhaltungsstrategien

Beim Beispiel der Kesselanlage für eine Gebäudeheizung wäre

- die intervallabhängige Instandhaltung die übliche jährliche, oft als Wartung bezeichnete Instandhaltungsmaßnahme
- die zustandsabhängige Instandhaltung das Einleiten von Maßnahmen (in diesem Fall der Kesselreinigung) in Abhängigkeit des über die Abgastemperatur gemessenen Verschmutzungsgrades des Kessels
- die schadensbedingte Instandsetzung des Kessels dessen Austausch nach einem Totalausfall des Brenners.

Der Idealtyp der zustandsabhängigen Instandhaltung kann an Lüftungsanlagen bei der Filterreinigung realisiert werden. Dabei wird der Druck vor und nach dem Filter gemessen. Wenn eine bestimmte Druckdifferenz erreicht oder überschritten wird, ist der Filter zugesetzt und muss gereinigt werden. Eine solche Maßnahme kann dann auch über die Gebäudeleittechnik ausgelöst werden (Abb. 4-12).

In der Praxis werden die angegebenen Grundstrategien häufig miteinander kombiniert. So ist eine schadensbedingte Strategie möglicherweise dann sinnvoll, wenn das betreffende Bauteil oder die Anlage ohnehin in Kürze ersetzt werden soll. Beabsichtigt man z. B. den Austausch eines alten Heizkessels mit schlechtem Wirkungsgrad durch eine neue Anlage entsprechend dem Stand der Technik im kommenden Jahr, so wäre zu überlegen, ob man zur schadensbedingten Strategie übergeht und ggf. den Kesselaustausch im Falle eines Defekts vorzieht. Bei BHKW-Anlagen werden zustandsabhängige Maßnahmen mit intervallabhängigen kombiniert. Sehr häufig werden im Bereich der Haustechnik intervallabhängige Strategien bevorzugt. Das liegt abgesehen von den oben genannten Vorteilen auch daran, dass von Herstellern kaum Verfahren und Angaben für andere Strategien bereitgestellt werden.
Die Umsetzung von Instandhaltungsstrategien ist eng mit dem Thema CAFM verbunden. Eine bestimmte Qualität der Instandhaltung ist erst durch den Einsatz von In-

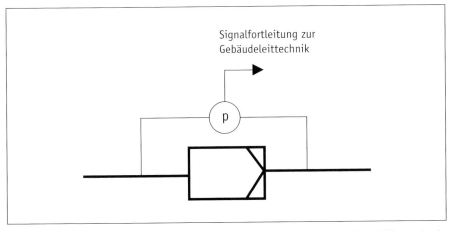

Abb. 4-12: Ermittlung des Verschmutzungsgrades eines Filters mit Hilfe einer Differenzdruckmessung

formationssystemen erreichbar. Wichtig sind die statistische Auswertung von Störungen und Betriebsmeldungen, um damit die Qualität einzelner Aggregate hinsichtlich ihres Abnutzungsvorrates und des Abnutzverlaufes, beurteilen zu können.

Abgerundet wird die maßnahmenorientierte Gestaltung der Instandhaltung durch die ingenieurmäßige Detailplanung notwendiger Leistungen an einzelnen Anlagen. Anzuwenden ist im Bereich der Gebäudetechnik VDMA 24186, Teil 1–31 [19].

Abschließend sei auf das allgemeine Problem von geplanten Instandhaltungskosten im Rahmen der operativen Unternehmensstrategie hingewiesen. Dass liegt in erster Linie daran, dass die Auswirkungen von verminderten Instandhaltungsaufwendungen erst mit großem Zeitverzug sichtbar werden. Voß [20] verweist auf die Abgrenzungsproblematik zwischen Investitionskosten und Instandhaltungskosten:

- »*Instandhaltungskosten mindern das Betriebsergebnis im Jahr des Anfalls in voller Höhe.*
- *Investitionskosten werden als Abschreibungskosten über die Nutzungsdauer verteilt.*

Dieser Spielraum wird zur Ergebnisoptimierung im Unternehmen genutzt.

- *In Jahren mit positivem Betriebsergebnis wird mehr über Instandhaltung abgewickelt.*
- *In Jahren mit magerem Betriebsergebnis wird mehr über Investitionen abgewickelt.*«

Die Planung mit Hilfe von Benchmarkkennziffern ist schwierig, da nicht eingeschätzt werden kann, ob bei den Vergleichsobjekten die wirklich notwendigen Instandhaltungsmaßnahmen durchgeführt worden sind.

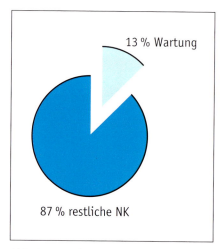

Abb. 4-13: Nebenkosten von vollklimatisierten Bürogebäuden [21]

4.4.2 Energiemanagement

Gegenstand des Energiemanagements ist die Bereitstellung von Energie und Medien:

- Gas
- Heizöl
- Fernwärme
- Elektroenergie
- Wasser (einschließlich der Entsorgung des Abwassers)
- Druckluft
- technische Gase (z. B. im Krankenhausbereich)

für verschiedene Funktionen und Verbrauchsbereiche:

- Raumklimabereitstellung
  - Wärmeversorgung
  - Frischluftversorgung
  - Kälteversorgung
  - Jalousiebetätigung
- Bereitstellung von Sanitärfunktionen, d. h. Wasserversorgung einschließlich der Warmwasserbereitung und Abwasserentsorgung
- Beleuchtung
- Betrieb von Bürotechnik
- Betrieb von Informations- und Kommunikationstechnik
- Transport- und Erschließungsaufgaben
- Versorgung mit Sicherheit (Sicherheitstechnik)
- technologische Prozesse.

Der Begriff des »Energiemanagements« wird in der Literatur sehr unterschiedlich gebraucht. Henzelmann [22] beschreibt beispielsweise einen sehr umfassenden Ansatz, welcher idealer Weise von einer Beachtung energetischer Aspekte bereits in der Bauleitplanung ausgeht. Beim konkreten Bauprojekt muss bereits »*in der Phase der Gebäudeplanung die Energiethematik mit der Entwurfsarbeit verknüpft werden.*« Schließlich werden Energiecontrolling, optimierte Betriebsweise und das Lastmanagement als Eckpfeiler eines ganzheitlichen Energiemanagements dargestellt. Andere Autoren sehen den Schwerpunkt von Energiemanagement nur in der operativen Phase. In [34] wird betriebliches Energiemanagement unter Managementaspekten betrachtet, d. h. wie sind Energiemanagement-Projekte in der betrieblichen Praxis anzugehen und abzuwickeln.

Die GEFMA 124 besteht aus sechs Teilen:
GEFMA 124-1: Energiemanagement; Grundlagen und Leistungsbild
GEFMA 124-2: Energiemanagement; Methoden
GEFMA 124-3: Energiemanagement; Strukturen, Tätigkeitsschwerpunkte, Vergabe von DL
GEFMA 124-4: Energiemanagement; Anforderungen Aus- und Weiterbildungsinhalte

GEFMA 124-5: Energiemanagement; Empfehlung zur Umsetzung der Energetischen Inspektion nach § 12 EnEV
GEFMA 124-6: Energiemanagement; IT-Unterstützung im Energiemanagement

Im Focus der Richtlinie steht in erster Linie das Ziel, wie die Gesamtkosten des Prozesses der Energiebereitstellung, -verteilung und -anwendung im Gebäude bei einem definierten Level der Nutzungsqualität minimiert werden können. Die Darstellung ist sehr praxisorientiert. Der Teil 2 der Richtlinie enthält eine anwendungsbereite Zusammenstellung der wichtigsten im Energiemanagement benötigten Methoden:

- Energiekonzepte
- Energiebilanzen
- Energieausweise
- Energieflussbilder (Sankey-Diagramme)
- Auslegungs-, Simulations- und Optimierungsrechnungen
- Benchmarking
- Messung physikalischer Größen
- Nutzwertanalyse
- Investitionsbewertung
- Energiecontrolling
- Zeit- und Witterungsbereinigung
- Bestimmung der Baseline
- Hydraulischer Abgleich von Heizungsanlagen
- Berechnung von Energiebezugskosten
- Berechnung der Gesamtenergiekosten (Prozesskosten)
- Lastmanagement beim Strombezug
- Lastmanagement beim Wärmebezug
- Anlagenoptimierung
- energetische Inspektionen.

Da der Energieverbrauch eines Gebäudes sowohl von dessen Gestaltung und der installierten Technik, als auch von der Betriebsführung und dem Nutzerverhalten abhängt, wird hier Energiemanagement mit Hilfe des nachstehenden, umfassenden Ansatzes definiert:

> Das Ziel des Energiemanagements besteht darin, die Gesamtkosten des Prozesses »Energieversorgung« bei einem vorgegebenen Level der Nutzungsqualität zu minimieren.

Die Gesamtkosten des Prozesses »Energieversorgung« setzen sich allgemein zusammen aus (vgl. Abschnitt 4.3.4):

- Kapitalkosten für die Prozessbasis, in diesem Fall für die Anlagentechnik
- Energiebezugskosten
- Bezugskosten für Betriebsstoffe
- Kosten für Betriebsführung

- Kosten für Instandhaltung
- Kosten für Sonstiges
   - Kosten für Gebühren u. ä.
   - Kosten für Verwaltung, Versicherung u. ä.

4.4.2.1 Allgemeiner Kostensenkungsansatz

Um das Ziel, eine Verringerung der Prozesskosten für die Energiversorgung $K_{Ges,E}$ zu erreichen, gibt es in der operativen Phase zwei Ansatzpunkte (Abb. 4-14):

- Senkung des Verbrauches V_i (siehe 4.3.4)
- Verbesserung des Einkaufes, d. h. des Einkaufspreises k_i.

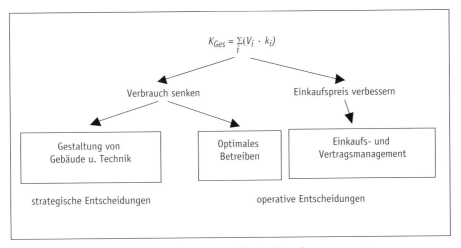

Abb. 4-14: Allgemeiner Kostensenkungsansatz für das Energiemanagement

4.4.2.2 Senkung des Energieverbrauches

Es ist immer davon auszugehen, dass Gebäude und Gebäudetechnik, auch wenn sie völlig neu errichtet wurden, lediglich die Voraussetzung für den energie- und kostensparenden Betrieb bieten. Der optimale Betrieb selbst muss erst organisiert und umgesetzt werden. Daraus ergeben sich Aufgabenstellungen für vorhandene, durchaus auch ältere Gebäude und Anlagen und auch für vollständig neu errichtete Gebäude und Anlagen.

Die Abb. 4-15 zeigt die Energieanteile für Verwaltungsgebäude (nur exemplarisch). Der größte Teil wird für Heizzwecke (Transmission + Lüftungswärme) verbraucht. Das korreliert mit der allgemeinen Verbrauchsstruktur für Deutschland, nach der von der produzierten Endenergie mehr als 30 % für Raumwärme verwendet wird. [25]

Die Tab. 4-13 enthält Durchschnitts- und Modalwerte für den Verbrauch von Wärme, Strom und Wasser bei Bürogebäuden einerseits und Verwaltungsgebäuden andererseits. Die Tabelle verdeutlicht die Größenordnungen, zeigt aber auch die enorme Spannbreite beispielsweise beim Elektroenergieverbrauch. Ursachen sind wahrscheinlich die unterschiedlichen Ausstattungsgrade im Bereich der Klimatechnik.

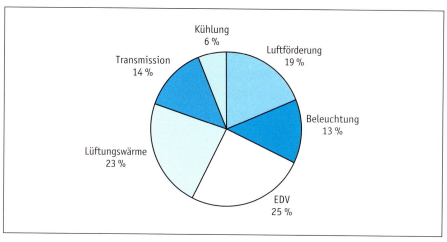

Abb. 4-15: Anteiliger Energieverbrauch in Verwaltungsgebäuden [26]

	Bürogebäude Durchschnittswerte nach [27] bezogen auf die Bruttogrundfläche (BGF)	Verwaltungsgebäude Modalwerte nach [28]
Wärmeverbrauch	133 kWh/m²a	111 kWh/m²a
Elektroenergieverbrauch	130 kWh/m²a	17 kWh/m²a
Wasserverbrauch	359 l/m²a	

Tab. 4-13: Energieverbrauchswerte für Büro und Verwaltungsgebäude

Aufgrund der herausragenden Stelle der Wärmeenergie im Gebäudebereich soll am Beispiel der Gebäudeheizung analysiert werden, wie der Verbrauch reduziert werden kann[1].

Es wird eine üblicherweise auf das Jahr bezogene Nutzenergiemenge benötigt:

$$Q_{a,\,Nutz} = \int_{8760\,h} \dot{Q}(\tau)\,d\tau$$

$$\dot{Q}(\tau) = U_{Geb} A_{Geb}(t_i(\tau) - t_a(\tau)) + \dot{Q}_{Lüftung}(\tau) \pm \dot{Q}_{Geb}(\tau) \pm \dot{Q}_{iQ}(\tau) \pm \dot{Q}_{Solar}(\tau)$$

---

[1] Selbstverständlich verbietet sich in der Praxis diese losgelöste Betrachtung, die hier nur aus Gründen der Anschaulichkeit gewählt wird. Gerade bei sehr komplexen Gebäuden mit hohen Komfortanforderungen müssen Wärme- und Kälteversorgung im Zusammenhang betrachtet werden.

$Q_{a,Nutz}$	jährliche Nutzenergiemenge
$\dot{Q}(\tau)$	Nutzwärmeleistung zum Zeitpunkt τ
$\dot{Q}_{Lüftung}(\tau)$	Lüftungswärmebedarf zum Zeitpunkt τ
$\dot{Q}_{Geb}(\tau)$	zum Zeitpunkt t im Gebäude gespeicherte Energie[2]
$\dot{Q}_{iQ}(\tau)$	Leistung innerer Wärmequellen
$\dot{Q}_{Solar}(\tau)$	Leistung Solarenergieeinstrahlung
U_{Geb}	mittlerer U-Wert des Gebäudes (früher k-Wert). Dieser Wert beschreibt die bauphysikalischen Eigenschaften des Gebäudes (Wärmedämmeigenschaften)
A_{Geb}	Wärme abgebende Hüllfläche des Gebäudes

Um eine bestimmte Nutzerenergiemenge verwenden zu können, muss die entsprechende Endenergiemenge $Q_{a,E}$ an der Gebäudegrenze bereitgestellt werden:

$$Q_{a,E} = \int_{8760} \frac{Q(\tau)}{\eta(\tau)} d\tau$$

mit $\eta(\tau)$ als dem Anlagenwirkungsgrad zum Zeitpunkt τ, d.h. also dem Wirkungsgrad bei der jeweiligen Erzeugerleistung.

An Hand dieser Gleichungen erkennt man nun leicht die Einflussfaktoren auf die jährliche Energiemenge, welche in der Tab. 4-14 dargestellt sind. Die Faktoren 1, 2, 3

Nr.	Einflussfaktor	beeinflussbar durch	Bemerkung
1	U_{Geb}	Gestaltung Baukörper und Fassade	Fassadenaufbau Dämmdicken Vermeidung Wärmebrücken
2	A_{Geb}	Gestaltung Baukörper	Oberflächen-/Volumenverhältnis (A/V)
3	$\dot{Q}_{Solar}(\tau)$	Gestaltung Baukörper und Fassade	Solararchitektur transparente Wärmedämmung aber: Kühllast im Sommer beachten!
4	$\eta(\tau)$	Wahl der Anlagentechnik Anlagenfahrweise	Kesselwirkungsgrad oder Jahresnutzungsgrad Leistungszahl oder Jahresarbeitszahl der benötigten Leistung angepasste Fahrweise der Erzeuger- und Verteilanlagen
5	$\dot{Q}_{Lüftung}(\tau)$	Fassadengestaltung Anlagentechnik Nutzerverhalten	Dichtheit der Gebäudehülle Wärmerückgewinnung/Solarenergienutzung Lüftungsverhalten
6	$t_i(\tau)$	Nutzerverhalten	Raumtemperaturen Temperaturabsenkung in Nichtnutzungszeiten

Tab. 4-14: Einflussfaktoren auf den Heizenergieverbrauch [29]

---
[2] Dieser Term kann zum Zeitpunkt τ positiv oder negativ sein.

und 5 können durch die Baukörper- und Fassadengestaltung beeinflusst werden, was erst weiter unten in Kapitel 6 Gegenstand ist. Für die operative Komponente des Energiemanagements sind die Faktoren 4, 5 und 6 von Wichtigkeit, da sie zum wesentlichen Anteil durch eine optimale Betriebsweise und ein entsprechendes Nutzerverhalten beeinflussbar sind. Auf das Nutzerverhalten kann in zweierlei Hinsicht Einfluss genommen werden:

- Durch die Anwendung klassischer Managementfunktionen, mit deren Hilfe der Nutzer administrativ oder durch Motivation zum sparsamem Umgang mit Nutzenergie gebracht wird.
- Durch den Einsatz von Gebäudeautomationssystemen (z. B. Heizungseinzelraumregelung oder tageslichtabhängige Beleuchtungssteuerung), die im Endeffekt den Einfluss des Nutzers zurückdrängen.

Welche der beiden Methoden im Einzelfall sinnvoller ist, hängt von der Art des Nutzers ab. Man unterscheidet zwei Kategorien:

- Interessierter Nutzer, der selbst ein eigenes Interesse an einem niedrigen Energieverbrauch hat. Das klassische Beispiel ist der Nutzer einer Wohnung.
- Anonymer Nutzer, der selbst kein eigenes Interesse an einem niedrigen Energieverbrauch in dem Gebäude hat. Beispiele wären der Mitarbeiter in einem Verwaltungsgebäude, der Gast in einem Hotelzimmer oder die Schüler in einem Schulgebäude.

Gebäudeautomationssysteme machen vor allem bei der Kategorie der anonymen Nutzer Sinn.

4.4.2.3 Optimales Betreiben

Eine optimale Betriebsweise mit möglichst geringem Energieverbrauch erreicht man durch zwei Ansätze (Abb. 4-16). Bei der Anlagenoptimierung geht es darum, mit Hilfe ingenieurtechnischer Methoden, die jeweilige Anlage optimal einzustellen, d. h. einen möglichst günstigen Gesamtwirkungsgrad (Betriebsoptimum) zu erreichen. Das Energiecontrolling zielt auf die Beibehaltung und ständige Verbesserung des Betriebsoptimums mit Hilfe klassischer Controllingfunktionen ab.

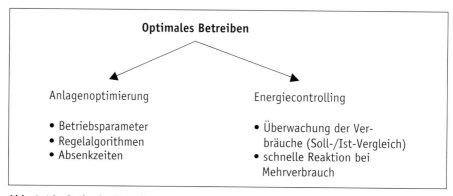

Abb. 4-16: Optimales Betreiben

4.4.2.4 Anlagenoptimierung

Bei der Optimierung der Fahrweise einer konkreten Anlage sind folgende Komplexe abzuarbeiten:

- Die Betriebsparameter der jeweiligen Anlage sind so auszuwählen, dass die Anlage bei einem möglichst günstigen Gesamtwirkungsgrad arbeitet, d.h. Variation der Parameter mit dem Ziel, Temperaturen, Drücke, Heizkurven, Laststufen, Luftmengen, Pressungen usw. so auszuwählen, dass möglichst wenig Energie zur Erfüllung der entsprechenden Versorgungsaufgabe benötigt wird.
- Umsetzung von übergeordneten Optimierungsansätzen in konkrete Regelalgorithmen, wobei insbesondere das Zusammenwirken der verschiedenen Teilanlagen zu berücksichtigen ist.
- Anpassung der zeitlichen Fahrweise der Anlagen an die wirklichen Nutzungszeiten, d.h. Energie ist nur dann bereitzustellen, wenn sie wirklich gebraucht wird. Somit wird eine maximale Ausdehnung des Absenkbetriebes erreicht.

In Gebäuden lassen sich z.B. folgende allgemeine Ansatzpunkte finden:

- Absenkung von Medientemperaturen (z.B. Vorlauf in Heizungsanlagen, Lufttemperaturen in Lüftungsanlagen)
- Absenkung von Raumtemperaturen/Solltemperaturen
- Präzisierung von Nutzungszeiten/Nichtnutzungszeiten
- Laufzeiten von Lüftungsanlagen einschränken
- Außenluftanteil reduzieren
- regelmäßige Reinigung von Wärmeerzeugern, Wärmeübertragern und Filtern
- Reinigung von Leuchtmitteln
- Verringerung von Stand-by-Zeiten von Bürogeräten [30]
- Lüftungsverhalten der Nutzer optimieren
- Beleuchtungsstärken und -zeiten auf notwendiges Maß reduzieren.

Bei der Wärmeversorgung eines Krankenhauses konnten 14% des jährlichen Erdgasverbrauches durch systematisches Energiemanagement, d.h. durch verschiedene Optimierungsmaßnahmen wie

- Intensivierung des Absenkbetriebes in den Nichtnutzungszeiten
- Präzisierung der Raumtemperaturen auf die üblichen Werte
- Optimierung des Nahwärmenetzes, d.h. Absenkung der Systemtemperaturen im Netz und im Bereich der Erzeugeranlage, das in diesem Fall die ca. 40 einzelnen Gebäude mit Wärme versorgt
- Nachtabschaltung der Aufladung der Warmwasserbereiter

eingespart werden (siehe Abb. 4-17).

In der Abb. 4-18 wurde beispielhaft für ein Kindergartengebäude die erzielbaren Einsparungen durch eine Reduzierung der Raumtemperaturen in Nichtnutzungszeiten abgeschätzt (nach DIN 4108-6 bzw. 832). Es zeigt sich, dass für eine tägliche Absenkdauer von ca. 10 Stunden eine Einsparung von etwa 12 % erzielbar ist. Obwohl die Ergebnisse nicht ohne weiteres auf andere Gebäude übertragbar sind und außerdem der Berechnungsalgorithmus nicht unumstritten ist, wird das Potential in seiner Größenordnung deutlich. Bei der konkreten Umsetzung des Absenkbetriebs ist darauf zu achten, dass nicht nur eine pauschale Absenkung der Vorlauftemperatur vorgenommen wird, sondern dass die Temperatur in den Räumen real absinkt.

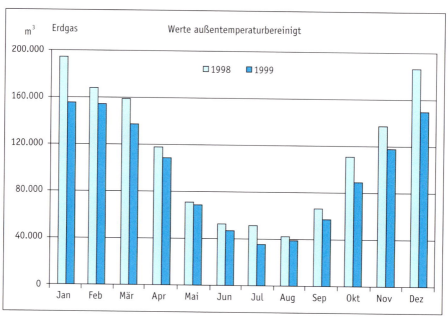

Abb. 4-17: Erdgasverbrauch für ein Krankenhaus [31]

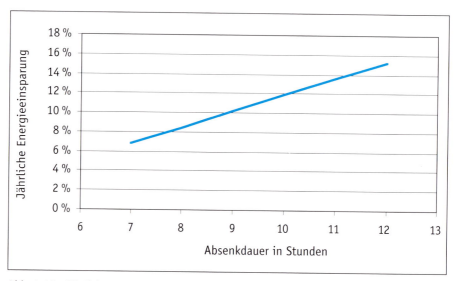

Abb. 4-18: Jährliche Energieeinsparung in einem Kindergarten durch Nachtabsenkung der Raumtemperaturen

4.4.2.5 Energiecontrolling

Energiecontrolling bedeutet die Anwendung von Controllingfunktionen auf den Energie- und Medienverbrauchsbereich. Dabei werden die Verbrauchswerte permanent überwacht und der Betrieb der Anlagen so angepasst, dass Soll-Werte eingehalten werden.

Es handelt sich um ein Instrument zum optimalen Betreiben versorgungstechnischer Anlagen (siehe ausführlich Abschnitt 5.2). In [32] wird das Einsparpotential durch Energiecontrolling in einer Größenordnung von 5 % angegeben.

Es sind zwei Aufgabenkomplexe zu bewältigen:

- Bildung von Soll-Werten für die einzelnen Verbrauchsbereiche
- Durchführung des permanenten Soll-/Ist-Vergleiches.

In der Regel werden die Budgets aus Verbrauchswerten vergangener Jahre ermittelt, wobei zweckmäßigerweise nicht ein Mittelwert sondern der Bestwert zugrunde zu legen ist. Für ein neues Objekt, bei welchem keine Erfahrungswerte vorliegen, kann der Normverbrauch für die Heizung rechnerisch abgeschätzt werden, zu addieren ist dann noch der Verbrauch für die Warmwasserbereitung. Zusätzlich ist der tägliche oder wöchentliche Energieverbrauch zu überwachen. Aufgrund der Schwierigkeit der Budgetbildung für solch kleine Kontrollperioden werden typische Wochenprofile miteinander verglichen. Verändern sich die Profile, kann auch hier die Ursache für den möglichen Mehrverbrauch erforscht werden. In der Abb. 4-19 ist dieser »qualitative« Vergleich an einem Beispiel dargestellt. Die blauen Balken sind das aus vergangenen Werten gebildete Wochenprofil, die hellblauen Balken verdeutlichen den aktuellen Verbrauch, der ab Mittwoch (3. Tag) über den Soll-Werten liegt (vgl. auch [33]).

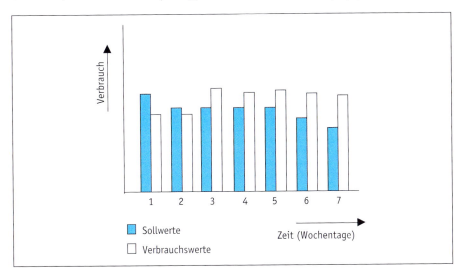

Abb. 4-19: Beispiel für den »qualitativen« Vergleich

4 Das Gebäudemanagement

Energiecontrolling hat nicht zuletzt eine psychologische Komponente. Die Erfahrung zeigt, dass bei Gebäuden mit funktionierendem Controlling verbunden mit einer ständigen Information der Nutzer und Betreiber der Energieverbrauch niedriger ist, als ohne Controlling. Auch bei dem oben erwähnten Beispiel des Krankenhauses zeigte sich einige Zeit nach den durchgeführten Optimierungsmaßnahmen, dass der Verbrauch tendenziell wieder anstieg. Es bedarf also eines methodischen Werkzeuges, mit dessen Hilfe gefundene Betriebsoptima über einen längeren Zeitraum aufrechterhalten werden können.

Als Prozessbasis wird eine möglichst automatisierte Verbrauchsdatenerfassung benötigt (Abb. 4-20). Dabei sind folgende Anforderungen zu stellen (Abb. 4-21):

- Erfassung des Energieverbrauches (und Medienverbrauches) nach Energieträgern
  - Gas, Heizöl, Fernwärme (gegliedert nach Lieferanten)
  - Elektroenergie
  - Wasser
- Erfassung des Verbrauches nach Anwendungsbereichen:
  - Heizen: Raumwärme, Warmwasserbereitung
  - Klimatisieren: Lufttransport, Kälteerzeugung
  - Beleuchten: Außenbeleuchtung, Verkehrsflächen, Büroräume
- Erfassung des Verbrauches nach Nutzungsbereichen (Kostenstellen):
  - Bereiche, Abteilungen
  - Gebäude, Werkhallen.

Die erste Anforderung wird in der Regel durch den Lieferanten realisiert. Wichtig für das Controlling sind Vereinbarungen im Rahmen der Energielieferung, bei denen der Versorger auch die Verbrauchsdaten per Fernübertragung rechnergerecht zur Verfügung stellt.

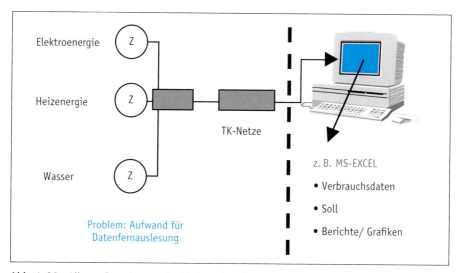

Abb. 4-20: Allgemeines System der Verbrauchserfassung

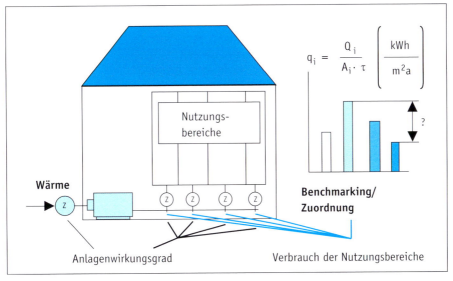

Abb. 4-21: Anordnung von Zähleinrichtungen am Beispiel der Wärmeversorgung

4.4.2.6 Lastmanagement

Das Lastmanagement ist streng genommen der Anlagenoptimierung zuzuordnen, wird hier aber aufgrund seiner Spezifität als gesonderter Punkt betrachtet. Der Ausgangspunkt ist die allgemeine Preisstruktur für den Bezug leitungsgebundener Energie. In der Regel setzt sich der Preis aus zwei Komponenten zusammen:

- einem verbrauchsunabhängigen Teil, der in der Regel in irgendeinem Bezug zur maximalen Bezugsleistung steht und
- einem verbrauchsabhängigen Teil, nach dem sich Energiekosten direkt proportional zum Verbrauch des jeweiligen Energieträgers ergeben.

Die jährlichen Energiekosten kann man dann ganz allgemein unter der Annahme, dass zwei Verbrauchstarife gelten, schreiben:

$$K_{Ges,E} = K_L + K_A$$
$$K_L = P_a \cdot k_L + B$$
$$K_A = Q_{HT} \cdot k_{A,HT} + Q_{NT} \cdot k_{A,NT}$$

mit:

K_L	jährliche Leistungskosten (oder Grundkosten)
K_A	jährliche Arbeitskosten (oder Verbrauchskosten)
P_a	Bezugsgröße (z. B. maximale Anschlussleistung oder maximal »gezogene« Leistung o. ä.)
k_L	Leistungspreis

B	konstante Kostengröße (z. B. für Messung – sog. Messpreis o. ä.), in der Regel klein im Verhältnis zu $P_a \cdot k_L$
Q_{HT}	verbrauchte Energiemenge in der Hochtarifzeit
$k_{A,HT}$	Arbeitspreis für die Hochtarifzeit in €/kWh
Q_{NT}	verbrauchte Energiemenge in der Niedrigtarifzeit
$k_{A,NT}$	Arbeitspreis für die Niedrigtarifzeit in €/kWh

Wenn nur ein Tarif gilt, so sind $k_{A,HT}$ und $k_{A,NT}$ jeweils als gleich für die gesamte jährliche Energiemenge anzusetzen.

Während sich die Senkung des Energieverbrauches auf die Höhe der jährlichen Arbeitskosten auswirkt, geht es beim Lastmanagement darum, die Bezugsgröße P_a zu verringern, um die jährlichen Leistungskosten reduzieren zu können.

> Als Lastmanagement bezeichnet man die organisatorisch und/oder technisch realisierte Vergleichmäßigung des Leistungsganges mit dem Ziel, den maximalen Leistungsbedarf und damit die Leistungskosten zu senken.

Beim Elektroenergiebezug (zumindest bei Großverbrauchern) und mitunter auch beim Erdgasbezug wird P_a oft in Abhängigkeit der maximal gezogenen Leistung im Betrachtungszeitraum festgelegt, z. B.:

- monatlicher Maximalwert der gezogenen Leistung
- Mittelwert der drei größten Leistungswerte im Quartal.

Der Betrieb ist so zu gestalten, dass eine bestimmte Leistungsgrenze nicht überschritten wird. Das kann erreicht werden durch

- organisatorisches Lastmanagement, indem der Betrieb so organisiert wird, dass Leistungsspitzen gering gehalten werden
- anlagetechnisches Lastmanagement, indem spezielle Lastmanagementsysteme eingesetzt werden, die automatisch das Überschreiten von Leistungsspitzen verhindern.

Organisatorisches Lastmanagement

Betrachtet man den Lastgang, d. h. den zeitlichen Verlauf der elektrischen Leistung in einem Gebäude oder einem Unternehmen, so stellt man fest, dass die Maximalwerte immer nur über einen kurzen Zeitraum gefahren werden und dass sie zudem regelmäßig alternieren (z. B. im Tages- oder Wochenrhythmus). Zuerst müssen die Verbraucher mit dem größten Leistungsbedarf durch die Analyse von Tagesgängen untersucht werden. Darauf aufbauend sind die Ein- und Ausschaltzeiten temporär zu verschieben, um Spitzenüberlagerungen zu vermeiden. Beispielsweise ist es denkbar, den Arbeitsbeginn in verschiedenen Betriebsbereichen zeitversetzt festzulegen, wobei oft bereits sehr kurze Zeitdifferenzen ausreichen. [34]

Anlagetechnisches Lastmanagement

Lastmanagementsysteme sind mikroprozessorgesteuerte Geräte, die die elektrische Leistung messen und beim Erreichen eines festgelegten Grenzwertes einzelne Verbraucher kurzzeitig abschalten. Einzubeziehen sind nur solche Anlagen, deren kurzfristige Außerbetriebnahme (Sekunden bis wenige Minuten) keine negativen Auswirkungen auf den betroffenen Prozess oder den gesamten Geschäftsbetrieb haben; das sind z. B.

- Kompressoren
- Kochgeräte in Küchen
- Kühlanlagen
- Kälteerzeuger
- elektrische Heizungen
- Lüftungsanlagen
- elektrische Industrieöfen.

Der Vollständigkeit halber sei abschließend darauf hingewiesen, dass beim Fernwärmebezug die Leistungsgröße P_a in der Regel nicht in Abhängigkeit wirklicher, gefahrener Leistungswerte bestimmt wird, sondern Auslegungswerte (Wärmebedarf des Gebäudes) als Grundlage verwendet werden. Hier kommt es also darauf an, in der Planung durch eine vernünftige Auslegung unnötige Leistungsreserven zu vermeiden.

4.4.2.7 Einkaufs- und Vertragsmanagement

Gegenstand des Einkaufs- und Vertragsmanagement ist die Ausnutzung des verfügbaren Marktpotentials beim Einkauf von Energie und Dienstleistungen für den Prozess der Energieversorgung des Gebäudes. Ausführliche Hinweise zum optimalen Einkauf von Energieträgern sind im Abschnitt 5.4.2 und in [43] zu finden.

Möglicherweise kann es sinnvoll sein, den Prozess der Energieversorgung des Gebäudes an spezialisierte Unternehmen auszulagern. Dieses spezielle Outsourcing bezeichnet man als Energiecontracting. Es wird ausführlich im Abschnitt 8.3 beschrieben. Vorteile des Energiecontractings bestehen einerseits in gegebenenfalls günstigeren Energiepreisen, andererseits vor allem im Freiwerden investiver Mittel, welche dann besser im Kerngeschäft verwendet werden können.

4.5 Infrastrukturelles Gebäudemanagement

Der Begriff der »Infrastruktur« wird unterschiedlich verwendet. In der Versorgungstechnik werden damit technische Systeme im Umfeld von Gebäuden oder Industrieunternehmen bezeichnet, wie z. B. Rohrleitungs- und Stromnetze sowie Abwassersysteme. In diesem Sinne wird »Infrastruktur« auch bei der Benennung von Versorgungssystemen in Siedlungsgebieten verwendet. Im FM dagegen wird der Begriff »Infrastruktur« auf eine bestimmte Art von Dienstleistungen angewendet (siehe hierzu die Definition nach DIN 32736):

4 Das Gebäudemanagement

> Das Infrastrukturelle Gebäudemanagement umfasst die geschäftsunterstützenden Dienstleistungen, welche die Nutzung von Gebäuden verbessern.

Folgende Dienstleistungen gehören zum infrastrukturellen Gebäudemanagement:

DIN 32736	GEFMA 100-2	
Verpflegungsdienste	6.850	Verpflegung bereitstellen/Catering
DV-Dienstleistungen	6.890	Sonstigen Support bereitstellen, z. B. EDV-Support
Gärtnerdienste	6.580	Pflanzen pflegen (innen und außen)
Hausmeisterdienste	6.310 6.860	Anlagen und Einrichtungen bedienen Handwerksdienste erbringen
Interne Postdienste	6.820	Postdienste, Warenannahme und -ausgabe durchführen
Kopier- und Druckereidienste	6.810	Büroservice erbringen
Parkraumbetreiberdienste	Enthalten in: 6.300 6.640	Objekte betreiben Ordnungsdienste erbringen
Reinigungs- und Pflegedienste	6.500	Objekte reinigen und pflegen
Sicherheitsdienste	6.600	Objekte schützen und sichern
Umzugsdienste	6.220	Umzugsdienstleistungen erbringen
Waren- und Logistikdienste	6.820	Postdienste, Warenannahme und -ausgabe durchführen
Winterdienste	6.570	Außenanlagen reinigen
Zentrale Telekommunikationsdienste	Enthalten in: 6.810	Büroservice erbringen
Entsorgen	6.430	Objekte entsorgen
Versorgen	6.410	Objekte versorgen

Tab. 4-15: Infrastrukturelle Dienstleistungen nach DIN 32736, GEFMA 100-2

Betrachtet man die Verteilung der Nebenkosten von Bürogebäuden (Abb. 4-22), so ergeben sich folgende Dienstleistungen als Hauptkostenverursacher (neben der Verwaltung und den bereits oben besprochenen technischen Dienstleistungen), welche im folgenden näher besprochen werden sollen.

- Hausmeisterdienste
- Reinigungsdienste
- Bewachung, d. h. Sicherheitsdienste.

4.4 Infrastrukturelles Gebäudemanagement

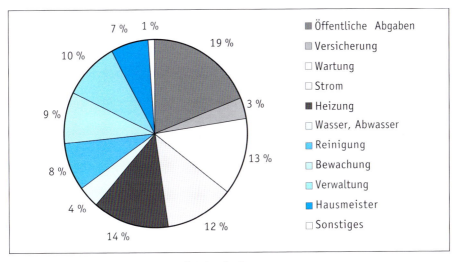

Abb. 4-22: Nebenkosten von Bürogebäuden [21]

4.5.1 Hausmeisterdienste

DIN 32736	GEFMA 100-2
Hausmeisterdienste: – Sicherheitsinspektion – Aufzugswärterdienste – Sicherstellen der Objektsauberkeit – Einhalten der Hausordnung – kleinere Instandsetzungen	6.310 Anlagen und Einrichtungen bedienen: – Übernehmen – bei Abnahmen mitwirken – Überwachen – Störungen, Schäden oder Gefahrenzustände erkennen – Störungen oder kleine Schäden beheben – Störungsbehebung Dritter abnehmen – Verbrauchsstoffe auffüllen – Optimieren im laufenden Betrieb – Verbrauchswerte erfassen – Dokumentieren betrieblicher Abläufe und Vorkommnisse – Außerbetriebnehmen – Übergeben bei Vertragsende 6.860 Handwerksdienste erbringen

Tab. 4-16: Leistungsbilder Hausmeisterdienste nach DIN 32736 und GEFMA 100-2

Nach dem in der GEFMA 100-2 dokumentierten Leistungsbild korrospondieren die Hausmeisterdienste wesentlich mit dem Leistungsbild des Betreibens in der DIN 32736. Das entspricht Erfahrungen in der Praxis, nach welchen der klassische Hausmeisterberuf eine deutlichere Zuwendung zu den technischen Anlagen im Gebäude erfährt. Beispielsweise ist in Schulen der Hausmeister für den Betrieb der Heizungsanlage zuständig und trägt damit wesentliche Verantwortung für die Höhe der Energiekosten.

32736: Betreiben
Übernehmen
Inbetriebnehmen
Bedienen
Überwachen, Messen, Steuern, Regeln, Leiten
Optimieren
Instandhalten
Beheben von Störungen
Außerbetriebnehmen
Wiederinbetriebnehmen
Ausmustern
Wiederholungsprüfungen
Erfassen von Verbrauchswerten
Einhalten von Betriebsvorschriften

Tab. 4-17: Betreiben nach DIN 32736

Lutz [35] fasst den Leistungsumfang deutlich weiter und zählt folgende Tätigkeiten zu den üblichen Aufgaben von Hausmeistern:

- Organisation und Durchführung der Gebäudereinigung
- Überwachung und Abnahme der Reinigungsleistung von Dienstleistungsunternehmen
- Pflege der Außenanlagen einschließlich der Grünflächen
- Entsorgungsdienste
- Botengänge
- Schlüsselverwaltung
- Überwachung der Parkhäuser und Parkflächen
- Winterdienst
- Betreuung von Mietern bei entsprechenden Wohneinheiten
- Wohnungsabnahme und -übergabe sowie Überwachung der Mietvertragsbestimmungen
- regelmäßige Kontrollgänge zur Überwachung des Objektes sowie der im Objekt tätigen Fremdfirmen.

Obwohl nach wie vor vielfach Vorbehalte gegen eine Fremdvergabe des Hausmeisterdienstes bestehen, setzt sich diese zunehmend aufgrund folgender Vorteile durch:

- erhebliche Kosteneinsparungen durch
    - andere Tarifstrukturen im Dienstleistungssektor
    - eine bessere, Synergien ausnutzende Arbeitsorganisation
- Verlagerung des Personalproblems auf das Dienstleistungsunternehmen:
    - Ausfall/Vertretung bei Krankheit

- Ausfall/Vertretung bei Urlaub
- flexiblere arbeitsvertragliche Regelungen möglich (befristete Arbeitsverhältnisse, geringfügige Beschäftigungsverhältnisse)
• keine Vorhaltung eigener Maschinen und Geräte
  - dadurch keine Wartung und Reparatur
  - Verwendung moderner Maschinen und Geräte durch den Dienstleister
• Entlastung der Verwaltung durch Wegfall von Einkauf und Lagerhaltung für Maschinen, Geräte, Reinigungsmittel, Verbrauchsmaterialien
• klare Abgrenzung der vertragsmäßig zu erfüllenden Aufgaben durch das der Vergabe zugrunde liegende Leistungsverzeichnis.

Auch im öffentlichen Bereich geht man zur Fremdvergabe von Hausmeisterdiensten oder zu vergleichbaren Strukturen (z. B. Ausgliederung in Eigenbetrieb (siehe [36]) über.

DIN 32736		GEFMA 100-2	
Reinigungs- und Pflegedienste:		6.500	Objekte reinigen und pflegen:
Unterhaltsreinigung		6.510	Unterhaltsreinigung durchführen
Glasreinigung		6.520	Glas- und Fassadenreinigung
Fassadenreinigung		6.530	Sonderreinigung durchführen
		6.540	Industriereinigung durchführen
		6.550	Schädlingsbekämpfung durchführen
		6.560	Wäschereidienste erbringen
Reinigen der Außenanlagen		6.570	Außenanlagen reinigen und pflegen
Pflegemaßnahmen für Böden und Flächen		6.580	Pflanzen pflegen

Tab. 4-18: Leistungsbilder Reinigungsdienste nach DIN 32736 und GEFMA 100-2

4.5.2 Reinigungsdienste

Die Hauptaufgaben von Reinigung und Pflege sind [37]
• Verbesserung der Optik
  - Schmutzbeseitigung
  - Schönheit und Ästhetik
• Erhaltung der Funktionsfähigkeit
  - bei Produktionsanlagen Vermeidung von Unfällen
  - Begehsicherheit
• Aufrechterhaltung der Hygiene
  - Verminderung von Keimen
• Verbesserung der Gebrauchseigenschaften
  - antistatische Behandlung
  - geruchsverbessernde Behandlung
  - schmutzabweisende Behandlung
• Schutz vor schädigenden Einflüssen durch

- chemische Einwirkungen
- mechanische Einwirkungen
- biologische Einwirkungen.

Die wichtigsten Arten der Gebäudereinigung wurden von Lutz [37] definiert (siehe Tab. 4-19).

Reinigungsart	Definition	Ziel/Ergebnis:
Bauendreinigung	Komplettreinigung nach der Fertigstellung von Neubau-, Umbau- oder nach Renovierungsarbeiten.	Oberflächen frei von Handwerkerschmutz sowie von Schutzfolien und Etiketten. Oberflächen staubfrei, wischspuren- und schlierenfrei.
Grundreinigung	Entfernung haftender Verschmutzungen und/oder abgenutzter Pflegefilme oder anderer Rückstände. Wird in größeren Zeitabständen oder nach Umzügen o. ä. durchgeführt.	Oberflächen frei von haftenden Verschmutzungen und/oder abgenutzten Pflegefilmen oder anderen Rückständen. Oberflächen staubfrei, wischspuren- und schlierenfrei.
Grundpflege	Aufbringen von Pflegemitteln auf Oberflächen zur Werterhaltung und Erleichterung der Unterhaltsreinigung. Voraussetzung ist die Bauend- oder Grundreinigung.	Einheitliche Optik des Pflegefilms, keine Einschränkungen bei der Nutzung (Trittsicherheit). Spätere Beseitigung des Pflegefilms muss möglich sein.
Unterhaltsreinigungen	Unterhaltsreinigungen sind sich wiederholende Reinigungsarbeiten nach festgelegten Zeitabständen.	Der Nutzung angemessener Sauberkeits- oder Hygienezustand von Räumen, Flächen und Einrichtungsgegenständen.

Tab. 4-19: Gebäudereinigungsarten

Unterhaltsreinigung

Der wesentliche Anteil an den Baunutzungskosten wird im Bereich der Reinigung durch die Unterhaltsreinigung verursacht. Zur Unterhaltsreinigung gehört das regelmäßige Reinigen von

- textilen Fußbodenbelegen
- Fußböden, Wänden, Decken
- Mobiliar, Geräten
- Sanitäranlagen
- haustechnischen Anlagen.

Ein Schwerpunkt der Unterhaltsreinigung stellt die Reinigung von Fußböden dar (vgl. [38, 39, 42]). Bei textilen Flächen werden die Technologien nach Tab. 4-20 angewendet. Je nach Reinigungsart kommen folgende Geräte zum Einsatz:

- Staubsauger, bei welchen der Staub bzw. lose aufliegende Schmutz durch einen Unterdruck angesaugt und in einem Schmutzbehälter gesammelt wird. Der Unterdruck wird mit Hilfe eines Gebläses erzeugt.
- Bürstsauger, welche einem Staubsauger entsprechen, bei welchen jedoch im Bereich der Ansaugöffnung Bürsten angebracht sind.
- Einscheibenmaschinen, bei welchen eine Scheibe, die das Reinigungspad aufnimmt, durch einen Motor zum Rotieren gebracht wird.
- Walzenbürstmaschinen, welche mit rotierenden Bürsten ausgestattet sind.
- Nasssauger, welche nach dem gleichen Prinzip wie der Staubsauger arbeiten, jedoch für das Aufsaugen von Flüssigkeit geeignet sind.
- Sprühextraktionsgeräte, welche zwei Behälter haben und bei welchen eine Reinigungsflüssigkeit mit hohem Druck auf den Belag gedüst und unmittelbar danach wieder in den zweiten Behälter abgesaugt wird.

Bei nichttextilen Flächen werden die Technologien nach Tab. 4-21 angewendet. Als Reinigungsgeräte kommen zum Einsatz:

- Besen für das manuelle Kehren oder Kehrmaschinen
- Feuchtwischgeräte für das manuelle Feuchtwischen
- Nasswischgeräte für das manuelle Nasswischen
- Breitwischgeräte für die manuelle Sprühreinigung
- Scheuersaugmaschinen, bei welchen der haftende Schmutz mit Hilfe von rotierenden Bürsten abgelöst wird; die Schmutzflotte wird abgesaugt und in einen integrierten Behälter gefördert.
- Einscheibenmaschinen, bei welchen eine Scheibe, die das Reinigungspad aufnimmt, durch einen Motor zum Rotieren gebracht wird. Die Einscheibenmaschinen können mit Hilfe entsprechender Zusatzeinrichtungen für das Cleanern, Nassscheuern, Polieren oder die trockene Grundreinigung verwendet werden.
- Nasssauger, welche nach dem gleichen Prinzip wie der Staubsauger arbeiten, jedoch für das Aufsaugen von Flüssigkeit geeignet sind.

Bei der Sanitärreinigung hat man es mit folgenden Verschmutzungen zu tun:

- Kalkablagerungen in Abhängigkeit der Wasserhärte. Die Reinigung erfolgt mit speziellen Kalkentfernern, welche Säuren enthalten.
- Ablagerungen von Kalkseife, welche sich durch die Vermischung von Kalk und Rückständen von Reinigungsmitteln (Shampoo oder Duschgel) ergibt. Diese Ablagerungen werden mit Hilfe von Alkohol entfernt.
- Schimmelbewuchs bzw. allgemein Ablagerungen von Mikroorganismen. Diese können nur oberflächlich entfernt werden. Außerdem ist eine regelmäßige Desinfektion an den Kontaktstellen (WC-Brillen, Toilettendrücker, Wasserarmaturen, Türgriffe) erforderlich.

Reinigungsart	Definition/Beschreibung	Ziel/Ergebnis
Saugen	Trockenes Absaugen von lose aufliegendem Schmutz und Staub.	Die Oberflächen sind frei von Schmutz und Staub.
Bürstsaugen	Mechanisches Bürsten mit Hilfe rotierender Bürsten und trockenes Aufsaugen von lose aufliegendem Schmutz, Staub und haftenden Verschmutzungen.	Die Oberflächen sind frei von Schmutz und Staub. Verbesserung des Erscheinungsbildes durch das Aufbürsten des Flors.
Detachur	Punktuelle Entfernung von Flecken durch Aufbringung von Detachurmitteln (geeignetes Lösungsmittel).	Die Oberflächen sind frei von Schmutz und Staub und von in den For eingedrungenen Verschmutzungen (Flecken).
Garnpadmethode	Einsprühen des Belages mit einem Reinigungsmittel und abfahren des Belages mit einer Einscheibenmaschine mit Garnpad.	Die Oberflächen sind frei von Schmutz und Staub und von in den Flor eingedrungenen Verschmutzungen.
Faserpadmethode	Einsprühen des Belages mit Wasser und abfahren des Belages mit einer Einscheibenmaschine mit Faserpad.	Die Oberflächen sind frei von Schmutz und Staub und von in den Flor eingedrungenen Verschmutzungen.
Reinigen mit Teppichreinigungspulver	Aufstreuen eines geeigneten Teppichreinigungspulvers (Trägermaterial mit schmutzlösenden Chemikalien), welches anschließend in den Teppich mit Hilfe von Bürsten einmassiert und danach mit einem Bürstsauger abgesaugt wird.	Die Oberflächen sind frei von Schmutz und Staub und von in den Flor eingedrungenen Verschmutzungen.
Trockenshampoonierung	Aufbringen eines Trockenschaumes. Dieser wird in den Belag eingearbeitet und nach einer Einwirkzeit abgesaugt.	Die Oberflächen sind frei von Schmutz und Staub und von in den Flor eingedrungenen Verschmutzungen.
Nassshampoonierung	Aufbringen eines Nassschaumes (enthält mehr als 50% Feuchtigkeit). Dieser wird in den Belag eingearbeitet und nach einer Einwirkzeit mit einem Nasssauger abgesaugt. Nach vollständiger Trocknung werden die verbliebenen Shampooreste mit einem Bürstsauger abgesaugt.	Die Oberflächen sind frei von Schmutz und Staub und von in den Flor eingedrungenen Verschmutzungen.
Sprühextraktion	Es wird mit Hilfe eines Sprühextraktionsgerätes eine Reinigungsmittellösung in den Belag eingesprüht und unmittelbar wieder abgesaugt.	Die Oberflächen sind frei von Schmutz und Staub und von in den Flor eingedrungenen Verschmutzungen.

Tab. 4-20: Reinigungsarten für textile Flächen

Reinigungsart	Definition/Beschreibung	Ziel/Ergebnis
Kehren	Mechanische Entfernung von lose aufliegendem Schmutz und Staub und Aufnahme in ein Behältnis.	Die Oberflächen sind frei von aufliegendem Schmutz und Staub.
Feuchtwischen	Staubbindendes Wischen zur Aufnahme von lose aufliegendem Schmutz und Staub sowie teilweise von haftenden Verschmutzungen in einen Behälter.	Die Oberflächen sind frei von Schmutz und Staub sowie weitestgehend von haftenden Verschmutzungen.
Nasswischen	Beseitigung von lose aufliegendem Schmutz und Staub sowie von haftenden Verschmutzungen durch Auftragen von Wasser und Reinigungsmittel. Die entstehende Schmutzflotte wird in einen Behälter aufgenommen.	Die Oberflächen sind frei von Schmutz und Staub sowie von haftenden Verschmutzungen.
Sprühreinigung	Die Reinigungsflotte wird auf den Belag aufgesprüht und anschließend mit dem Schmutz und Staub aufgenommen.	Die Oberflächen sind frei von Schmutz und Staub sowie von haftenden Verschmutzungen.
Nassscheuern	Beseitigung von lose aufliegendem Schmutz und Staub sowie von haftenden Verschmutzungen durch Auftragen von Wasser und Reinigungsmittel sowie durch den Einsatz von Bürsten. Die entstehende Schmutzflotte wird in einen Behälter aufgenommen.	Die Oberflächen sind frei von Schmutz und Staub sowie von haftenden Verschmutzungen.
Cleanern	Reinigung und punktuelle Erneuerung von Pflegefilmen durch Aufbringen eines Cleanermittels und anschließendes Polieren.	Die Oberflächen sind frei von Schmutz und Staub sowie von haftenden Verschmutzungen. Abgenutzte Pflegefilme sind erneuert.
Polieren	Aufbringen eines Pflegemittels auf die Oberfläche elastischer Beläge und anschließendes Polieren. Wird auch als Bohnern bezeichnet.	Aufbringen eines Pflegemittels auf die Oberfläche elastischer Beläge und anschließendes Polieren. Wird auch als Bohnern bezeichnet.
Nassgrundreinigung	Aufbringen eines intensiven Reinigungsmittels auf den Belag. Nach einer Einwirkzeit wird der Schmutz durch mechanisches Einwirken entfernt und anschließend durch Zugabe von Wasser (Nasswischen) aufgenommen.	Die Oberflächen sind frei von haftendem Schmutz und von Pflegefilmen.
Trockene Grundreinigung	Der Pflegefilm wird trocken abgeschliffen, anschließend wird der noch vorhandene Pflegefilm neu poliert oder es wird ein neuer Pflegefilm aufgetragen.	Die Optik des Pflegefilms ist einheitlich glänzend.
Einpflege	Aufbringen eines Pflegefilms nach erfolgter Grundreinigung.	Die Optik des Pflegefilms ist einheitlich glänzend.

Tab. 4-21: Reinigungsarten für nichttextile Flächen

Sanitärräume sind insbesondere aufgrund des hohen Infektionsdruckes häufiger zu reinigen als andere Räume. Zum Einsatz kommen überwiegend das Nasswischen sowie die Verwendung spezieller Reinigungsmittel (spezielle WC-Reiniger, Rohrreiniger, Chlorreiniger, Desinfektionssprays). Bei stark frequentierten Toilettenbereichen werden auch Hochdruckreiniger eingesetzt.

Glas- und Fassadenreinigung

Der notwendige Umfang der Glas- und Fassadenreinigung hängt von der baulichen Gestaltung des Gebäudes ab. Dabei spielen:

- Gestaltung und Materialien der Außenfassade
- Glasflächenanteil in der Außenfassade
- Zugänglichkeit der Glasflächen im Außenbereich
- Glasflächenanteil im Innenbereich
- Anordnung der Glasflächen (z. B. im Publikumsbereich)
- Zugänglichkeit der Glasflächen im Innenbereich

eine Rolle.

Betrachtet man die regelmäßig notwendigen Leistungen im Bereich der Gebäudereinigung, so kann man in einem abgeleiteten Prozessmodell folgende Kostenbeeinflussungsparameter zusammenstellen:

- die Reinigungshäufigkeit, d.h. wie oft pro Woche (pro Jahr) werden Räume oder Flächen gereinigt
- der Vergabeprozess, d.h. wie wird die Leistung am Markt eingekauft
- die bauliche Beschaffenheit des Objektes (siehe hierzu Kap. 6).

Reinigungshäufigkeit

Die Festlegung der Reinigungshäufigkeit ist ein schwieriges Thema, da keine allgemeingültigen Aussagen in der Literatur verfügbar sind. Ausgehend von der evidenten Tatsache, dass die Reinigungshäufigkeit den Sauberkeitszustand beeinflusst, kann man folgendermaßen vorgehen:

- Einteilung der zu reinigende Räume (Flächen) in Gruppen mit jeweils vergleichbarer Nutzung und gleichen Qualitätsanforderungen, z. B.
    - alle Büroräume für Mitarbeiter ohne Publikumsverkehr
    - alle Räume für Mitarbeiter mit Publikumsverkehr
    - alle Verkehrsflächen ohne Repräsentationsfunktion
    - alle Verkehrsflächen mit Repräsentationsfunktion
    - alle Sanitärräume
    - Archivräume
- Festlegung eines Qualitätslevels oder konkret einer wöchentlichen Reinigungshäufigkeit (oder auch Festlegung des pro Reinigung zu erbringenden Umfangs)

- Prüfung der erreichten Qualität durch Umfragen bei Mitarbeitern und/oder Besuchern
- Ggf. Korrektur von Reinigungshäufigkeiten.

Vergabeprozess

Prinzipiell gibt es zwei Möglichkeiten der Vergabe, die schon in der Leistungsbeschreibung zu berücksichtigen sind (siehe hierzu ausführlich Abschnitt 5.4.1.):

- funktionsorientierte Vergabe
- ergebnisorientierte Vergabe.

4.5.3 Sicherheitsdienste

DIN 32736	GEFMA 100-2	
Sicherheitsdienste:	6.600	Objekte schützen und sichern
Zutrittskontrollen	6.610	Objektschutz/Werkschutz erbringen
Objektbewachung	6.620	Notrufzentrale besetzen
Revierdienste	6.630	Revierwach-/Streifen- und Postendienste durchführen
Schließdienste		
Personenschutz	6.640	Ordnungsdienste erbringen
Sonderbewachung	6.650	Schließverwaltung durchführen
Feuerwehr	6.660	Geld- und Wertdienste erbringen
vorbeugender Brandschutz	6.670	Personenschutz
	6.790	Sonstige Sicherheitsdienste

Tab. 4-22: Leistungsbilder Sicherheitsdienste nach DIN 32736, GEFMA 100-2

Sicherheitsdienste werden sehr häufig ausgegliedert. Die von modernen Firmen angebotene Dienstleistung umfasst neben den in der Tab. 4-22 genannten alle denkbaren Sicherheitsdienstleistungen wie

- Arbeitssicherheit
- Ersthelfer
- Brandschutzdienste
- Ermittlungsdienste
- Umweltschutzdienste.

Es gibt folgende gesetzliche Grundlagen:

- Gewerbeordnung (GewO) (Voraussetzung für die Genehmigung eines Gewerbes ist die Teilnahme an einer Unterrichtung gemäß § 34a GewO)
- Überwachungsverordnung (regelt Durchführung der Unterrichtung; außerdem die Versicherungssummen)
- Verordnungen der Länder.

Außerdem sind die Unfallverhütungsvorschriften (UVV) zu beachten:

- UVV BGV C7: Gilt für alle Tätigkeiten des Personen- und Sachschutzes
- UVV BGV A6: Sicherheitstechnische Belehrung der Mitarbeiter des Dienstleisters.

4.6 Kaufmännisches Gebäudemanagement: Originäre Dienstleistungen[3]

4.6.1 Übersicht

Hierzu gehören folgende Dienstleistungen:

- Objektbuchhaltung nach den Vorgaben von Abschnitt 4.3
- Beschaffung/Einkauf (siehe Abschnitt 5.4.1)
- Vermarktung (Immobilienmarketing).

Die GEFMA 100-2 führt unter der Kategorie »6.700: Objekte verwalten« folgende Leistungen an:

- Hausverwaltung durchführen
- Mietverwaltung durchführen
- Sachvermögen verwalten
- FM-Rechnungswesen und FM-Controlling durchführen
- Objektbuchhaltung durchführen
- Vertrags- und Sicherheitsmanagement durchführen
- Mängelansprüche geltend machen
- FM-Personal verwalten
- sonstige Verwaltung.

Die Vermarktung ist in der GEFMA 100-2 einer separaten Lebenszyklusphase untergebracht mit folgenden Hauptprozessen:

- Objekte verkaufen
- Objekte verleasen
- Objekte/Flächen vermieten oder verpachten.

4.6.2 Betriebskostenabrechnung

Die Nebenkostenabrechnung gehört in der GEFMA 100-2 zum Hauptprozess »Mietverwaltung durchführen« und wird dort als Teilprozess »Nebenkostenabrechnung nach den mietrechtlichen Bestimmungen« bezeichnet.

---

3 In diesem Abschnitt werden verschiedene kaufmännische Prozesse im Sinne von Dienstleistungen beschrieben. Im Abschnitt 4.3 werden kaufmännische Prozesse beschrieben, die der internen Verwaltung dienen.

4.6 Kaufmännisches Gebäudemanagement: Originäre Dienstleistungen

Die GEFMA 210-1 »Betriebs- und Nebenkostenabrechnung bei gewerblichem Raum« beschäftigt sich mit der Definition der Begriffe Nebenkosten und Betriebskosten sowie deren Abgrenzung. Nach der Betriebskostenverordnung (§ 1 BetrKV) sind Betriebskosten wie folgt definiert:

»Betriebskosten sind die Kosten, die dem Eigentümer oder Erbbauberechtigten durch das Eigentum oder Erbbaurecht am Grundstück oder durch den bestimmungsgemäßen Gebrauch des Gebäudes, der Nebengebäude, Anlagen, Einrichtungen und des Grundstücks laufend entstehen. Sach- und Arbeitsleistungen des Eigentümers oder Erbbauberechtigten dürfen mit dem Betrag angesetzt werden, der für eine gleichwertige Leistung eines Dritten, insbesondere eines Unternehmers, angesetzt werden könnte; die Umsatzsteuer des Dritten darf nicht angesetzt werden.«

In der GEFMA 210-1 wird postuliert, dass Betriebskosten und Nebenkosten mehr oder weniger identisch sind, was jedoch nicht dem allgemein praktizierten Gebrauch entspricht. Die klare Definition des Begriffs der Nebenkosten gestaltet sich schwierig. Offensichtlich handelt es sich aber um eine übergeordnete Kategorie, zu der auch die Betriebskosten als Teil gehören (vgl. [40]).

Zu den Nebenkosten gehören sämtliche Bewirtschaftungskosten, d. h.:
- Betriebskosten
- Verwaltungskosten
- Instandsetzungskosten
- Kapitalkosten.

Letztlich sind die Nebenkosten identisch mit den Nutzungskosten nach DIN 18960 »Nutzungskosten im Hochbau«, zu welchen folgende Kostengruppen zählen:
- KG 100: Kapitalkosten
- KG 200: Objektmanagementkosten
- KG 300: Betriebskosten
- KG 400: Instandsetzungskosten.

Grundsätzlich gibt es keine gesetzliche Verpflichtung nach der der Mieter Nebenkosten oder Betriebskosten zu tragen hat. Jedoch hat der Gesetzgeber in den §§ 556 und 556a des Bürgerlichen Gesetzbuches (BGB) die Grundlage für die mögliche Vereinbarung, Abrechnung und Veränderung von Betriebskosten geschaffen:

»BGB: § 556 Vereinbarungen über Betriebskosten

(1) Die Vertragsparteien können vereinbaren, dass der Mieter Betriebskosten im Sinne des § 19 Abs. 2 des Wohnraumförderungsgesetzes trägt. Bis zum Erlass der Verordnung nach § 19 Abs. 2 Satz 2 des Wohnraumförderungsgesetzes ist hinsichtlich der Betriebskosten nach Satz 1 § 27 der Zweiten Berechnungsverordnung anzuwenden.

(2) Die Vertragsparteien können vorbehaltlich anderweitiger Vorschriften vereinbaren, dass Betriebskosten als Pauschale oder als Vorauszahlung ausgewiesen werden. Vorauszahlungen für Betriebskosten dürfen nur in angemessener Höhe vereinbart werden.

(3) Über die Vorauszahlungen für Betriebskosten ist jährlich abzurechnen; dabei ist der Grundsatz der Wirtschaftlichkeit zu beachten. Die Abrechnung ist dem Mieter spätestens bis zum Ablauf des zwölften Monats nach Ende des Abrechnungszeitraums mitzuteilen. Nach Ablauf dieser Frist ist die Geltendmachung einer Nachforderung durch den Vermieter ausgeschlossen, es sei denn, der Vermieter hat die verspätete Geltendmachung nicht zu vertreten. Der Vermieter ist zu Teilabrechnungen nicht verpflichtet. Einwendungen gegen die Abrechnung hat der Mieter dem Vermieter spätestens bis zum Ablauf des zwölften Monats nach Zugang der Abrechnung mitzuteilen. Nach Ablauf dieser Frist kann der Mieter Einwendungen nicht mehr geltend machen, es sei denn, der Mieter hat die verspätete Geltendmachung nicht zu vertreten.

(4) Eine zum Nachteil des Mieters von Absatz 1, Absatz 2 Satz 2 oder Absatz 3 abweichende Vereinbarung ist unwirksam.«

»BGB: § 556a Abrechnungsmaßstab für Betriebskosten

(1) Haben die Vertragsparteien nichts anderes vereinbart, sind die Betriebskosten vorbehaltlich anderweitiger Vorschriften nach dem Anteil der Wohnfläche umzulegen. Betriebskosten, die von einem erfassten Verbrauch oder einer erfassten Verursachung durch die Mieter abhängen, sind nach einem Maßstab umzulegen, der dem unterschiedlichen Verbrauch oder der unterschiedlichen Verursachung Rechnung trägt.

(2) Haben die Vertragsparteien etwas anderes vereinbart, kann der Vermieter durch Erklärung in Textform bestimmen, dass die Betriebskosten zukünftig abweichend von der getroffenen Vereinbarung ganz oder teilweise nach einem Maßstab umgelegt werden dürfen, der dem erfassten unterschiedlichen Verbrauch oder der erfassten unterschiedlichen Verursachung Rechnung trägt. Die Erklärung ist nur vor Beginn eines Abrechnungszeitraums zulässig. Sind die Kosten bislang in der Miete enthalten, so ist diese entsprechend herabzusetzen.

(3) Eine zum Nachteil des Mieters von Absatz 2 abweichende Vereinbarung ist unwirksam.«

4.6 Kaufmännisches Gebäudemanagement: Originäre Dienstleistungen

Im Wohnraummietrecht ist zu unterscheiden zwischen:

- dem Bereich des sozialen Wohnungsbau (preisgebundener Wohnungsbau) und
- dem Bereich des freien Wohnungsbaus.

Für ersteren gilt die Neubaumietenverordnung (NMV), wobei § 20 (1) eine Regelung über Betriebskosten enthält. Außerdem ist in den §§ 21 bis 25 der NMV geregelt, welche Betriebskosten nach welchem Umlageprinzip berechnet werden dürfen.

> *»Neubaumietenverordnung: § 20 Umlagen neben der Einzelmiete*
> *(1) Neben der Einzelmiete ist die Umlage der Betriebskosten im Sinne des § 27 der Zweiten Berechnungsverordnung und des Umlageausfallwagnisses zulässig. Es dürfen nur solche Kosten umgelegt werden, die bei gewissenhafter Abwägung aller Umstände und bei ordentlicher Geschäftsführung gerechtfertigt sind. Soweit Betriebskosten geltend gemacht werden, sind diese nach Art und Höhe dem Mieter bei Überlassung der Wohnung bekanntzugeben.«*

Bei preisgebundenem Wohnraum ist immer eine Nettomiete zzgl. einer Betriebskostenvorauszahlung zu vereinbaren. Die Betriebskostenvorauszahlung verpflichtet automatisch zur Betriebskostenabrechnung. Bei preisfreiem Wohnraum können folgende Varianten vereinbart werden:

- Nettomiete mit Betriebskostenvorauszahlung
- Bruttowarm- oder Inklusivmiete (alle Betriebskosten sind in der Miete enthalten – Achtung: verstößt möglicherweise gegen die Heizkostenverordnung)
- Bruttokaltmiete (alle Betriebskosten außer der Kosten für Heizung und Warmwasserbereitung sind enthalten)
- Teilinklusivmiete (nur ein Teil der Betriebskosten ist in der Miete enthalten, i. d. R. werden die verbrauchsabhängigen Nebenkosten gesondert abgerechnet).

In der Betriebskostenverordnung ist allgemein geregelt, was zu den Betriebskosten gehört. Demzufolge dürfen als Betriebskosten umgelegt werden (BetrKV § 2):

1. Laufende öffentliche Lasten
2. Kosten der Wasserversorgung
3. Kosten der Entwässerung
4. Kosten der Heizung
5. Kosten der Warmwasserversorgung
6. Kosten verbundener Heizungs- und Warmwasserversorgungsanlagen
7. Kosten des Betriebs des Personen- und Lastenaufzuges
8. Kosten der Straßenreinigung und Müllbeseitigung
9. Kosten der Gebäudereinigung und Ungezieferbekämpfung
10. Kosten der Gartenpflege
11. Kosten der Beleuchtung
12. Kosten der Schornsteinreinigung
13. Kosten der Sach- und Haftpflichtversicherung

14. Kosten für den Hauswart
15. Kosten für Antenne oder Kabelanschluss
16. Kosten des Betriebes der Einrichtungen für die Wäschepflege
17. sonstige Betriebskosten.

Im Gewerberaummietrecht kann per Mietvertrag vereinbart werden, dass der Mieter die vollständigen Nebenkosten oder Teile davon zu zahlen hat. Gesetzliche Regelungen wie im Wohnraummietrecht existieren nicht.

Generell sollte aus Sicht des Vermieters im Mietvertrag eine Regelung über die Betriebskosten vereinbart werden, da es für den Mieter ansonsten keine automatische Verpflichtung gibt, Betriebskosten zu zahlen.

Die Umlage von Kosten auf die Mietparteien kann nach folgenden Verfahren erfolgen:

- Nach Wohn- und Nutzungsfläche
- Nach Personenanzahl
- Nach Miet- oder Wohneinheiten
- Nach Verbrauchs- und Verursachungserfassung.

4.6.3 Heizkostenabrechnung

Die Kosten für die Heizung und Warmwasserbereitung sind verbrauchsabhängig entsprechend der Heizkostenverordnung abzurechnen. Es gelten folgende Ausnahmen:

- Es handelt sich um ein Zweifamilienhaus, in dem der Vermieter wohnt.
- Die Wohnung verfügt über eine eigene Heizung (z. B. Etagenheizung).
- Es handelt sich um ein vermietetes Einfamilienhaus mit nur einer Partei.
- Die Installation der Messeinrichtung ist unverhältnismäßig teuer, d. h. die erwartete Einsparung deckt nicht die Anschaffungskosten.
- Es ist keine Wärmeverbrauchsbeeinflussung möglich.
- Es handelt sich um Alters-, Pflege- oder Studentenheime.
- Das Gebäude wird mit einer energiesparenden Wärmeversorgung (Solar, Wärmepumpe o. ä.) versorgt. Es ist jedoch eine Genehmigung erforderlich.
- Die Wärmeversorgung erfolgt mit Elektroenergie, beispielsweise bei einer Nachtspeicherheizung o. ä. und es wird mit dem EVU direkt abgerechnet.

Die Umlage der Kosten erfolgt zum Teil nach dem Verbrauch und zum Teil pauschal über die Fläche oder nach umbauten Raum. Es sind mindestens 50 % und höchstens 70 % nach erfasstem Verbrauch zu verteilen, Einzelheiten findet man in der jeweils aktuellen Heizkostenverordnung.

Die Ermittlung der Heizkosten eines Mieters erfolgt nach dem Rechenschema in der Abb. 4-23. Grundlage sind die gemessenen Verbräuche für Warmwasser und Heizenergie (zur Messtechnik siehe [41]). Das Abrechnungsprinzip wird im folgenden Beispiel demonstriert.

4.6 Kaufmännisches Gebäudemanagement: Originäre Dienstleistungen

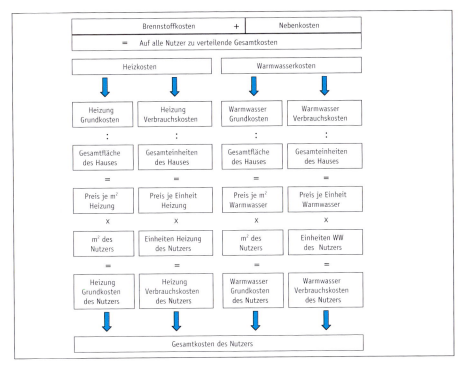

Abb. 4-23: Schema für die Heizkostenabrechnung eines Mieters

Für eine Einraumwohnung wurden folgende Daten für die Heizkostenabrechnung zusammengestellt:

Allgemeine Angaben	
Gesamtwohnfläche	230 m²
Wohnfläche des Mieters	17 m²
Energieträger	Erdgas H
Heizwert	10,5 kWh/m²
verbrauchsabhängiger Anteil Heizkosten	70 %
verbrauchsabhängiger Anteil Warmwasserkosten	70 %
Warmwassertemperatur	60 °C
Brennstoff- und Nebenkosten für das gesamte Haus	
Erdgaskosten	2.287,63 €
Schornsteinfeger	53,25 €
Wartung	143,00 €
Strom Heizung	163,20 €
Abrechnungskosten	173,70 €

Tab. 4-23: Ausgangswerte für die Heizkostenabrechnung

Verbrauchswerte für das gesamte Haus	
Erdgasverbrauch (Erdgaszähler)	4.622 m²
Warmwasserverbrauch (Warmwasserzähler aller Mieter)	30,205 m²
Summe abgelesener Einheiten an den HK-Verteiler	357,50 VE
Ablesewerte für den Mieter	
Ablesung Heizkostenverteiler	50,00 VE
Warmwasserzähler	1,6 m²

Tab. 4-23: (Fortsetzung) Ausgangswerte für die Heizkostenabrechnung

Mit dem Schema nach Abb. 4-24 ergeben sich für den Mieter folgende Heizkosten:

Gesamtes Haus			
Auf alle zu verteilende Gesamtkosten		2.820,78 €	
Erdgasverbrauch für Warmwasser (B)		359,58 m²	
Abtrennung der Warmwasserkosten		219,45 €	
verbleibende Kosten für Heizung		2.601,33 €	
Warmwasser (Preis je m² und je Einheit – hier m²)			
Grundkosten	30 %	65,84 €	0,2862 €/m²
Verbrauchskosten	70 %	153,62 €	5,0858 €/m²
Heizung (Preis je m² und je Einheit – hier VE)			
Grundkosten	30 %	780,40 €	3,3930 €/m²
Verbrauchskosten	70 %	1.820,93 €	5,0935 €/m²
Warmwasserkosten des Mieters			
Grundkosten		4,87 €	
Verbrauchskosten		8,14 €	
Heizungskosten des Mieters			
Grundkosten		57,68 €	
Verbrauchskosten		254,68 €	
Gesamtheizkosten des Mieters		**325,36 €**	

Tab. 4-24: Ergebnisse der Heizkostenberechnung

Der Mieter hat also in diesem Fall Heizkosten in Höhe von 325,36 € zu tragen.

4.7 Verwendete Quellen

[1] DIN 32736, Ausgabe: 2000-08 Gebäudemanagement – Begriffe und Leistungen
[2] VDMA (Hrsg.): VDMA 24196 Gebäudemanagement. Begriffe und Leistungen. Frankfurt am Main: VDMA e.V. 1996
[3] Glauche, U.: Gebäude- und Facility Management in Deutschland. HLH Heizung Lüftung/Klima Haustechnik 51 (2000), Nr. 10, S. 90–91
[4] DIN 277-1, Ausgabe: 1987-06 Grundflächen und Rauminhalte von Bauwerken im Hochbau; Begriffe, Berechnungsgrundlagen
[5] GEFMA (Hrsg.): GEFMA 130 Flächenmanagement. Bonn: GEFMA e.V. 1999
[6] Wöhe, G.; Döring, U.: Einführung in die Allgemeine Betriebswirtschaftslehre. 17., überarb. u. erw. Aufl. München: Verlag Franz Vahlen 1990, S. 960
[7] Recknagel, H.; Sprenger, E.; Schramek, E.-R. (Hrsg.): Taschenbuch für Heizung und Klimatechnik 2001/2002, einschließlich Warmwassererzeugung und Kältetechnik. 70. Aufl. München: Oldenbourg Industrieverlag 2001, S. 418
[8] Grabatin, G.: Budgetierung, Kostenkontrolle und Controlling. In: Lutz, W. (Hrsg.): Handbuch Facility Management. Landsberg: Ecomed Verlagsgesellschaft 1999, V-11, S. 46
[9] Grabatin, G.: Budgetierung, Kostenkontrolle und Controlling. In: Lutz, W. (Hrsg.): Handbuch Facility Management. Landsberg: Ecomed Verlagsgesellschaft 1999, V-11, S. 55
[10] Weppler, M.: Controlling im Gebäudemanagement: Strukturen, Methoden und Techniken zielorientierter Bestandsbewirtschaftung. In: GEBÄUDE-MANAGEMENT Dossier Ausgabe 10. Frankfurt am Main: Deutscher Fachverlag 2002, S. 18
[11] VDI 2067 Blatt 1, Ausgabe: 2000-09 Wirtschaftlichkeit gebäudetechnischer Anlagen – Grundlagen und Kostenberechnung
[12] GEFMA (Hrsg.): GEFMA 122 Betriebsführung von Gebäuden, gebäudetechnischen und Außenanlagen – Leistungsbild. Bonn: GEFMA e.V. 1996, S. 3
[13] DIN 31051, Ausgabe: 1985-01 Instandhaltung. Begriffe und Maßnahmen, S. 1
[14] Warnecke, H.-J. (Hrsg.): Handbuch Instandhaltung. Band 1 – Instandhaltungsmanagement. 2., völlig überarb. Aufl. Köln: Verlag TÜV Rheinland 1992, S. 18
[15] DIN 31051, Ausgabe: 1985-01 Instandhaltung. Begriffe und Maßnahmen, S. 7
[16] Warnecke, H.-J. (Hrsg.): Handbuch Instandhaltung. Band 1 – Instandhaltungsmanagement. 2., völlig überarb. Aufl. Köln: Verlag TÜV Rheinland 1992, S. 34–40
[17] Voß, R.: Instandhaltungsmanagement. In: Schulte, K.-W.; Pierschke, B. (Hrsg.): Facilities Management. Köln: Immobilien Informationsverlag Rudolf Müller 2000, S. 139
[18] Warnecke, H.-J. (Hrsg.): Handbuch Instandhaltung. Band 1 – Instandhaltungsmanagement. 2., völlig überarb. Aufl. Köln: Verlag TÜV Rheinland 1992, S. 24
[19] VDMA (Hrsg.): VDMA 24186 T 1-31 Leistungsprogramm für die Wartung von lufttechnischen und anderen technischen Ausrüstungen in Gebäuden. Frankfurt am Main: VDMA e.V. 1988
[20] Voß, R.: Instandhaltungsmanagement. In: Schulte, K.-W.; Pierschke, B. (Hrsg.): Facilities Management. Köln: Immobilien Informationsverlag Rudolf Müller 2000, S. 145
[21] Jones Lang LaSalle (Hrsg.): Office Service Charge Analysis Report – Oscar 2002. Düsseldorf: Jones Lang LaSalle GmbH 2002, S. 4
[22] Henzelmann, T.: Energiemanagement. In: Schulte, K.-W.; Pierschke, B. (Hrsg.): Facilities Management. Köln: Immobilien Informationsverlag Rudolf Müller 2000, S. 167 ff.
[23] Wanke, A.; Trenz, S.: Energiemanagement für mittelständische Unternehmen. Köln: Deutscher Wirtschaftsdienst 2001
[24] GEFMA (Hrsg.): GEFMA 124 Energiemanagement; Leistungsbild. Konzept November 1998. Bonn: GEFMA e.V.
[25] Matthes, F.; Cames, M.: Energiewende 2020: Der Weg in eine zukunftsfähige Energiewirtschaft. Studie des Ökoinstitutes 2000. Freiburg: Öko-Institut e.V. 2000, S. 87

[26] Thiel, D.: Intelligenten Fassaden gehört die Zukunft. CCI 7/1994 zitiert nach: Sodec, F.: Trends in der Gebäudetechnik. Das Verwaltungsgebäude der Zukunft. Industriebau 41 (1995), Nr. 5, S. 313–320
[27] Therburg, I.: Energiecontrolling in Bürogebäuden. Ein Benchmarkprozess für Betreiber von Bürogebäuden. Frankfurt am Main: Magistrat, Energiereferat 2002, S. 33
[28] VDI 3807 Blatt 2, Ausgabe: 1998-06 Energieverbrauchskennwerte für Gebäude – Heizenergie- und Stromverbrauchskennwerte, S. 10. Siehe auch: VDI 3807-4: Teilkennwerte elektrische Energie. Ausgabe Dezember 2006
[29] Krimmling, J.; Oelschlegel, J.; Höschele, V.: Technisches Gebäudemanagement – Instrumente zur Kostensenkung in Unternehmen und Behörden. Renningen: expert-verlag 2002, S. 65
[30] Wanke, A.; Trenz, S.: Energiemanagement für mittelständische Unternehmen. Köln: Deutscher Wirtschaftsdienst 2001, S. 185
[31] Krimmling, J.; Preuß, A.: Energie- und Gebäudemanagement als Instrument zur Kostensenkung. Facility Management in Krankenhäusern. HLH Heizung Lüftung/Klima Haustechnik 52 (2001), Nr. 2, S. 3–6
[32] Henzelmann, T.: Energiemanagement. In: Schulte, K.-W.; Pierschke, B. (Hrsg.): Facilities Management. Köln: Immobilien Informationsverlag Rudolf Müller 2000, S. 179
[33] GA-tec Gebäude- und Anlagentechnik GmbH (Hrsg.): Firmenprospekt: Energie-Controlling. Kosteneinsparung, Verbrauchssenkung, Anlagenoptimierung, Umweltentlastung. Urbach: GA-tec
[34] Wanke, A.; Trenz, S.: Energiemanagement für mittelständische Unternehmen. Köln: Deutscher Wirtschaftsdienst 2001, S. 186
[35] Lutz, W. (Hrsg.): Handbuch Facility Management. Band 2. Landsberg: Ecomed Verlagsgesellschaft 1999, Kapitel IV-2 Hausmeisterdienste
[36] Sächsische Zeitung (2003), 15. August
[37] Lutz, W. (Hrsg.): Handbuch Facility Management. Band 2. Landsberg: Ecomed Verlagsgesellschaft 1999, Kapitel IV-4 Gebäudereinigung
[38] FIGR Forschungs- und Prüfinstitut für Facility Management GmbH (Hrsg.); Lutz, W.: Fußbodenbeläge kurz und bündig. Beschaffenheit, Reinigung und Pflege. Metzingen: FIGR 1997
[39] Strebel, W.: Kostenfaktor Schmutz. Ein Praxisbericht über Organisation und Planung der wirtschaftlichen Gebäudereinigung. Managementzeitschrift io 46 (1977), Nr. 9, S. 397–400
[40] Noack, B. und M. Westner: Betriebskosten in der Praxis. Haufe Mediengruppe. 2004.
[41] Böhme, M. u. a.: Atlas Gebäudetechnik. Rud. Müller Verlag. Köln 2008.
[42] Krimmling, J. u. a.: Fachwissen Gebäudereinigung. Verlag Europa. Lehrmittel. 2. Auflage 2005.
[43] Krimmling, J.: Energieeffiziente Gebäude. Fraunhofer IRB Verlag. 2010. S. 239 ff.

5 Methoden und Werkzeuge im operativen Bereich

5.1 Managementsysteme

> Managementsysteme sind formalisierte Methodensysteme, die die Umsetzung der zyklischen Tätigkeiten des »Managens« in Hinblick auf ein bestimmtes Ziel zum Gegenstand haben.

Beispiele sind:

- Qualitätsmanagementsysteme, Ziel: Erreichen einer bestimmten Produkt- und/oder Dienstleistungsqualität
- Umweltmanagementsysteme, Ziel: Erreichen eines bestimmten Niveaus umweltgerechten Verhaltens
- Energiemanagementsysteme, Ziel: Erreichen eines bestimmten Niveaus der Energiekosten bzw. des Energieverbrauchs.

Zu den grundlegenden Komponenten der Managementsysteme zählen die

- Darstellung konkreter Zielstellungen als Bestandteil der Unternehmenspolitik
- Darstellung der Unternehmensorganisation in Hinblick auf die Zielstellung
- Prozessbeschreibungen (Arbeits- und Verfahrensanweisungen)
- Dokumentation (des Systems selbst, zumeist in Form eines Handbuches, der einzelnen Zwischenschritte und Ergebnisse bei der Anwendung des Systems)
- Schulung (Einbeziehung von Mitarbeitern und Lieferanten)
- Auditierung (intern zum Feststellen der Wirksamkeit des Systems, extern zum Zweck der Zertifizierung und zum Zweck der Verbesserung des Systems).

Obwohl die Zielstellung unbedingt Bestandteil eines funktionierenden Systems sein muss, handelt es sich im Allgemeinen nicht um eine zahlenmäßig festgelegte Größe, sondern um das Verbalziel einer ständigen Verbesserung der jeweiligen Zielkategorie.

Für das FM spielt die Qualität eine entscheidende Rolle (vgl. Abschnitt 3.3.3), weshalb hier der Schwerpunkt auch auf der Darstellung von Qualitätsmanagementsystemen (QMS) liegen soll.[1] Fragt man sich nun, wie ein Managementsystem zur Sicherung und Verbesserung der Qualität im FM konkret aufgebaut sein soll, so erhält man zunächst eine Vorstellung, wenn man nach DIN EN ISO 9000 [1] vier Grundfragen stellt:

1. Ist der Prozess festgelegt und in geeigneter Weise beschrieben?
2. Sind die Verantwortlichkeiten zugeordnet?

---

[1] Damit soll nicht gesagt werden, dass Umweltziele keine Bedeutung im FM haben. Wir fassen diese jedoch umfassend als Bestandteil der im FM zu erreichenden Qualität auf, womit kein separates System erforderlich ist.

3. Sind die Verfahren umgesetzt und aufrechterhalten?
4. Ist der Prozess wirksam in Bezug auf die geforderten Ergebnisse?

Während die DIN EN ISO 9000 den Grundaufbau und die wichtigsten Begriffe erläutert, findet man in der DIN EN ISO 9001 die konkreten Anforderungen an ein QMS.

Tab. 5-1 zeigt, wie ein QMS nach DIN EN ISO 9001 ausgestaltet werden kann:

Anforderungskriterium laut DIN EN ISO 9001:2000	Erläuterungen/Ausgestaltung im FM
4 Qualitätsmanagementsystem	
4.1 Allgemeine Anforderungen	Prozesse und ihre Anwendung in der Organisation sollen eindeutig und erkennbar sein. Prozesse müssen konkret festgelegt sowie dokumentiert werden (siehe Prozessorientierung des FM als entscheidendes Merkmal).
4.2 Dokumentationsanforderungen	Kern der Dokumentation ist ein Handbuch. Im FM wird das QM-System außerdem mit im CAFM-System dokumentiert.
5 Verantwortung der Leitung	
5.1 Verpflichtung der Leitung	Beim FM: Zielstellungen des CREM. Bei Dienstleistungsunternehmen im FM muss sich die oberste Leitung zu den Qualitätszielen, d.h. zur Kundenorientierung bekennen.
5.2 Kundenorientierung	Dies ist wichtiges Merkmal von FM (siehe oben). Es gibt interne oder externe Kunden.
5.3 Qualitätspolitik	Festlegung von Qualitäts- und Kostenzielen
5.4 Planung	Ableitung von Vorgaben für das FM-Controlling
5.5 Verantwortung, Befugnis und Kommunikation	Festlegung der Organisationsstruktur der FM-Abteilung
5.6 Managementbewertung Durchführung interner Audits	Maßnahmen im strategischen Controlling

Tab. 5-1, Teil 1: Anwendung der DIN EN ISO 9001 auf ein QM-System im FM

6 Management von Ressourcen	
6.1 Bereitstellung von Ressourcen	z. B. CAFM-System mit Hardware FM-gerechte Gebäudedokumentationen u. ä.
6.2 Personelle Ressourcen	Mitarbeiter der FM-Abteilung ggf. externe Berater
6.3 Infrastruktur	Betriebliche Infrastruktur Intranet als Informationsmedium zu FM-Aspekten
6.4 Arbeitsumgebung	steht ohnehin im besonderen Focus des FM
7 Produktrealisierung	
7.1 Planung der Produktrealisierung	Prozessanalyse Abbildung von Prozessen im CAFM-System Prozesskostenkalkulation
7.2 Kundenbezogene Prozesse	Ermittlung der Kundenanforderungen und Festlegung der Prozessziele, z. B. Reinigungshäufigkeit, Raumtemperaturen, Verfügbarkeiten u. ä.
7.3 Entwicklung	Investitionsplanung im Gebäudebereich evtl. Outsourcing o. ä.
7.4 Beschaffung	Teil des Kaufmännischen Gebäudemanagements (siehe GEFMA 100)
7.5 Produktion und Dienstleistungs-Prozessbeschreibungen	Arbeits- und Verfahrensanweisungen und Nutzung CAFM-System
7.6 Lenkung und Überwachung von Messmitteln	z. B. Überwachung von Eichfristen von Energiezählern Gültigkeit von Checklisten
8 Messung, Analyse und Verbesserung	
8.1 Allgemeines	Der Gesamtprozess ist regelmäßig auf Effizienz zu prüfen. Dazu müssen Methoden und Instrumente bereitgestellt und Verantwortlichkeiten festgelegt werden.
8.2 Überwachung und Messung	Durchführung regelmäßiger Audits ggf. externe Zertifizierung bei FM-Dienstleistern: Kundenzufriedenheitsanalysen
8.3 Lenkung fehlerhafter Produkte	Umgang mit Beschwerden von externen oder internen Kunden
8.4 Datenanalysen	Benchmarking Auswertung der Aufzeichnungen des Gebäudeleitsystems
8.5 Verbesserung	Kundenbefragungen als Ausgangsbasis für anzustrebende Verbesserungen

Tab. 5-1, Teil 2: Anwendung der DIN EN ISO 9001 auf ein QM-System im FM

Umweltmanagementsysteme (UMS) können entweder nach dem System des EU-Öko-audits oder nach DIN EN ISO 14001 aufgebaut werden. Ein UMS nach DIN EN ISO 14001 hat zwei Vorteile:

- Es handelt sich um eine internationale Norm, die weit über Deutschland bzw. Europa hinaus angewendet wird. Ihre Anwendung empfiehlt sich aus diesem Grund für international agierende Unternehmen und Organisationen.
- Die DIN EN ISO 14001 hat große Parallelen zur Methodik der DIN EN ISO 9000. Unternehmen und Organisationen welche sich bereits mit einem Qualitätsmanagementsystem nach DIN EN ISO 9000 beschäftigt haben, können eine Reihe formeller Elemente und Methoden übernehmen.

Angesichts ständig steigender Energiepreise kommt dem Thema Energiemanagement im Gebäudebereich zunehmende Bedeutung zu (vgl. Abschnitt 4.4.2). Mit Hilfe eines Energiemanagementsystems (EMS) kann eine dauerhafte Senkung der Energiekosten im Gebäude bzw. im Unternehmen erreicht werden. Mit der DIN EN ISO 50001 liegt eine Norm vor, die ebenfalls große Parallelen zur DIN EN ISO 9000 bzw. zur DIN EN ISO 14001 aufweist. Mit der Norm ist die Voraussetzung für die Zertifizierung von EMS gegeben. Ein EMS nach DIN EN ISO 50001 hat folgende Hauptelemente:

- allgemeine Anforderungen
- Verantwortung des Managements
- Energiepolitik
- Energieplanung
- Einführung und Umsetzung
- Überprüfung
- Managementbewertung.

Es bleibt abzuwarten, ob künftig zertifizierte EMS durch das geplante Energieeffizienzgesetz für bestimmte Unternehmen und Organisation gesetzlich gefordert werden.

5.2 Controlling

In Anlehnung an die umfangreiche Literatur (vgl.[2,3]) soll Controlling im FM folgendermaßen definiert werden:

> Controlling ist ein Methodeninstrument zur Steuerung von Prozessen innerhalb eines Unternehmens in Hinblick auf konkrete Zielstellungen.

Kernaufgaben des Controllings sind die

- Planung
- Kontrolle
- Steuerung
- Informationsgewinnung und -bereitstellung.

Controlling ist als fortwährender Steuerungsvorgang zu verstehen, bei welchem ständig Ist-Werte mit Soll-Werten verglichen werden. Gibt es Abweichungen, kann sofort gehandelt werden, um die Soll-Werte wieder zu erreichen. Ohne Controlling würde man Defizite erst viel später feststellen und hätte nur noch eingeschränkte Handlungsmöglichkeiten. Es sind drei Aspekte wesentlich:

- Soll-/Ist-Vergleich, welcher permanent durchzuführen ist und aus dessen Ergebnis entsprechendes Handeln abzuleiten ist:
    - Ursachenforschung bei Abweichung
    - Ausloten von Verbesserungsmöglichkeiten
- Definieren von Zielen und deren periodengerechte Aufbereitung für den Soll-/Ist-Vergleich.
- Informationsbasis des Prozesses, d. h. eine geeignete Datenbank, in welcher Ist-Werte erfasst sowie Soll-Werte (Budgets) entsprechend aufbereitet abgespeichert werden.

Da Controlling als Methode zum Erreichen gestellter Ziele zu verstehen ist, kann man je nach Zielkategorie unterscheiden zwischen strategischem Controlling und operativem Controlling.
Beim strategischen Controlling geht es um langfristige und umfassende Ziele, welche aus der Unternehmensstrategie abgeleitet werden und deshalb dem übergeordneten Immobilienmanagement (vergleiche CREM im Abschnitt 2.4) zuzuordnen sind. Gegenstand des strategischen Controllings sind u. a. Größen wie

- Gesamtkosten des FM im Unternehmen
- Gesamtvermietungssituation im Vergleich zum Markt
- Fläche pro Arbeitsplatz im Unternehmen
- Kosten pro Arbeitsplatz im Unternehmen.

Das operative Controlling ist das zentrale Steuerungsinstrument im Gebäudemanagement. Dabei stehen im Allgemeinen die einzelnen Gebäude im Focus der Betrachtungen (vgl. [4,5]). Zunächst stellt sich die Frage, welche Größen als Steuerungsgrößen in Frage kommen:

- Erlöse:
    - Mieteinnahmen
    - Honorare für Verwaltungstätigkeit Dritter
- Kostengrößen, z. B.:
    - Mieten
    - Reinigungskosten
    - Energiekosten
- allgemeine Verbrauchsgrößen, z. B.:
    - Energieverbrauch
    - Wasserverbrauch
- Zeitgrößen (Termine)
    - Reaktionszeiten auf Störungen, Beschwerden

- o Vertragstermine
- o wiederkehrende gesetzliche Prüfpflichten
• Akzeptanzgrößen, z. B.:
- o Mitarbeiterakzeptanz bzgl. bestimmter Dienstleistungen (Reinigung, Catering)
- o Kundenakzeptanz.

Im konkreten Fall sind die Steuerungsgrößen in Einklang mit den avisierten Zielen auszuwählen. Die Ausgewogenheit des Systems der Steuerungsgrößen ist der entscheidende Aspekt einer neuen, das klassische Controlling erweiternden Methode, welche mit Balanced Scorecard (BSC) bezeichnet wird. [6,7] Im Kern der Methode geht es darum, den Prozess nicht nur auf der Basis rein finanzieller Größen (Gewinn, Kosten) zu führen, sondern Ziele zu integrieren, welche einen langfristigen Erfolg garantieren. Auf das FM übertragen bedeutet dies, dass es zwar zunächst sinnvoll ist, die Bewirtschaftungskosten zu senken, dass dies aber nicht zu Lasten der Nutzungsqualität gehen darf. Es reicht also nicht aus, nur an Hand von Kostengrößen zu steuern, sondern es muss auch die Zufriedenheit des Nutzers in das Controllingsystem einbezogen werden. Eine Balanced Scorecard für das FM zeigt die Abb. 5-1.

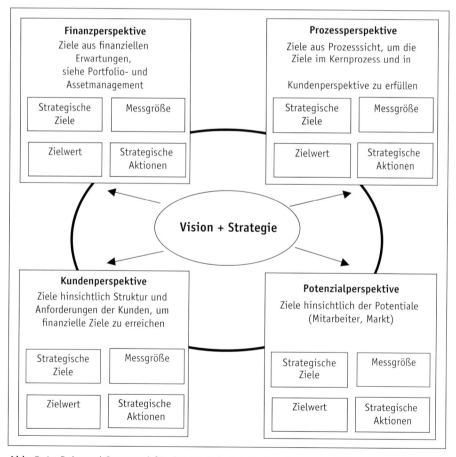

Abb. 5-1: Balanced Scorecard für das FM-Beispiel (in Anlehnung an [8])

Traditionell dominiert die Finanzperspektive. Daraus leiten sich z. B. Kostensenkungsziele im Unternehmen ab. Ausschließliche Anstrengungen zur Kostensenkung können aber kontraproduktiv werden, wenn das Unternehmen zwar mit niedrigen Kosten produziert, die Produkte aber nicht den Erwartungen der Kunden entsprechen. Demzufolge muss man auch hier Zielgrößen definieren, was sich letztlich in der Rubrik Kundenperspektive der BSC niederschlägt. In der Immobilienwirtschaft ist hier z. B. die Frage interessant, welche Mietflächen am Markt nachgefragt werden und wie sich die künftigen Trends entwickeln werden. Aus der Prozessperspektive ergibt sich die Frage, inwieweit die erforderlichen Prozesse verbessert werden können, um die Kosten zu senken oder die Qualität zu erhöhen. Die Potenzialperspektive ist letztlich entscheidend für die Weiterentwicklung z. B. der Personalressourcen durch Weiterbildung oder für die Ausnutzung/ Entwicklung anderer unternehmensspezifischer Potenziale.

Entscheidend ist die Aufstellung von Zielen, d. h. der Soll-Werte oder Budgets. Dies kann mit folgenden Ansätzen geschehen:

- Verwendung von Ist-Werten vergangener Perioden (z. B. Vorjahreswert)
- Formulierung oder Kalkulation von Zielwerten auf der Basis einer Prozessanalyse

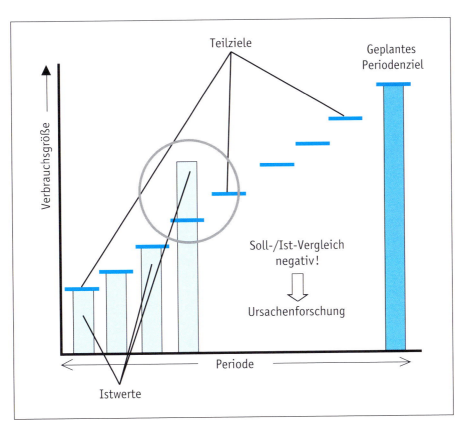

Abb. 5-2: Grundprinzip des Controlling-Prozesses

- Einholung von Angeboten externer Anbieter (z. B. Contractingunternehmen)
- Zielformulierung mit Hilfe von Benchmarking (siehe 5.3.).

Um den Soll-/Ist-Vergleich effektiv durchführen zu können, benötigt man eine entsprechend gestaltete Informationsbasis. Zweckmäßigerweise sollte das verwendete CAFM-Programm über entsprechende Controlling-Funktionen verfügen, d. h. es muss die Möglichkeit bestehen:

- Ist-Werte einzelner Controllinggrößen periodengerecht zu erfassen.
- Der jeweiligen Controllinggröße müssen periodengerechte Soll-Werte (Budgets) zugeordnet werden können.
- Das Ergebnis des Soll-/Ist-Vergleichs muss anschaulich dargestellt werden.
- Es muss Warnfunktionen bei der Überschreitung des Sollwertes geben und es müssen entsprechende, veränderbare Filter für diese Warnfunktionen vorhanden sein.

5.3 Benchmarking

Benchmarking ist ein methodisches Instrument, das zunehmende Bedeutung im FM erlangt. Es gibt zwei Hauptaufgaben:

- Aufspüren von Einsparpotenzialen durch vergleichende Analyse
- Formulierung von Zielvorgaben für den Controllingprozess.

Allgemein bedeutet Benchmarking: »Sich an Bestwerten ausrichten, orientieren.« Auf das FM übertragen bedeutet Benchmarking demzufolge, sich an den Bestwerten bei Erlösen, Kosten oder allgemeinen Verbrauchsgrößen in der Immobilienbewirtschaftung zu orientieren, d. h. diese auch bei der eigenen Immobilie anzustreben. Bestwerte können Ergebnisse anderer Gebäudebetreiber sein, beispielsweise einer bestimmten Branche oder es können Gebäude des eigenen Unternehmens als Benchmark verwendet werden. Für das Benchmarking im FM lässt sich folgende Definition ableiten:

> Benchmarking bedeutet das Messen der eigenen Leistung an Hand von vergleichbaren Bestwerten. Im FM werden dabei in der Regel spezifische Verbrauchs- und/oder Performancegrößen von Gebäuden und Prozessen betrachtet.

Das Grundprinzip besteht im Erreichen einer Vergleichbarkeit für die jeweiligen Benchmark-Größen durch die Bildung spezifischer Kennziffern. Bei den Größen handelt es sich um die im Abschnitt 5.2 dargestellten Controllinggrößen, wobei in der Regel eine Konzentration auf reine Verbrauchsgrößen sinnvoll ist. Trotzdem können jedoch auch Performancegrößen (Gewinn, Vermietungserlöse o. ä.) betrachtet werden.

Wenn bestimmte Verbrauchswerte verschiedener Immobilien miteinander verglichen werden sollen, so müssen die Verbrauchswerte auf eine einheitliche Bezugsgröße bezogen werden:

$$a_i = \frac{A_i}{B_j \cdot \tau_m}$$

a_i spezifischer Verbrauch der Verbrauchsgröße i in einer bestimmten Periode τ_m

A_i absoluter Verbrauch der Verbrauchsgröße i in einer bestimmten Periode τ_m mit $A \triangleq Q$, dem Energieverbrauch oder $A \triangleq K$, den jeweiligen Kosten

B_j Bezugsgröße (z. B. Fläche, Mitarbeiteranzahl)

τ_m Bezugsperiode (z. B. a : pro Jahr, d : pro Tag)

Die spezifische Verbrauchsgröße a_i wird als Benchmark-Kennzahl bezeichnet. Die Wahl der Bezugsgröße ist entscheidend für die Qualität der Kennzahl und damit für das Ergebnis des Benchmarkings. Weit verbreitet ist die Bildung von spezifischen Kennzahlen mit Hilfe von Flächengrößen nach der DIN 277-1:

$$a_i = \frac{A_i}{NRF \cdot \tau_m}$$

NRF Netto-Raumfläche (siehe 4.2)[2]

Allerdings sind die flächenbezogenen Kennzahlen nur dann genügend aussagefähig, wenn die Bezugsgröße ein wesentlicher, gebäudespezifischer Einflussparameter auf die Verbrauchsgröße ist. Umgekehrt lässt sich daraus die allgemeine Forderung für die Bildung von Benchmark-Kennzahlen dahingehend ableiten, dass die Bezugsgröße nach Möglichkeit ein wesentlicher, gebäudespezifischer Einflussparameter hinsichtlich der zu vergleichenden Verbrauchsgröße sein muss (Tab. 5-2).

> Eine Benchmark-Kennzahl ist eine spezifische Verbrauchsgröße, welche mit einem (oder mehreren) den Verbrauch wesentlich beeinflussenden Parameter gebildet wird.

Das Ergebnis einer Benchmark-Analyse der Reinigungskosten von 5 Gebäuden ist exemplarisch in der Abb. 5-3 dargestellt. Neben den spezifischen Kosten wurde in die Grafik der Verlauf eines wichtigen Einflussparameters, in diesem Fall die Reinigungshäufigkeit, aufgenommen. Normalerweise ist anzunehmen, dass beide Verläufe qualitativ gleich sind. Im vorliegenden Fall ist die Reinigungshäufigkeit im Gebäude 5 deutlich größer als im Gebäude 4 und es wäre zu erwarten, dass sich die Kosten analog verhalten. Da dies nicht der Fall ist, müsste weiter nach den Ursachen geforscht werden. Vorausgesetzt, dass die Kennziffer mit der wirklich entscheidenden Einflussgröße gebildet wurde, kann man annehmen, dass sich hier ein Einsparpoten-

---

[2] Nach der bis 2016 geltenden Fassung der DIN 277-1 handelt es sich um die Netto-Grundfläche (NGF)

Verbrauchsgröße	Einflussparameter	Kennziffer
Heizenergieverbrauch $Q_{a,E,h}$	beheizte Fläche A_H	$q_h = \dfrac{Q_{a,E,h}}{A_H \cdot a}$ oder:
	Netto-Raumfläche NRF	$q_h = \dfrac{Q_{a,E,h}}{NRF \cdot a}$
Kosten Unterhaltsreinigung K_{UR}	Fußbodenreinigungsfläche A_{UR}	$k_{UR} = \dfrac{K_{UR}}{A_{UR} \cdot a}$
Kosten Glasreinigung K_{GR}	Glasfläche A_{GR}: – Fenster – Glasflächen	$k_{GR} = \dfrac{K_{GR}}{A_{GR} \cdot a}$
Wasserverbrauch V_{Wasser}	Anzahl Nutzer N_{Nutzer}	$v_{Wasser} = \dfrac{V_{Wasser}}{N_{Nutzer} \cdot a}$ oder:
	Anzahl Zapfstellen N_{Zapfst}	$v_{Wasser} = \dfrac{V_{Wasser}}{N_{Zapfst} \cdot a}$

Tab. 5-2: Bildung von Benchmark-Kennzahlen

zial verbirgt. Wie dieses im konkreten Fall aussieht, muss im Rahmen einer detaillierten Prozessanalyse ermittelt werden.

Oft ist es notwendig, die Untersuchungsobjekte hinsichtlich wesentlicher Merkmale in Klassen einzuteilen. Die Klasseneinteilung erfolgt nach folgender allgemeiner Bildungsregel:

> Eine Klasse wird durch die Objekte gebildet, die gleiche Eigenschaften hinsichtlich eines die Verbrauchsgröße wesentlich beeinflussenden Parameters haben. Letztlich wird erwartet, dass innerhalb der Klasse der spezifische Verbrauch nahezu gleich ist.

Das bedeutet andererseits, dass innerhalb der Klasse vorhandene Abweichungen auf Einsparpotenziale hindeuten, vorausgesetzt die Benchmarkgröße und die Klasse wurden richtig gebildet.

Von jeder Klasse lässt sich der Modalwert (nicht zu verwechseln mit dem Mittelwert) als der häufigste Wert innerhalb der Klasse bilden. Als anzustrebender Richtwert wird häufig der untere Quartilswert herangezogen, d. h. der Mittelwert der unteren 25 % der Werte innerhalb der Klasse (vgl. VDI 3807).

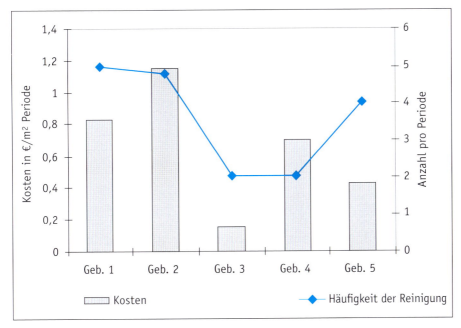

Abb. 5-3: Benchmarking von Reinigungskosten

Zusammenfassend kann man sagen, dass das Benchmarking zusätzliche Erkenntnisse aufgrund des »Statistikeffekts« liefert, ohne dass die Ursache für den Mehrverbrauch und damit potentielle Einsparpotenziale durch die Methode selbst aufgedeckt werden können. Dazu bedarf es konkreter Detailanalysen an den entsprechenden Objekten selbst.

Hinsichtlich des Anwendungsbereichs, d. h. der Vergleichsbasis, unterscheidet man externes Benchmarking und internes Benchmarking. Beim externen Benchmarking vergleicht man die eigenen Verbrauchsgrößen für ein bestimmtes Objekt mit denen anderer Immobilienbetreiber. Die Quelle für die entsprechenden Daten können

- Fachzeitschriften
- Datenbanken
- Internet
- gemeinsame Benchmarkprojekte mit anderen Partnern

sein. Beim internen Benchmarking, welches vorzugsweise dann angewendet werden kann, wenn man über mehrere Objekte verfügt, vergleicht man diese untereinander.

5.4 Vertragsmanagement im FM

In dem nachfolgenden Abschnitt soll es weniger um juristische Aspekte gehen, hier wird auf die umfangreiche Literatur z. B. in [9,10] verwiesen. Im Zusammenhang mit der Gestaltung der operativen Phase erscheint es aber als wichtig, dass auch dem Prozessaspekt in Verträgen hinreichend Beachtung geschenkt wird. Das bedeutet letztlich ganz praktisch

- dass Termine innerhalb von Verträgen zu verwalten sind
- die inhaltliche Erfüllung von Verträgen und die ordentliche Leistungserbringung zu überwachen sind
- dass auslaufende Verträge rechtzeitig neu geschlossen werden.

5.4.1 Planung, Vergabe und Abrechnung von Dienstleistungen

Aufgrund des beachtlichen Anteils von externen Dienstleistungskosten an den Kosten in der Nutzungsphase von Gebäuden kommt der richtigen Planung, Vergabe und Abrechnung von Dienstleistungen zunehmend Bedeutung zu. König [11] weist u. a. auf folgende Aspekte hin, die beim Abschluss von Bewirtschaftungsverträgen zu beachten sind:

- Realistische Bedarfsermittlung (beispielsweise Verhinderung der Leistungsüberlappung bei verschiedenen Dienstleistern)
- Abfordern von Angebotspreisen für jede wesentliche Einzelleistung (dies wird zum einen benötigt für die verursachergerechte Weiterverrechnung an Mieter oder interne Abteilungen, zum anderen aber auch zur Vermeidung von unkontrollierten Nachträgen)
- Entwicklung von Mechanismen, mit denen die Vertragserfüllung durch den Dienstleister geprüft werden kann
- Vereinbarung von sinnvollen Kündigungsgründen, z. B. das Recht zur außerordentlichen Kündigung, wenn der Dienstleister seine Leistungen nicht ordnungsgemäß erbringt
- wirksame Übertragung von Betreiberpflichten auf den Dienstleister (z. B. Haftung für nicht ordnungsgemäß durchgeführten Winterdienst)
- Erstellung von ergebnisorientierten (»bedarfsorientierten«) Leistungsverzeichnissen.

Mittlerweile hat sich die Erkenntnis durchgesetzt, dass beispielsweise Reinigungs- oder Instandhaltungsprozesse mit der gleichen Sorgfalt und Durchdringungstiefe wie Gebäude oder technische Anlagen geplant werden müssen. In [12] wird allgemein ein Prozess »Einkauf von Lieferungen und Leistungen« beschrieben. Er enthält folgende Etappen:

1. Analyse des Bedarfes nach Umfang (Menge, Leistung, Intensität/Häufigkeit), Qualität und zeitlicher Struktur
2. Aufstellen von Zielvorgaben anhand von Markt- und/oder Prozessanalysen

3. Darstellung des Bedarfes in einer verständlichen Spezifikation
4. Organisation eines Ausschreibungsverfahrens (beschränkt, öffentlich, nach eigenen Richtlinien, VOB, VOL o. a.)
5. Auswertung von Angeboten nach Preis und Leistung (Funktionsumfang und Qualität)
6. Ggf. Verhandlung (soweit das Ausschreibungsverfahren das zulässt)
7. Vergabe
8. Prüfen der Vertragserfüllung nach Vergabe
9. Wiedereinstieg bei 1. oder 2.

Die Spezifikation oder Ausschreibungsunterlage hat folgenden allgemeinen Aufbau:

- Allgemeine Wettbewerbsbedingungen (Ausführungsfristen, Bietererklärungen usw.)
- Beschreibung der Nutzeranforderungen für das betreffende Objekt
- Personalfragen (Arbeitszeiten, einzusetzende Kapazitäten, Anforderungen an Qualifikationen usw.)
- Vertragsgrundlagen
- Beschreibung der zu erbringenden Leistungen und/oder Ergebnisse
- Dokumentationen (Nachweis der eigenen Leistungen und des Betriebes, Datenpflege)
- Besonderheiten des Objektes (CAFM-Anforderungen, spezielle Forderungen im Vorhaben usw.)
- Objektdokumentation (Grundrisse, Detailzeichnungen ...).

5.4.2 Einkauf von Energie und Medien

Auf den Energieeinkauf übertragen kann man den o. g. Prozess folgendermaßen beschreiben:

1. Analyse des Energiebedarfes nach Art, Umfang und zeitlicher Struktur, d. h. maximaler Leistungsbedarf (z. B. in kW), Jahresenergiebedarf (z. B. in kWh/a), Trendkurven für den Tagesgang, den Wochengang und den Jahresgang; alles für jeden Energieträger
2. Aufstellen von Zielvorgaben an Hand von Marktanalysen oder Statistikdaten eigener Anlagen (z. B. bei anderen Niederlassungen, Tochterunternehmen u. ä.)
3. Darstellung des Bedarfes in einer verständlichen Spezifikation, d. h. in Form eines ausführlichen Leistungsverzeichnisses
4. Organisation eines Ausschreibungsverfahrens (beschränkt, öffentlich, nach eigenen Vorgaben oder nach dem Vergaberecht der öffentlichen Hand)
5. Auswertung von Angeboten nach Preis und Leistung, d. h. im konkreten Fall empfiehlt sich die Ermittlung der Jahresenergiekosten für den jeweiligen Energieträger (keinesfalls genügt ein Vergleich der Arbeitspreise oder von irgendwelchen Mischpreisen)
6. Ggf. Verhandlungen, soweit dies das Vergabeverfahren zulässt

7. Vergabe, d.h. Auftragserteilung an den ausgewählten Bestbieter
8. Prüfen der Vertragserfüllung nach Vergabe
9. Regelmäßiges Energiekostencontrolling verbunden mit dem Wiedereinstieg bei 1. oder 2.

5.4.3 Funktionsorientierte Vergabe versus ergebnisorientierte Vergabe

Prinzipiell gibt es zwei Möglichkeiten der Vergabe, die schon in der Leistungsbeschreibung zu berücksichtigen sind.

Funktionsorientierte Vergabe

Bei der funktionsorientierten Vergabe wird genau festgelegt, welche Tätigkeiten im Einzelnen durchzuführen sind und in welcher Häufigkeit die jeweilige Tätigkeit durchzuführen ist.
Dabei trägt das Risiko für die ordnungsgemäße Planung (d.h. Festlegung der Häufigkeiten und ggf. der Technologie) der Auftraggeber.

Ergebnisorientierte Vergabe

Bei der ergebnisorientierten Vergabe werden im Gegensatz keine Tätigkeiten und zugehörige Häufigkeiten oder Intensitäten festgelegt, sondern es wird das durch die Dienstleistung zu erreichende Ergebnis (Funktion + Qualität) festgeschrieben. Damit erreicht man

- einerseits eine Ausrichtung der Dienstleistungshäufigkeit anhand der Nutzung/ Frequentierung des Objektes (Raum oder technische Anlage) und der jeweils zu erreichenden Qualität, d.h. es kann unter Umständen weniger Leistung erforderlich sein, was zu geringeren Kosten führt
- andererseits wird der eigentlich interessierende Parameter nämlich die Qualität Vertragsbestandteil und nicht die durchzuführende Leistung.

Die Schwierigkeit besteht in der notwendigen Messung der Qualität (siehe hierzu Abschnitt 3.4.4.).

Wichtig sind in diesem Zusammenhang sog. Service-Level-Agreements (SLA). Ein SLA ist eine zwischen Auftraggeber und Auftragnehmer getroffene Vereinbarung über die zu erreichende Qualität und die Vorgehensweise bei Nichterfüllung der vereinbarten Ziele. Insbesondere geht es darum, unvorhergesehene Situationen innerhalb des Vertragsverhältnisses partnerschaftlich zu lösen.

Die Durchführung der Dienstleistung auf der Basis einer ergebnisorientierten Ausschreibung erfolgt folgendermaßen:

- Kontrolle des Ausgangszustandes zu einem bestimmten Zeitpunkt und Vergleich mit einem definierten Qualitätslevel
- Festlegung des Leistungsumfangs
- Durchführung der Dienstleistung.

Die ergebnisorientierte Durchführung der Dienstleistung kann zweckmäßigerweise mit einem so genannten Lieferanten-Audit gekoppelt werden, welcher in vereinbarten Zeiträumen stattfindet und bei dem die Qualität der Leistungserbringung kontrolliert wird. Im Ergebnis kann die Dienstleistungsdurchführung verbessert werden, ggf. muss ein anderer Leistungserbringer ausgewählt werden. In vielen Fällen ist es sinnvoll, zur Durchführung des Audits eine externe Beratungsfirma hinzuzuziehen.

5.4.4 Prüfpflichten

Aus dem Betrieb von Gebäuden ergeben sich umfangreiche Prüfpflichten [13]. Grundlagen sind folgende Gesetze und Verordnungen:

- Baugesetzgebung
- Betriebssicherheitsverordnung
- Unfallverhütungsvorschriften, Arbeitsstättenrichtlinien
- Bundesimmissionsschutzgesetz (BImSchG) und entsprechende Verordnung
- Normen, Richtlinien (z. B. DIN, VDI, VDE)
- Außerdem müssen Herstellervorgaben hinsichtlich der Bedienung und der Instandhaltung eingehalten werden, woraus sich weitere Prüfpflichten ergeben.

Die geltende Baugesetzgebung wird in Deutschland durch die Landesbauordnungen repräsentiert.

Die Betriebssicherheitsverordnung regelt die Gestaltung von Arbeitsmitteln im Hinblick auf deren Sicherheit. Außerdem gilt die Verordnung auch für überwachungspflichtige Anlagen wie Dampfkessel, Aufzüge, explosionsgefährdete Bereiche und bestimmte Lagereinrichtungen für brennbare Flüssigkeiten wie z. B. Heizöl. Da sich die genannten Einrichtungen und Systeme in Gebäuden befinden oder Bestandteil von diesen sind, ergeben sich Prüfpflichten im Gebäudebereich bzw. Facility Management.

Unfallverhütungsvorschriften werden von den einzelnen Unfallversicherungsträgern (Berufsgenossenschaften, Unfallversicherungsträger der öffentlichen Hand) erlassen. Die Unfallverhütungsvorschriften sind Rechtsvorschriften, die direkt Unternehmer und Versicherte verpflichten. Sie enthalten sicherheitstechnische Forderungen für Arbeitsplätze und Anforderungen an betriebliche Einrichtungen wie Arbeitsmittel, Arbeitsverfahren, Anlagen, Geräte usw., verlangen Anordnungen und Maßnahmen des Unternehmers zur Unfallverhütung, beschreiben Verhaltenspflichten für die Beschäftigten, legen die notwendigen arbeitsmedizinischen Vorsorgeuntersuchungen fest und regeln Fragen zur innerbetrieblichen Arbeitsschutzorganisation im Rahmen der Arbeitsschutzgesetzgebung (Arbeitsschutzgesetz, Arbeitsstättenverordnung).

Die Umsetzung des BImSchG erfolgt in einzelnen Verordnungen. Für Gebäude ist i. A. die erste Bundesimmissionsschutzverordnung (1. BImSchV) maßgeblich, in welcher Abgasgrenzwerte und deren regelmäßige Überprüfung festgelegt sind.

Betriebswirtschaftlich stellt die Nichtbeachtung der genannten Prüfpflichten ein Kostenrisiko dar. Aus dem Nichtbefolgen können z. B. Kosten für Schadensersatz oder Bußgelder resultieren. Darüber hinaus bestehen aber auch persönliche Haftungsrisiken für die Verantwortlichen. Das Nichtbefolgen von Herstellervorgaben kann zum Erlöschen der Gewährleistung und damit zu immensen Folgekosten bei Anlagenausfällen führen. Hierzu zählen Schadensersatzansprüche und Schadensfolgekosten.

Im CAFM-System sind die Termine und die damit verbundenen Handlungsketten abzubilden. Dies geschieht analog zum Vertragsmanagement.

Insgesamt lassen sich die Prüfpflichten als Bestandteil der Betreiberpflichten auffassen. Diese werden in Abschnitt 5.6 dargestellt.

5.5 Computer Aided Facility Management (CAFM)

5.5.1 Einführung

Eingangs wurde bereits darauf hingewiesen, dass FM oftmals auf das Thema »Outsourcing« verkürzt wird, diese These kann auch auf das CAFM übertragen werden. Die Auffassung, FM und CAFM gleichzusetzen, stellt ein stark reduziertes Verständnis von FM dar. Der Einsatz moderner Informationstechnologien, d. h. die Anwendung von EDV-Programmen (Software-Systeme) ist ein wichtiger Teilaspekt von FM und trägt wesentlich zur Verbesserung der Effizienz von FM-Prozessen bei. Entscheidend ist eine, den gesamten Lebenszyklus überstreichende Informationsstrategie. Im Entwurf für die GEFMA 400 vom April 1998 wird dafür der Begriff des Computer Aided und Integrated FM (CAIFM) verwendet.[3]

Im Planungs- und Bauprozess kommen im Allgemeinen folgende Systeme zum Einsatz:

- Berechnungssoftware (EnEV-Nachweis, Tragwerksbemessung, Wärmebedarf, Rohrnetzauslegung, Gebäudesimulation u. a.)
- CAD-Programme, oft kombiniert mit speziellen Planungsaufsätzen für die Architektur und die Gebäudetechnik
- Programme zur Ausschreibung, Vergabe, Abrechnung (AVA-Programme)
- Projektsteuerungssoftware
- Standardsoftware (Textverarbeitung, Tabellenkalkulation, Datenbanken, Termin- und Projektplanung).

---

[3] Allerdings ist der Begriff in der endgültigen Fassung vom April 2002 nicht mehr enthalten.

5.5 Computer Aided Facility Management (CAFM)

Zur Abwicklung des Gebäude- und Anlagenbetriebs stehen folgende Systeme zur Verfügung (siehe auch [14]):

- Standardsoftware (Textverarbeitung, Tabellenkalkulation, Datenbanken, Termin- und Projektplanung)
- kaufmännische Software (z. B. SAP)
- allgemeine Verwaltungssoftware (z. B. Dokumentenmanagementsysteme)
- monofunktionale Systeme
  - Spezialsoftware im Bereich der Gebäudeautomationstechnik (auch als Gebäudeleittechnik bezeichnet)
  - Instandhaltungsplanungs- und -steuerungssysteme (IPS-Systeme)
  - Kabel- und Netzwerkmanagementsysteme
  - Spezialsoftware für Gefahrmeldeanlagen
  - Energiemanagement- und Energiecontrollingsysteme
  - Maschinen- und Fuhrparkverwaltungssysteme
  - Inventarverwaltungssysteme
  - Schließanlagen- und Schlüsselverwaltungssysteme
  - Spezialsoftware für Kommunikationsanlagen (Telefonanlagen)
  - Zutrittskontrollsysteme.

Unter CAFM-Systemen[4] sind zugeschnittene Softwaresysteme für die Gebäudebewirtschaftung zu verstehen, die zum einen über wesentliche Funktionalitäten der für die Gebäudebewirtschaftung benötigten Softwaresysteme verfügen, zum anderen aber auch Funktionen anderer Systeme sinnvoll miteinander verknüpfen können. In der Richtlinie GEFMA 400 wird ein CAFM-System auf der Basis seiner Hauptkomponenten definiert:

> »Als CAFM-Systeme werden FM-Software-Anwendungen bezeichnet, die eines der folgenden Elemente enthalten:
> - *Datenbank-Applikation oder*
> - *Kombinierte CAD- und Datenbankanwendung oder*
> - *Gebäudeautomationssystem mit Datenbank*
>
> und die FM-Kernfunktionalitäten[4] unterstützen. Eine Datenbank wird dabei als unverzichtbarer Bestandteil eines CAFM-Systems verstanden. Sie hat die Aufgabe der Informationsverwaltung. Eine CAD-Oberfläche dient in erster Linie der Visualisierung.« [15]

Einen Überblick der derzeit angebotenen CAFM-Systeme ist in [16] und [17] enthalten.

---

4 Im folgenden werden die Begriffe CAFM-System und Gebäudeinformationssystem synonym verwendet.
5 Die GEFMA 400 nennt als Kernfunktionalitäten von CAFM-Systemen: Bestandsdatenauswertung sowie Objekt-/Flächen-/Raumverwaltung

5.5.2 Der Grundaufbau von CAFM-Systemen

Es zeigt sich, dass es sich bei den meisten der am Markt vertretenen Systeme um kombinierte CAD- und Datenbankanwendungen handelt. Nävy [18] unterscheidet drei Systemansätze:

- Datenbankorientierte Systeme, deren Kern ein relationales Datenbanksystem ist
- CAD-orientierte Systeme, die auf einem CAD-System aufbauen
- hybride Systeme, die keine eindeutige Orientierung aufweisen und die Merkmale beider Ansätze vereinen.

Prinzipiell bestehen CAFM-Systeme aus zwei Hauptkomponenten:

- Datenbankkomponente
- Grafikkomponente.

5.5.2.1 Datenbankkomponente

Relationale Datenbanksysteme enthalten folgende Grundelemente:

- Tabellen, welche verschiedene Formate haben können und die miteinander verknüpft werden können[6]
- Abfrageprozeduren, mit deren Hilfe aus Tabellen nach bestimmten Suchkriterien Datensätze ausgewählt und in einer neuen Tabelle abgelegt werden; gängige Datenbanksysteme nutzen standardisierte Abfragesprachen, z. B. SQL
- Berichte, mit deren Hilfe der Inhalt von Tabellen in weitestgehend beliebiger Form visualisiert werden kann
- Formulare, die als Eingabemasken für Tabellen fungieren können oder mit deren Hilfe Abfrageergebnisse visualisiert werden können
- Makro- und Programmiermodul, d. h. Softwarewerkzeuge, mit deren Hilfe Datenbankoperationen zu Benutzertools zusammengefasst werden können und mit denen entsprechende Benutzeroberflächen für die jeweilige Datenbankanwendung programmiert werden können.

Im Datenbanksystem werden Objekte verwaltet, wie

- numerische Daten
- alphanumerische Daten
- Zeichenketten
- logische Aussagen
- Dateien (Textdateien, CAD-Dateien, u. a.)
- Hyperlinks.

In diesem Zusammenhang ist noch zwischen den drei im Weiteren häufig verwendeten Begriffen Daten, Informationen und Wissen zu unterscheiden. Bei den o. g. ge-

---

[6] Verknüpfen bedeutet hier, dass die Information in einer Tabelle Bezug nimmt auf die Information in einer anderen Tabelle

nannten Objekten handelt es sich zunächst allgemein um Daten, d. h. um Inhalte von einzelnen Tabellenfeldern. Durch die gedankliche Verknüpfung mit der Bezeichnung des jeweiligen Tabellenfeldes (nach Oelschlegel [19] stellen Daten den Inhalt eines Begriffes dar) werden aus den Daten Informationen, d. h. der reine Zahlenwert wird durch die Felddefinition zur Raumtemperatur oder zu Kosten für einen Reinigungsvorgang. Den Begriff Wissen kann man mit Kenntnis oder von etwas Kenntnis haben interpretieren, im engeren Sinn sollen hier Kenntnisse zur Prozessdurchführung darunter zu verstehen sein.

5.5.2.2 Grafikkomponente

CAD-Softwaresysteme dienen der zeichnerischen Darstellung von Objekten, das bedeutet im FM von Gebäuden, Ausrüstungen, Einrichtungsgegenständen u. a. Ohne an dieser Stelle auf deren Grundaufbau einzugehen, sollen zumindest folgende Grundfunktionen erwähnt werden:

- Zeichnen mit Objekten, welche mit Attributen versehen werden können
- Verwendung von Layern
- Verwendung externer Referenzen

Objekte und Attributierung

Das objektorientierte CAD-Zeichnen ist die Grundvoraussetzung für die Erstellung CAFM-gerechter Gebäudezeichnungen schlechthin. Aus CAFM-Sicht ist der Objektbegriff dabei deutlich konkreter zu fassen, als es allgemein im CAD-Bereich getan wird. Nach Nävy [20] beschreiben Objekte in ihrer Gesamtheit den strukturellen Aufbau aller Sachressourcen, wobei man zwischen materiellen (Anlagenkomponenten, Möbel, usw.) und immateriellen Objekten (Dienstleistungen) unterscheiden kann.

In der CAD-Zeichnung müssen alle die materiellen Objekte als Zeichnungsobjekt (als Symbol) definiert werden, die aus der Datenbankkomponente angesprochen werden sollen. Man unterscheidet zwischen allgemeinen Zeichnungsobjekten (Linien, Punkten, Flächen u. a.) und CAFM-Objekten (Symbol für Heizkörper, Symbol für Fenster, Symbol für Tisch, Symbol für Taster, u. v. a. m.).

Zeichnungstechnisch werden CAFM-Objekte als Blöcke bezeichnet (vgl. [21]). Jedem Block können mit Hilfe der Attributierung schon in der Zeichnung Informationen zugeordnet werden, z. B. eine Beschriftung.

Sogenannte Aufsätze (Zusatzprogramme) wie beispielsweise der Architectural Desktop [22] nehmen dem Nutzer die Definition von Blöcken (Symbolen) ab, indem beim Zeichnen die darzustellenden CAFM-Objekte aus einer Bibliothek ausgewählt werden können.

Layer	KG nach DIN	Inhalt
x		vorhergehendes Layer (z. B. Geschossgrundriss)
x+1	KG 411: Abwasseranlagen	Abläufe, Abwasserleitungen, Abwassersammelanlagen, Abwasserbehandlungsanlagen, Hebeanlagen
x+2	KG 412: Wasseranlagen	Wassergewinnungsanlagen, Aufbereitungs- und Druckerhöhungsanlagen, Rohrleitungen, dezentrale Wassererwärmer, Sanitärobjekte
x+3	KG 413: Gasanlagen	Gasanlagen für Wirtschaftswärme: Gaslagerungs- und Erzeugungsanlagen, Übergabestationen, Druckregelanlagen und Gasleitungen
x+4	KG 414: Feuerlöschanlagen	Sprinkler-, CO_2-Anlagen, Löschwasserleitungen, Wandhydranten, Feuerlöschgeräte
x+5	KG 419: Sonstiges	Installationsblöcke, Sanitärzellen
x+6	KG 421: Wärmeerzeugungsanlagen	Brennstoffversorgung, Wärmeübergabestationen, Wärmeerzeuger, zentrale Wassererwärmungsanlagen
x+7	KG 422: Wärmeverteilnetze	Pumpen, Verteiler, Rohrleitungen
x+8	KG 423: Raumheizflächen	Heizkörper, Flächenheizsysteme
usw.		

Tab. 5-3: Beispiel für Layerstruktur nach DIN 276, KG 400

Layer

Layer muss man sich als übereinandergelegte Folien vorstellen, die in der Summe die jeweiligen Zeichnungen enthalten. Auf jeder Folie kann ein Teil der Zeichnungsinformation untergebracht werden, so dass Informationen aus- und wieder eingeblendet werden können. Damit steht eine wichtige Ordnungsfunktion zur Verfügung, mit deren Hilfe zielgerichtet Informationen in Zeichnungen identifizieren werden können. Es empfiehlt sich z. B. eine Layerstruktur, die sich an den Kostengruppen der DIN 276 (speziell KG 300 und KG 400) orientiert (Tab. 5-3).

Externe Referenzen

Durch die Verwendung von externen Referenzen können Zeichnungen so miteinander verknüpft werden, dass bei Änderungen, welche in der Referenzzeichnung vorgenommen werden, diese automatisch in die Zeichnung übernommen werden, welche sich auf die Referenz bezieht. [23] Mit Hilfe dieser Funktion ist es möglich, dass Planungsteams stets auf der Basis eines aktualisierten Plansatzes arbeiten. Dabei werden die Architektenpläne von den Fachplanern als externe Referenz verwendet (siehe Abb. 5-4).

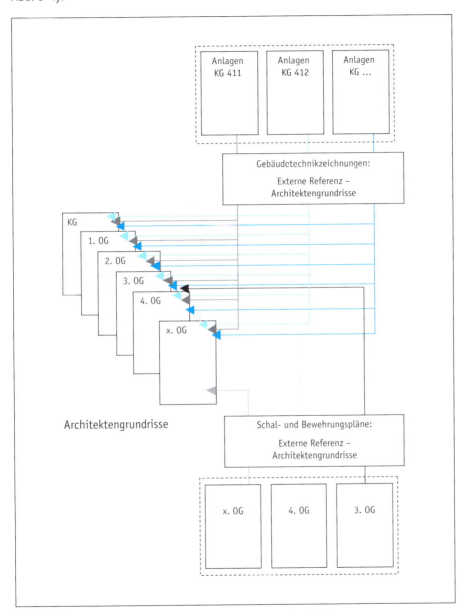

Abb. 5-4: Verwendung externer Referenzen in der CAD-Gebäudeplanung

5.5.3 Prozessgestaltung unter Einbeziehung von CAFM-Systemen

Folgende Fragestellungen sind entscheidend:

- Welche Prozesse sollen durch die Nutzung des CAFM-Systems unterstützt, d.h. in der Prozesseffizienz verbessert werden?
- Welche Informationen von Prozessen und Objekten sind in der Datenbank zu erfassen?

Die Beantwortung der ersten Frage richtet sich wesentlich nach den Prämissen des jeweiligen Unternehmens. Ausgehend von den Zielen, aber oftmals auch von der Unzufriedenheit mit der momentanen Bewirtschaftungssituation müssen die Schwerpunkte festgelegt werden. Dabei ist die Einführung von CAFM nicht als einmaliger Akt, sondern als fortwährender Prozess zu verstehen, d.h. die Anzahl der einzubeziehenden Prozesse kann ständig erweitert werden. Hier sollen einige der bereits im 4. Kapitel beschriebenen Prozesse betrachtet werden, beispielsweise das

- Flächenmanagement
- kaufmännisches Gebäudemanagement (Kosten- und Leistungsrechnung)

als Basisfunktionen sowie

- Betriebsführung Technik und Instandhaltung
- Energiemanagement
- Organisieren der Hausmeister- und Reinigungsdienste.

Bei der Frage, welche Informationen zu erfassen sind, unterscheidet man einerseits zwischen

- allgemeinen Informationen (oft auch als Stammdaten bezeichnet), welche für alle Prozesse sowie programmtechnische Verwaltungsfunktionen benötigt werden
- speziellen Prozessinformationen, die nur für den jeweiligen Prozess erhoben und verarbeitet werden müssen.

Andererseits müssen Daten strukturiert nach den Objektgruppen

- Liegenschaften
- Gebäude
- Bauteile
- Gebäudetechnikanlagen und -komponenten
- Verträge
- Rechnungen
- Akteure (Personen, Firmen)
- Prozessbeschreibungen und Arbeitsanweisungen
- Ereignisse

erfasst werden.

Dabei ist zu beachten, dass die Informationen im Zuge ihrer Eingabe in die Datenbank als gleichwertig anzusehen sind. Jegliche hierarchische Strukturen bedingen sich nur aus Sicht des FM, nicht jedoch aus Sicht der Datenbank. Hierin liegt auch die Schwierigkeit im kommunikativen Verhältnis von Programmentwicklern und -verkäufern einerseits und den Anwendern andererseits begründet, denn für das FM sind diese hierarchischen Strukturen als Ordnungsprinzip sehr wichtig.

Aufgrund der Prozessorientierung von FM als wesentlicher Eigenschaft kommt der Abbildung und Unterstützung von Prozessen im CAFM-System erhebliche Bedeutung zu. Datenbanken sind naturgemäß objektorientiert und nicht ablauforientiert. Die Prozessabbildung gelingt beispielsweise durch bedingte Verknüpfungen von Tabellen und Formularen (Eingabe-Menüs).

5.5.3.1 Flächenmanagement

Entsprechend der Basisfunktion des Flächenmanagements stellen die hier systematisierten Informationen die Basis innerhalb des Gebäudeinformationssystems dar. Diese Informationsbasis kann z. B. wie folgt strukturiert sein:

Strukturebene	Nr.	Bezeichnung
1	1	Liegenschaft
2	1.1	Gebäude
3	1.1.1	Gebäudeabschnitt
4	1.1.1.1	Raum

Tab. 5-4: Grundstruktur im Flächenmanagement

Das Grundelement dieser Struktur ist der Raum, wobei auch Flure und Treppenhäuser u. ä. im CAFM-System als Raum aufgefasst werden. Zu beachten ist, dass es auch raumunabhängige Elemente geben kann, wie z. B. die Fassade, Versorgungs- und Kommunikationsnetze.

Eine grundsätzliche Aussage, welche Flächendaten zu erfassen sind, ist nicht möglich. Die Entscheidung kann immer nur projektspezifisch erfolgen. Es können erfasst werden:

- standardisierte Daten nach DIN 277-1
  - BGF
  - NRF
- projektspezifische Daten
  - Mietfläche, vermietete Fläche
  - Beheizbare Fläche
  - Reinigungsfläche
    - Fußbodenreinigungsfläche
    - Fensterfläche
    - Fassadenreinigungsfläche.

Den einzelnen Ebenen nach Tab. 5-4 lassen sich je nach Bedarf zuordnen:

- Flächenarten nach DIN 277-1
- Nutzungsarten (anwenderspezifisch, z. B. Büro, Lager, Toilette)
- zusätzliche anwenderspezifische Attribute
- aus Qualitätskriterien abgeleitete Attribute.

Im System müssen sich Verknüpfungen zu folgenden Bereichen herstellen lassen:

- Zu betrieblichen Strukturen, d. h. welcher Raum (Gebäude, Gebäudeabschnitt) wird durch welche betriebliche Struktureinheit genutzt (ggf. bis hin zur namentlichen Auflistung der jeweiligen Raumnutzer)
- Zu Kostenrechnungsstrukturen des Unternehmens, um den Flächen oder Nutzern verursachergerecht die Kosten der Bewirtschaftung zuordnen zu können.

Mit Hilfe dieser Bezüge kann die Effektivitätsfunktion des Flächenmanagements realisiert werden und es lassen sich Einsparpotenziale herausfinden, z. B. in dem

- über Kennzahlen der Flächenbedarf einzelner Struktureinheiten bewertet und somit ggf. verringert wird
- durch die Kostenzuordnung zu Teilflächen die Bewirtschaftungseffizienz einzelner Bereiche oder einzelner Dienstleister geprüft wird.

5.5.3.2 Kaufmännisches Gebäudemanagement: Kosten- und Leistungsrechnung

Zunächst steht die Frage, welche Teilbereiche der betrieblichen Kosten- und Leistungsrechnung im CAFM-System berücksichtigt werden sollen. Oft wird bereits ein kaufmännisches Softwaresystem im Unternehmen angewendet, beispielweise SAP. Solche Systeme werden als Enterprise Ressource Management (ERM) bezeichnet. Sie haben die Hauptmodule

- Finanzwesen
- Personalwesen
- Produktion
- Logistik
- Kundenmanagement.

Sinnvoll ist die Konzeption bestimmter Schnittstellen zum kaufmännischen System, die so aussehen können, dass gebäuderelevante Daten durch das CAFM-System gelesen und für das Benchmarking oder die Kalkulation von Prozesskosten verwendet werden können. Dabei werden die kaufmännischen Daten nur im ERM gehalten, um Redundanzen vorzubeugen.

5.5.3.3 Betriebsführung und Instandhaltung

Ausgehend vom Prozessziel, das Gebäude einschließlich aller Anlagen und Einrichtungen mit definierter Verfügbarkeit (Qualitätsziel) und möglichst geringen Kosten zu betreiben, ergeben sich an das CAFM folgende Anforderungen hinsichtlich der benötigten Informationen:

- strukturierte Aufstellung der zu betreibenden und instandzuhaltenden Objekte; hinsichtlich des Strukturaufbaus empfiehlt sich die Anwendung der Gliederung der DIN 276 (siehe Tab. 5-5)
- Leistungsumfang und -beschreibung für jedes einzelne Objekt bis hin zu Terminplänen (Ereignisketten)
- externer oder interner Beauftragter für die Prozessdurchführung für jedes einzelne Objekt (Wartungsfirma oder eigene Abteilung)
- Prozessbeschreibung für die Reaktion auf Betriebs- und Störmeldungen für jedes einzelne Objekt (oft als Störungsmanagement bezeichnet)
- detaillierte Übersicht durchgeführter Leistungen, strukturiert nach Leistungsart und Objekt
- Kosten für durchgeführte Leistungen (Kostenart, Kostenstelle, Kostenträger oder Prozesskostenrechnung).

Strukturebene	Nr.	Bezeichnung
1	1	Objekte
2	1.1	Objekte nach KG 300
3	1.1.1	KG 310
4	1.1.1.1	KG 311
2	1.2	Objekte nach KG 400
3	1.2.1	KG 410
4	1.2.1.1	KG 411

Tab. 5-5: Grundstruktur für Objekte bei Betreiben und Instandhaltung

Neben allgemeinen Informationsfunktionen wie

- Übersicht erledigter Aufträge
- Übersicht zu Termin- und Auftragsserien
- Ausdruck von Arbeitsaufträgen
- Ansicht von technischen Informationen zu einer Anlage
- Terminwarnfunktionen z. B. für auslaufende Verträge oder auszuwechselnde eichpflichtige Messeinrichtungen
- Übersicht Lagerbestände

können folgende Berichts- und Auswertefunktionen Hinweise auf Verbesserungspotenziale liefern:

- Kostenübersicht Wartungsleistungen an technischen Anlagen
- Kostenübersicht Bauunterhalt
- Arbeitszeitauswertungen für eigenes Personal
- Mängelübersichten, geordnet nach Anlagen und/oder Firmen.

Insbesondere bei Anwendern mit mehreren Objekten können Statistiken über aufgetretene Störungen oder Mängel geordnet werden nach

- Anlagenart (Heizungs-, Klima-, Beleuchtungsanlage)
- Anlagenkomponente (Heizungspumpe, Luftfilter)
- Anlagenkomponente und Fabrikat/Typ (alle Heizungspumpen eines bestimmten Fabrikats und/oder eines bestimmten Typs).

Im nachfolgenden Beispiel soll das Grundprinzip einer IH-Statistik demonstriert werden.

Beispiel: Erfassung des Ausfalls von Heizungsumwälzpumpen

Ein Immobilienunternehmen mit einer größeren Anzahl von Gebäuden hat den Zeitpunkt des Ausfalls von Heizungsumwälzpumpen in einer Datenbank erfasst, um die Ausfallwahrscheinlichkeit in Abhängigkeit der Lebensdauer der Pumpen bestimmen zu können. Das Ergebnis wurde grafisch in den Abbildungen 5-5 und 5-6 dargestellt. Man erkennt, dass die meisten Pumpen nach ca. 12 Jahren ausgefallen sind. Oder man kann erkennen, dass nach 11 Jahren knapp 60 % der Pumpen ausgefallen sind.

Um aus einer Instandhaltungsstatistik belastbare Aussagen ziehen zu können, bedarf es natürlich einer relativ hohen Anzahl von betrachteten Ereignissen. Es muss geprüft werden, ob die Verteilung wirklich stabil ist und sich nicht bei der Einbeziehung weiterer Anlagen die Aussage ändert. (vgl. detailliert [36])

Zur Umsetzung solcher Statistiken bedarf es einer eindeutigen Anlagenkennzeichnung. Dafür sind Kennzeichnungssysteme anzuwenden.

> Kennzeichnungssysteme kann man als Bildungsregel für Anlagenbezeichnungen verstehen, wobei der Name (oder Code) jedes zu kennzeichnenden Objektes nach einer bestimmten Vorschrift gebildet wird.

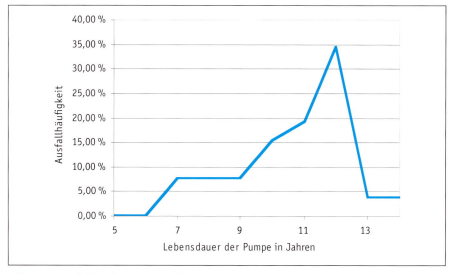

Abb. 5-5: Ausfallhäufigkeit (Dichtefunktion)

Computer Aided Facility Management (CAFM) 5.5

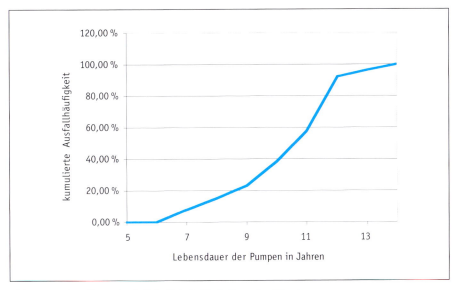

Abb. 5-6: Kumulierte Ausfallhäufigkeit (Verteilungsfunktion)

Die Kennzeichnung kann erfolgen

- nach der Funktion der Komponente (Funktionsschlüssel)
- nach Typ und Leistungsmerkmalen (Betriebsmittelschlüssel)
- nach Einbauort oder allgemeiner Lokalisation (Ortsschlüssel).

Sinnvoll ist zum Zweck der Datenbankerfassung vor allem der Funktionsschlüssel, da die zugehörigen Leistungsmerkmale direkt über Tabellenfelder typbezogen erfasst werden können und der Ortsbezug durch Verknüpfung zur Flächenstruktur nach Tab. 5-4 hergestellt werden kann.

Nach DIN 6779-12 [24] kann eine haustechnische Funktionseinheit mit folgendem Funktionsschlüssel bezeichnet werden:

Vorzeichen	GS1	GS2	. ...	GSn
=(=)	AA NNN	. A NN	. ...	. A NN

=(=)	bedeutet Funktion innerhalb der TGA, == bedeutet Funktion der TGA-Komponente innerhalb der Automatisierungstechnik
GS1	Gliederungsstufe 1
GS2	Gliederungsstufe 2
GSn	Gliederungsstufe n
AA	Hauptklasse nach Tabelle A.2 der DIN 6779-12
A	Unterklassen nach Tabelle A.3 der DIN 6779-12
N	Zählstellen.

Die zu einem Heizkessel mit der Zählnummer »eins« zugehörige Pumpe kann folgendermaßen gekennzeichnet werden:

= TH001.G01

Die Absperrventile im Vor- und Rücklauf eines Heizkessels würden folgende Kennzeichnung erhalten:

= TH001.Q01
= TH001.Q02

5.5.3.4 Energiemanagement

Ausgehend vom formulierten Ziel einer Minimierung der Prozesskosten entsprechend der GEFMA 124 steht die Frage, inwieweit dieses Ziel in der operativen Phase durch das CAFM-System unterstützt werden kann. Demzufolge steht der Teilprozess des Energiecontrollings im Vordergrund der Betrachtung. Außerdem ist auf den Energieeinkauf einzugehen.

Kern des Energiecontrollings ist der Soll-/Ist-Vergleich. Es muss möglich sein, Soll-Werte für

- einzelne Energiearten
- einzelne Gebäude
- ggf. für Nutzungsarten (z. B. Klimatisierung, Beleuchtung, u. ä.).

in der Datenbank zu hinterlegen. Die jeweiligen Ist-Werte werden zweckmäßigerweise von fernauslesbaren Zählern geliefert, oder sie müssen regelmäßig per Hand eingepflegt werden. Folgende Auswertefunktionen muss die CAFM-Software ermöglichen:

- Soll-/Ist-Vergleich in sinnvoller zeitlicher Staffelung
- Ausdruck von Soll-Wert- und Verbrauchskurven in Diagrammen mit variierbarem Zeitmaßstab zum Eingrenzen von Verbrauchsspitzen
- Darstellung von Leistungsspitzen als Grundlage für das organisatorische Lastmanagement
- Benchmark-Übersichten für Gebäude und/oder Gebäudeabschnitte, wozu man auch die entsprechenden Bezugsgrößen für die Kennziffernbildung benötigt.

Weiterhin werden folgende Zusatzfunktionen benötigt:

- Durchführung von Außentemperaturbereinigungen
- Unterstützung bei der Bildung von Soll-Werten z. B. durch Auswertungen vergangener Perioden oder durch konkrete Prozessanalysen.

Für den Energieeinkauf ist die Standardfunktion der Abspeicherung von Verträgen in der Datenbank wichtig. Außerdem müssen folgende Operationen möglich sein:

- Durchführung von Szenariorechnungen für das Unternehmen auf der Basis unterschiedlicher Vertragsangebote
- Darstellung des repräsentativen Gesamtenergieverbrauchs als Spezifikation für Ausschreibungsunterlagen geordnet nach
    - Energiearten,
    - Gebäuden oder Struktureinheiten (z. B. Verwaltung, Produktion, Niederlassungen)
    - zeitlicher Struktur.
- Terminwarnfunktionen für auslaufende Verträge.

5.5.3.5 Hausmeister- und Reinigungsdienste

Hausmeisterdienste und Gebäudereinigung werden oft zusammen vergeben oder greifen bei der Prozessabwicklung ineinander. Ausgehend von dem Prozessziel, das Gebäude für den täglichen Gebrauch verfügbar zu halten und einen angemessenen Sauberkeitszustand zu gewährleisten, müssen mit Hilfe des CAFM diese Aufgaben unterstützt werden:

- Kontrollfunktionen durchführen
- Kleinreparaturen erledigen
- Reaktion auf Störungen
- Management externer Dienstleister.

Ein Anwendungsschwerpunkt ist die Planung, Vergabe und Abrechnung von Reinigungsleistungen. Es geht um folgende Themen (siehe [25]):

- Strukturierung von Raumgruppen nach Reinigungskriterien, d.h. Räume und Flächen, die nach einer konkreten Spezifikation (Technologie, Häufigkeit) gereinigt werden sollen, z. B.:
    - Sanitärräume
    - Büroräume verschiedener Kategorien
    - Flure verschiedener Kategorien
    - Empfangsbereich
- Zusammenstellung von Mengengerüsten als Grundlage für Ausschreibungsunterlagen, z. B.:
    - Fußbodenreinigungsfläche und Möbelstellflächen
    - Glasflächen, unterschieden nach innen, außen, Erreichbarkeit u. ä.
    - Einrichtungsgegenstände (Mobiliar, Schalter, Türgriffe, u. ä.)
- Ausschreibung, Vergabe und Abrechnung nach Einheitspreisen einschließlich
    - notwendiger Controllingfunktionen
    - Erfassung von Aufmaßen (Reinigungsfläche)
    - Überwachung von Nachträgen
    - Hinterlegung der Verträge im System

- Verwaltung von pauschalen Sonderaufträgen wie z. B.
  - Grund- und Intensivreinigungen
  - Schmutzmattenreinigung
- Unterstützung der Qualitätsmessung insbesondere bei der ergebnisorientierten Reinigungsdurchführung, d. h.
  - Erfassung und Auswertung von Stichproben
  - Hinterlegung der Checklisten
  - Terminplanung für die Durchführung der Kontrollen
  - Erfassung von Beschwerden der Kunden
- Erfassung der Kosten
  - Zuordnung zu Kostenstellen
  - Durchführung von Benchmark-Projekten.

5.5.4 Einführungsprojekte

Die Einführung von CAFM in einem Unternehmen oder in einer Organisation bedarf aufgrund der Kostenstruktur, die anhand der Abb. 5-7 deutlich wird, besonderer Aufmerksamkeit. Es ist ersichtlich, dass die reinen Softwarekosten, welche fälschlicherweise oft als Entscheidungskriterium herangezogen werden, nur etwa 20 % der Gesamtkosten ausmachen.

Das Gesamtprojekt kann man in zwei Hauptphasen gliedern (Tab. 5-6):

1. Auswahl des Systems (Entscheidungsfindung)
2. Einführungsprojekt (Umsetzung oder Projektabwicklung).

Insgesamt ist von einem Zeitrahmen in der Größenordnung von 2–3 Jahren auszugehen. [27,28]

1. Hauptphase Auswahl des Systems	Phase 1	Zieldefinition, Kriterienkatalog
	Phase 2	Bestandsaufnahme im Unternehmen (Verfügbarkeit von Daten)
	Phase 3	Lastenheft (Leistungsverzeichnis)
	Phase 4	Ausschreibung (neutraler Wettbewerb)
	Phase 5	Auswertung, Entscheidung und Vergabe
2. Hauptphase Einführungsprojekt	Phase 6	Pflichtenheft (Daten- und Prozessmodelle)
	Phase 7	Pilotprojekt/Testumgebung (ca. 1–2 FM-Arbeitsplätze)
	Phase 8	Ausweitung (ca. 3–10 FM-Arbeitsplätze)
	Phase 9	Endausbau
	Phase 10	Projektabschluss

Tab. 5-6: Projektphasen bei der Einführung von CAFM

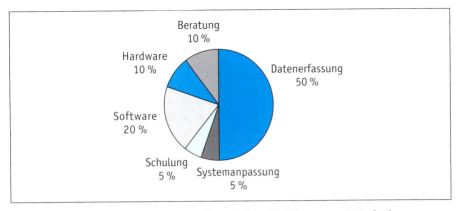

Abb. 5-7: Durchschnittliche Kostenverteilung bei der Einführung von CAFM [26]

Auswahl des Systems

Am Anfang stehen die Ziele, welche das Unternehmen im FM erreichen will. Praktisch gesehen äußern diese sich zumeist diffus in Form eines besonderen »Leidensdruckes« und dem darauf aufbauenden Wunsch nach einer Verbesserung bestimmter Verwaltungs- oder Managementprozesse. [29] Das muss im ersten Schritt in einen Anforderungskatalog übertragen werden, d. h. es sind Prozessschwerpunkte mit Prioritäten aufzustellen. Hieraus ist der erforderliche Funktionsumfang der Software abzuleiten.

Im nächsten Schritt sind die Entscheidungskriterien zusammenzustellen:

- Erfüllung der funktionellen Anforderungen
  - Funktionsumfang der Software
  - Strukturmöglichkeiten, Kataloge
  - Erstkonfiguration der Datenbank
  - Mehrplatzfähigkeit
  - Unterstützung Internet, Intranet
- Gesamtkosten
  - Kosten für Datenerhebung und -eingabe
  - Kosten für Hard- und Software
  - Kosten für Anpassungen
  - Kosten für erforderliche Beratungen
  - Kosten für externe Nutzerschulungen
  - Wartungskosten
  - interne Aufwendungen für Reorganisation, Datenerhebung, Schulung, Verwaltung
- Akzeptanz der Mitarbeiter, welche mit dem System arbeiten sollen (beispielsweise hinsichtlich bestimmter Oberflächen, Menüs u. ä.)
- Erweiterbarkeit
- Transparenz der Datenhaltung (ggf. wichtig bei Systemwechsel)
- Verfügbarkeit des Lieferanten (Hotline, Reaktionszeit, geplante Entwicklungsstufen der Software u. ä.).

Je nach Projektspezifität müssen die Kriterien ergänzt werden. Eine Checkliste zur Systemauswahl ist in [30] enthalten. Entscheidungstheoretisch handelt es sich um eine mehrkriterielle Entscheidung. Zur Lösung ist die Methode der Nutzwertanalyse hinzuzuziehen (siehe Abschnitt 7.2).

Einführungsprojekt

CAFM-Einführungsprojekte werden mit Hilfe der Methoden des klassischen Projektmanagements strukturiert und abgewickelt. Bauch [31] nennt folgende allgemeine Aufgaben des Projektmanagements:

- Aufgaben-Struktur   Was ist zu machen?
- Aufbau-Organisation   Wer macht was?
- Ablauf-Organisation   Wer arbeitet mit wem?
- Termin-Planung   Wann ist was fertig?
- Kapazitätsplanung   Wie viel Ressourcen für was?
- Kosten-Planung   Wie viel kostet was?
- Finanzplanung   Woher kommt welches Geld? Wann wird was bezahlt?
- Controlling   Wer hält welche Kostenvorgaben und welche Terminvorgaben sowie welche Qualitätsvorgaben nicht ein?
- Qualitätssicherung   Welche Teile der Objekt- und Projektqualität wurden wie erfüllt?

Es empfiehlt sich die Anwendung von Projektmanagement-Software, z. B. MS-Projekt, mit deren Hilfe das Projekt in Form von Ablaufplänen (Netzplänen) und Balkenterminplänen dargestellt werden kann. Außerdem können die Ressourcen des Einführungsprojektes (Mitarbeiter, Fremdfirmen, Budget) geplant und gesteuert werden. Das Projekt besitzt in der Einführungsphase die teilweise simultan verlaufenden Ebenen

- Systemeinführung (Phasen 5–10 nach Tab. 5-6)
- Schulung der Mitarbeiter
- Aufbereitung und Erfassung der Daten.

Aufgrund des großen Kostenanteils für die Datenerfassung ist genau abzuwägen, welche Daten in das System aufgenommen werden sollen. Dabei besitzt die Aufwandskomponente zwei Aspekte:

- Aufwand für die Ersterfassung
- Aufwand für die permanente Pflege des Datenbestandes.

Außerdem ist im Rahmen des Einführungsprojektes hinsichtlich der späteren Arbeit zu planen:

- Festlegung von Benutzergruppen nach Anwendungshäufigkeit (Vergabe von Zugriffsrechten u. ä.)
- Festlegung der Unternehmensbereiche, welche in das CAFM integriert werden sollen (z. B. als Nutzer von Informationen)

- Anpassung des Qualitätsmanagementsystems (Festlegung von Arbeits- und Verfahrensanweisungen, Datensicherheit u. a.)
- Marketing im Unternehmen, um zu erreichen, dass möglichst viele Mitarbeiter das System zur Steigerung der Effektivität ihrer Arbeitsprozesse nutzen.

5.5.5 Ganzheitliche Informationsstrategie im FM

Zwei Aspekte sprechen für die Gestaltung einer weit über die isolierte Betrachtung des Themas CAFM hinausgehende, ganzheitliche Informationsstrategie (vgl. Kahlen [32] und Abschnitt 9.2) und zwar:

- der ganzheitliche, d. h. lebenszyklusorientierte Ansatz des FM
- der wesentlich die CAFM-Kosten beeinflussende Aufwand für die Datenerfassung bei der Einführung von CAFM.

Verschiedene Autoren diskutieren den in der Abb. 5-8 beispielhaft dargestellten Informationsverlauf während des Gebäudelebenszyklus.

Die Kurve A stellt den idealen, wünschenswerten Verlauf dar. Die für das FM benötigten Informationen würden automatisch schon während der Planung und Errichtung des Objektes generiert werden, ohne dass es zu Informationsverlusten kommt. Die Kurve B zeigt dagegen den herkömmlichen Verlauf des Wissens über ein Gebäude, welches nach der Inbetriebnahme abnimmt. Die Kurve C dokumentiert den heute im FM praktizierten Verlauf, indem unmittelbar bei Nutzungsbeginn (FM-Beginn) die für das FM benötigten Daten erhoben werden.

Orientiert man sich am idealen Verlauf der Kurve A, kann man die entsprechende Strategie durch folgende Aspekte charakterisieren [33]:

- Formulierung von Zielen für den gesamten Lebenszyklus des Gebäudes (Qualitäts- und Kostenziele), Bildung von Unterzielen für die einzelnen Phasen des Zyklus
- Strikte raumbuchorientierte Planung und Dokumentation der Ergebnisse der jeweiligen Phase in einer entsprechenden Datenbank. Die Einführung und Nutzung eines CAFM-Systems schon in der Planungsphase ist zu erwägen.
- CAFM-gerechte Dokumentation des Gebäudes, wobei die Anforderungen an die Gebäudedokumentation auch durch den künftigen Gebäudemanager mit geprägt werden sollten.
- Zielorientierter Ausbau des Informationsbestandes in Abhängigkeit von den Anforderungen des Bewirtschaftungsprozesses, d. h. für das Gebäudemanagement werden nur die Informationen gespeichert, die zum Erreichen der übergeordneten Ziele auch wirklich erforderlich sind.

Die dargestellte Informationsstrategie hat wesentliche Auswirkungen auf den Planungsprozess. Während bisher Architekt und Fachplaner weitgehend losgelöst voneinander an eigenen Plänen (oder den entsprechenden Computerdateien) gearbeitet haben und viele Konflikte erst in der Bauphase oder in der Nutzungsphase zu Tage

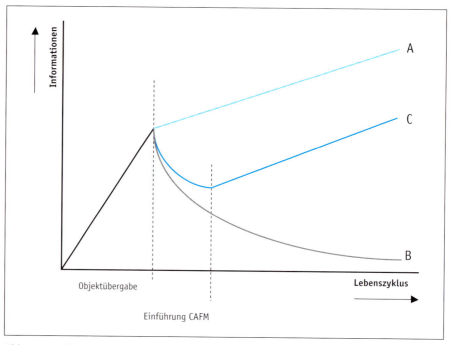

Abb. 5-8: Informationsverlauf während des Gebäudelebenszyklus (Kurve A: wünschenswerter idealer Verlauf, Kurve B: herkömmlicher Verlauf ohne FM, Kurve C: Verlauf bei Einführung FM in der Nutzungsphase)

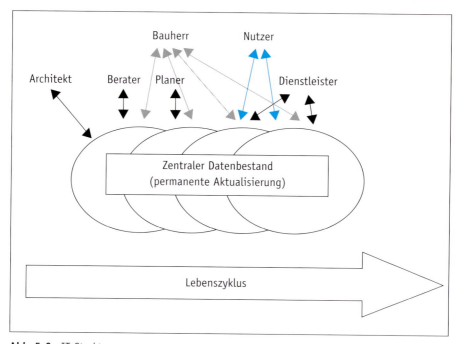

Abb. 5-9: IT-Strukturen

traten, arbeiten jetzt alle Planungsbeteiligten an einem Objekt, welches auf einem zentralen Server platziert ist und zu dem jeder über Kommunikationsnetze entsprechend Zugriff hat (Abb. 5-7). Diese Strategie ermöglicht ein umfassendes Informationsmanagement, bei welchem Informationen aus dem Planungs- und Bauprozess in die operative Phase des FM, d.h. in das Gebäudemanagement transferiert werden. Dadurch ergeben sich im Übrigen für Architekten und Ingenieure ganz neue Erkenntnismöglichkeiten, indem der Informationsfluss einer konkreten Gebäudeplanung hinsichtlich künftiger Planungen ausgewertet wird. So kann beispielsweise nachvollzogen werden, warum bestimmte Kostenbudgets in einem Objekt nicht eingehalten werden konnten und wie dies künftig besser gemacht werden kann.

Abschließend ist auf eine neue Dienstleistung, das so genannte Application Service Providing (ASP), hinzuweisen [34]. Dabei handelt es sich um eine Form des Outsourcings und zwar bei der Nutzung von Softwaresystemen. Der Anwender kauft und installiert die Software nicht mehr selbst auf seinen eigenen Rechnern, sondern er nutzt über das Internet die beim Provider installierte Software. Das hat mehrere Vorteile:

- Für Betrieb und Service ist der Provider verantwortlich, d.h. der Nutzer muss weniger eigenes Spezialpersonal vorhalten. Außerdem ergeben sich Kostensenkungspotenziale, da der Provider für mehrere Nutzer das gleiche System betreibt.
- Dem Nutzer steht immer die aktuelle Version einer bestimmten Software zur Verfügung.
- Die Nutzung der Software ist von beliebigen Orten aus möglich, einzig ein Internetzugang muss gewährleistet sein.
- Mit Hilfe von ASP können firmenübergreifende Prozesse gestaltet werden. Dabei kann z.B. das Übermitteln von Papierdokumenten zwischen Geschäftspartnern entfallen.

Das ASP wurde mittlerweile zum Cloud-Computing weiterentwickelt. Bei diesem deutlich umfassenderen Dienstleistungsangebot geht es um Rechenleistung, Speicherkapazität und Software, welche dem Nutzer in der Regel über das Internet zur Verfügung gestellt werden.

5.5.6 Building Information Modeling (BIM)

Die im Abschnitt 5.5.5 geforderte ganzheitliche Informationsstrategie im FM entwickelt sich mit zunehmender praktischer Bedeutung unter der Überschrift des Building-Information-Modelings (BIM). Unter BIM versteht man das konsequent und durchgehend modellgestützte Planen, Errichten und Betreiben eines Gebäudes. Im Zentrum der Methode steht ein dreidimensionales, digitales Gebäudemodell, mit Hilfe dessen alle benötigten Informationen des Gebäudes generiert, strukturiert und dokumentiert werden. Dabei wird die klassische, zweidimensionale CAD-Zeichnung durch ein vollständig objektorientiertes und dreidimensionales Modell (3D-Modell) abgelöst, welches mit einer Datenbank verknüpft ist. Das Modell setzt sich aus einzelnen Objekten zusammen, z.B.:

- Außenwandabschnitt
- Stütze
- Fenster
- Sanitärobjekt
- Wärmeerzeuger
- Rohrleitungsabschnitt
- Lichtschalter
- usw.

Jedes Objekt hat verschiedene Attribute, mit deren Hilfe seine spezifische Beschaffenheit aus verschiedenen Sichten beschrieben werden kann. Aus dem 3D-Modell können in jedem Planungs- und Bauabschnitt Grundrisszeichnungen generiert werden, aber beispielsweise auch Leistungsverzeichnisse für bestimmte Gewerke. Da in der Planungsphase Architekten und Ingenieure ausschließlich an einem gemeinsamen Modell arbeiten, welches über einen entsprechenden Server zugänglich gemacht wird, können Konflikte und räumliche Systemkollisionen frühzeitig erkannt und aufgelöst werden. Die Anwendung der BIM-Methode wird perspektiv zu einer Schwerpunktverlagerung im Planungsprozess führen: Die Bedeutung der Vor- und Entwurfsplanung wird zunehmen, da man in dieser Phase durch Variantensimulationen auf der Basis des Gebäudemodell zu einem weitgehend optimierten Gebäude kommen kann. Dagegen wird die Bedeutung der klassischen Ausführungsplanung abnehmen, da man die für die Ausführung benötigten Pläne direkt aus dem durchgearbeiteten Modell generieren kann. Das führt letztlich bereits in frühen Planungsstadien zu mehr Kosten- und Realisierungssicherheit. In der Literatur spricht man von 5D-Modellen, welche durch Erweiterung des 3D-Modells und die Dimensionen

- Termine
- Kosten

entstehen.

Idealerweise wird das 5D-Modell auch für die Bewirtschaftung genutzt, so dass es nicht zu dem klassischen Informationsverlust zwischen der Planung und Errichtung einerseits und der Nutzung und dem Betrieb andererseits kommt. Die klassische Dokumentation des Gebäudes in Papierform, welche in der derzeitigen Praxis wegen ihrer Unhandlichkeit und oft fehlender Aktualität zu vielen Problemen führt, kann entfallen, da alle Informationen aktuell im digitalen Modell enthalten sind.

BIM wirft für die Akteure des Planungs-, Bau- und Bewirtschaftungsprozesses die Frage nach entsprechenden Software-Systemen und den entsprechenden Datenschnittstellen auf. Da die Softwaresysteme sehr heterogen sind, werden herstellerneutrale Schnittstellen benötigt. Derzeit scheint sich das IFC-Datenmodell durchzusetzen. IFC steht für »Industry Foundation Class«. »Mit dem IFC-Datenmodell können Gebäude sehr detailliert digital modelliert werden: Es erlaubt eine umfassende semantische

Beschreibung eines Gebäudes, einschließlich der Modellierung von Bauteilen, Räumen und deren wechselseitige Beziehungen.« [37]

5.6 Wahrnehmung von Betreiberverantwortung

Durch das Eigentum an einem Gebäude, durch dessen Betrieb oder durch das Bereitstellen von Arbeitsplätzen entstehen für die handelnden Personen gesetzliche Pflichten, deren Missachtung zu erheblichen Schäden führen kann. Diese Problemstellung hat sich in den letzten Jahren zu einem Kernthema im Facility Management entwickelt.

Die zentrale Richtlinie zu diesem Thema ist die GEFMA 190 [35], welche den Titel »Betreiberverantwortung im Facility Management« trägt. Dort heißt es:

> »Aus dem Betrieb von Gebäuden können sich Gefahren oder Nachteile für Leben, Körper, Gesundheit, Freiheit, Eigentum oder sonstige Rechte von Personen oder für die Umwelt ergeben. Jedem Unternehmen, das im Rahmen seiner Geschäftstätigkeit Gebäude betreibt, wird deshalb vom Gesetzgeber die Verantwortung dafür auferlegt, alle erforderlichen und zumutbaren Maßnahmen zu ergreifen, um diese Gefahren oder Nachteile zu vermeiden oder zu verringern.«

Die gesetzlichen Betreiberpflichten lassen sich unterteilen in:

- Unternehmenspflichten (Pflichten des Unternehmens) und
- Persönliche Pflichten (Pflichten der handelnden Personen).

Beabsichtigte Schutzziele sind:

- Schutz der Unversehrtheit der Beschäftigten
- Schutz der Unversehrtheit Dritter (z. B. Kunden)
- Schutz der Umwelt

Im Kern geht es darum, im Unternehmen eine geeignete Organisation aufzubauen, durch welche umfassend gewährleistet ist, dass die genannten Schutzziele dauerhaft erreicht werden. Verantwortlich für den Aufbau der Organisation sind die verantwortlichen Personen des Unternehmens:

- Unternehmensleitung (Geschäftsführer, Vorstand, tätiger Eigentümer u. a.)
- Führungskräfte

Für diese und die übrigen Beschäftigten bestehen drei Arten von Pflichten:

- Organsiationspflichten (Unternehmensleistung)
- Führungspflichten (Führungskräfte)
- Durchführungspflichten (Mitarbeiter)

Die Unternehmensleitung hat im Rahmen ihrer Organisationspflichten eine geeignete Aufbauorganisation festzulegen, geeignete Führungskräfte sowie geeignete Beschäftigte oder Dienstleister auszuwählen. Außerdem muss sie Betriebsbeauftragte bestellen (für Arbeitsschutz, für Umweltschutz usw.). Weiterhin hat sie eine geeignete Ablauforganisation festzulegen und geeignete Arbeitsmittel bereitzustellen. Für alle Prozesse und Arbeitsplätze sind Gefährdungsbeurteilungen zu veranlassen. Letztlich sind gesetzlich vorgeschriebene Prüfungen (vgl. Abschnitt 5.4.4) sicherzustellen.

Den Führungskräften obliegt es, die Organisation entsprechend umzusetzen und die entsprechenden Mitarbeiter anzuleiten und zu kontrollieren. Die Beschäftigten müssen vorgeschriebene Abläufe einhalten, Anweisungen befolgen und bereitgestellte Arbeitsmittel für den vorgeschriebenen Zweck einsetzen.

Da die Unternehmensleistung und die Führungskräfte nicht alle Pflichten eigenständig wahrnehmen können, wird das Prinzip der Pflichtenübertragung angewendet. Dabei sind folgende Grundregeln einzuhalten:

- Die Pflichten müssen klar und eindeutig definiert werden.
- Überschneidungen bzw. Lücken zu anderen Verantwortungsbereichen sind zu vermeiden.
- Die Führungskräfte bzw. die Beschäftigten, an welche die jeweilige Pflicht übertragen werden soll, sind sorgfältig auszuwählen.
- Die Verpflichteten müssen mit allen Mitteln und Befugnissen ausgestattet werden, welche für die Pflichtenwahrnehmung erforderlich sind.
- Die Verpflichteten sind regelmäßig zu unterweisen.
- Der Pflichtenübertrager muss die Verpflichteten regelmäßig beaufsichtigen bzw. kontrollieren

Bestimmte Pflichten können auch an geeignete Dienstleister übertragen werden. Umgekehrt müssen Dienstleister einzugehende Verträge sorgfältig in Hinblick auf die übertragenen Betreiberpflichten prüfen und Haftungsfragen mit ihrem Versicherer klären.

Die Organisation und die Pflichtenübertragung müssen praktikabel dokumentiert werden, was in der Regel in Form von Stellenbeschreibungen, Dienstanweisungen und Betriebshandbüchern realisiert wird. Dabei ist sicherzustellen, dass diese Dokumente allen Beteiligten zur Verfügung stehen und das der Inhalt stets aktuell ist. Sinnvoll kann der Einsatz eines Qualitätsmanagementsystems (QMS, siehe Abschnitt 5.1) sein, da sich zahlreiche Anforderungen eines QMS mit denen der Betreiberverantwortung decken. Weitere sinnvolle Managementsystem in diesem Zusammenhang sind Arbeitschutz- und Umweltschutzmanagementsysteme.

Kann die Unternehmensleitung keine geeignete Organisation und Pflichtenübertragung nachweisen, macht sie sich im Fall eines Unfalls mit Personen- und/oder Sachschaden eines so genannten Organisationsverschuldens schuldig, d. h. die Verantwortlichen haben unter Umständen auch eine strafrechtliche Verantwortung.

Durch Versicherungen können zivilrechtliche Ansprüche (Sachschaden, Schadensersatz) abgegolten werden, nicht aber strafrechtliche Inanspruchnahmen.

Die GEFMA 190 [35] gibt eine abschließende Empfehlung zur Wahrnehmung der Betreiberverantwortung:

> *»Kenntnis der Vorschriften*
> *+ ordnungsgemäßes Handeln*
> *+ Dokumentation*
> *= Sicherheit vor Sanktionen«*

5.7 Verwendete Quellen

[1] DIN EN ISO 9000, Ausgabe: 2000-12 Qualitätsmanagementsysteme – Grundlagen und Begriffe (ISO 9000: 2000)
[2] Hellerforth, M.: Controlling von Facilities Management Prozessen. In: Schulte, K.-W.; Pierschke, B. (Hrsg.): Facilities Management. Köln: Immobilien Informationsverlag Rudolf Müller 2000, S. 288
[3] Ziegenbein, K.: Controlling. 7. Aufl. Ludwigshafen: Kiehl 2002
[4] Weppler, M.: Controlling im Gebäudemanagement: Strukturen, Methoden und Techniken zielorientierter Bestandsbewirtschaftung. In: GEBÄUDE-MANAGEMENT Dossier Ausgabe 10. Frankfurt am Main: Deutscher Fachverlag 2002, S. 11 ff.
[5] Schneider, H.: Facility Management planen – einführen – nutzen. Stuttgart: Schäffer-Poeschel 2001, S. 65 ff.
[6] Schneider, H.: Facility Management planen – einführen – nutzen. Stuttgart: Schäffer-Poeschel 2001, S. 68 ff.
[7] Weber, J.; Schäffer, U.: Balanced Scorecard & Controlling. Implementierung – Nutzen für Manager und Controller – Erfahrungen in deutschen Unternehmen. Wiesbaden: Gabler 2000
[8] Schneider, H.: Facility Management planen – einführen – nutzen. Stuttgart: Schäffer-Poeschel 2001, S. 70
[9] Schmidt, J.: Recht der Immobilienverwaltung. In: Schulte, K.-W.; Pierschke, B. (Hrsg.): Facilities Management. Köln: Immobilien Informationsverlag Rudolf Müller 2000, S. 524 ff.
[10] Schneider, H.: Facility Management planen – einführen – nutzen. Stuttgart: Schäffer-Poeschel 2001, S. 241–356
[11] König, M.: Verträge für die Bewirtschaftung von Objekten. Anforderungen aus der Sicht der Eigentümer und Betreiber. FACILITY MANAGEMENT 7 (2001), Nr. 5, S. 44–48
[12] Krimmling, J.; Oelschlegel, J.; Höschele, V.: Technisches Gebäudemanagement – Instrumente zur Kostensenkung in Unternehmen und Behörden. Renningen: expert-verlag 2002, S. 81
[13] Krimmling, J.; Oelschlegel, J.; Höschele, V.: Technisches Gebäudemanagement – Instrumente zur Kostensenkung in Unternehmen und Behörden. Renningen: expert-verlag 2002, S. 90
[14] GEFMA (Hrsg.): GEFMA 400 Computer Aided Facility Management CAFM; Begriffsbestimmungen, Leistungsmerkmale. Bonn: GEFMA e.V. 2002, S. 2
[15] GEFMA (Hrsg.): GEFMA 400 Computer Aided Facility Management CAFM; Begriffsbestimmungen, Leistungsmerkmale. Bonn: GEFMA e.V. 2002, S. 4
[16] GEFMA (Hrsg.): GEFMA 940 Marktübersicht CAFM. Bonn: GEFMA e.V. 2003

[17] Nävy, J.: Facility Management. Grundlagen, Computerunterstützung, Einführungsstrategie, Praxisbeispiele. 2., aktual. u. erw. Aufl. Berlin: Springer 2000, S. 112 ff.
[18] Nävy, J.: Facility Management. Grundlagen, Computerunterstützung, Einführungsstrategie, Praxisbeispiele. 2., aktual. u. erw. Aufl. Berlin: Springer 2000, S. 116
[19] Krimmling, J.; Oelschlegel, J.; Höschele, V.: Technisches Gebäudemanagement – Instrumente zur Kostensenkung in Unternehmen und Behörden. Renningen: expert-verlag 2002, S. 95
[20] Nävy, J.: Facility Management. Grundlagen, Computerunterstützung, Einführungsstrategie, Praxisbeispiele. 2., aktual. u. erw. Aufl. Berlin: Springer 2000, S. 17
[21] Autodesk GmbH (Hrsg.): AutoCAD® 2000. Benutzerhandbuch. München: Autodesk GmbH 1999, S. 513
[22] Autodesk GmbH (Hrsg.): Architectural Desktop. München: Autodesk
[23] Autodesk GmbH (Hrsg.): AutoCAD® 2000. Benutzerhandbuch. München: Autodesk GmbH 1999, S. 529
[24] DIN 6779-12, Entwurf: 2002-02 Kennzeichnungssystematik für technische Produkte und technische Produktdokumentation – Teil 12: Bauwerke und technische Gebäudeausrüstung, S. 9
[25] GEFMA (Hrsg.): GEFMA 400 Computer Aided Facility Management CAFM; Begriffsbestimmungen, Leistungsmerkmale. Bonn: GEFMA e. V. 2002, S. 5
[26] May, M.: Rechnergestütztes Facility Management. In: Lutz, W. (Hrsg.): Handbuch Facility Management. Band 3. Landsberg: Ecomed Verlagsgesellschaft 1999
[27] Nävy, J.: Facility Management. Grundlagen, Computerunterstützung, Einführungsstrategie, Praxisbeispiele. 2., aktual. u. erw. Aufl. Berlin: Springer 2000, S. 189
[28] Krimmling, J.; Oelschlegel, J.; Höschele, V.: Technisches Gebäudemanagement – Instrumente zur Kostensenkung in Unternehmen und Behörden. Renningen: expert-verlag 2002, S. 46
[29] Krimmling, J.; Oelschlegel, J.; Höschele, V.: Technisches Gebäudemanagement – Instrumente zur Kostensenkung in Unternehmen und Behörden. Renningen: expert-verlag 2002, S. 45
[30] agiplan Technosoft AG
[31] Bauch, U.: Projektmanagement. In: Technisches Facility Management und moderne Softwarestrategien. Veranstaltung der Technischen Akademie Esslingen in Dresden. Dresden 2003
[32] Facility Management Institut GmbH (Hrsg.); Kahlen, H.: Facility Management 1. Entstehung, Konzeptionen, Perspektiven. Berlin: Springer 2001, S. 260 ff.
[33] Krimmling, J.; Oelschlegel, J.; Höschele, V.: Technisches Gebäudemanagement – Instrumente zur Kostensenkung in Unternehmen und Behörden. Renningen: expert-verlag 2002, S. 11 ff.
[34] Sinn, D.: Application Services am Start. VARBusinessxtra (2000), Nr. 3, S. 6
[35] GEMFA (Hrsg.): GEFMA 190 Betreiberverantwortung im Facility Management. Bonn: GEFMA e. V. Januar 2005
[36] Krimmling, J.: Instandhaltungsmanagement für technische Anlagen. Facility Managenment Praxis 14/2008.
[37] Borrmann, A. und andere: Building Information Modeling. Technologische Grundlagen und industrielle Praxis. Springer Vieveg Verlag. Wiesbaden 2015. S. 125

6 Die FM-gerechte Gebäudegestaltung

6.1 Die Dimensionen der Gestaltungsaufgabe

Die Frage ist, wie die im Kapitel 3.3.1 angeführten vier Interessenkategorien

- Funktionalität
- Komfort und Behaglichkeit
- Image
- Wirtschaftlichkeit

adäquat im Gebäudeentwurf berücksichtigt werden können, d. h. mit Hilfe welcher Parameter kann darauf Einfluss genommen werden. Die Antwort führt auf folgende Einflussgrößen:

- Größe des Gebäudes, d. h. quantitatives Flächen- und Raumangebot (Beurteilungsgrößen z. B. NRF/Arbeitsplatz o. ä.)
- Flächenanordnung, Flächenzuschnitt innerhalb des Gebäudes (vgl. Abschnitt 4.2)
- Gebäudegliederung (siehe Abb. 6-1):
    - A: Turm
    - B: stehende Scheibe
    - C: liegende Scheibe
    - D: Atrium
    - E: gegliederte Form
- Bauweise, d. h. schwere oder leichte Bauweise und Materialwahl im konstruktiven Bereich (siehe Abschnitt 6.5)
- Fassadengestaltung einschließlich vorgesetzter Bauteile (Atrien u. ä., siehe Abschnitt 6.5)
- Art, Umfang und Anordnung gebäudetechnischer Systeme
- Material- und Farbwahl, Möblierung oder allgemein durch Innenarchitektur.

6.2 Das Konzept der strategischen Bauteile

Strategisch soll hier im Sinne von strategisch für das Facility Management verstanden sein. Selbstverständlich ist das Fundament ein strategisches Bauteil für ein Gebäude (d. h. es ist nicht sinnvoll, auf Sand zu bauen), nur aus FM-Sicht geht es um etwas anderes. Es sollen die Bauteile herausgestellt werden, welche die späteren Kosten während der Nutzungsphase signifikant beeinflussen. Ob ein Bauteil strategisch oder nicht ist, hängt vom Gebäude und dessen Nutzungskonzept ab.

> Strategische Bauteile sind Bauteile, deren Eigenschaften in Hinblick auf die Lebenszykluskosten und Flexibilitätseigenschaften erfolgskritisch sind.

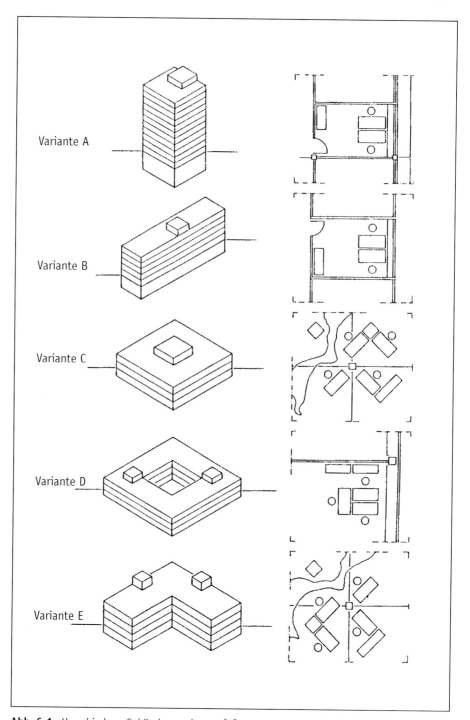

Abb. 6-1: Verschiedene Gebäudegrundtypen [1]

Beispiele für strategische Bauteile sind:

- Trennwände zwischen den Räumen auf einer Etage eines Bürogebäudes. Dies trifft insbesondere dann zu, wenn häufig Nutzungsänderungen oder Mieterwechsel anstehen.
- Fassaden, die relevant für Energiekosten und Imagefunktionen sind.
- Energieversorgungssysteme, die relevant für Energiekosten sind.
- Fußbodensysteme beeinflussen zum einen die Umbaukosten bei Nutzungsänderungen (siehe 6.3.4) und zum anderen die Reinigungskosten (siehe 6.4). Die Anschaffungskosten von Fußbodenbelägen betragen in der Regel nur ca. 3 % der gesamten Lebenszykluskosten, wenn die Reinigungskosten (97 %) mit einbezogen werden. Es ist also sinnvoll, bei der Auswahl von Bodenbelägen die späteren Reinigungskosten in die Entscheidungsfindung mit einzubeziehen.

Die strategischen Bauteile beinhalten ein wesentliches Optimierungspotential. Beispielsweise kann man bei den Trennwänden erwägen, diese so zu gestalten, dass dann später möglichst wenig Umbauaufwand entsteht. Das führt unter Umständen auf zunächst höhere Baukosten, welche sich aber bei häufigen Raumveränderungen schnell amortisieren. Bei Fußböden kann man sich zwischen einem Belag mit kurzer Lebensdauer, welcher in der Anschaffung zunächst günstiger ist, und einem Belag mit langer Lebensdauer, der aber entsprechend teurer ist, entscheiden. Dabei ist keinesfalls gesagt, dass immer die teurere oder langlebigere Variante besser ist. Dies hängt entscheidend von der Nutzungsart ab. Wichtig ist eine Betrachtung der Lebenszykluskosten und nicht nur isoliert der Baukosten.
In diesem Zusammenhang sei auf eine neue Gebäudestrukturmöglichkeit von Friedrichs [2] hingewiesen (siehe Tab. 6-1).

Der Sinn solcher Überlegungen besteht darin, gemeinsam mit den Architekten und Fachplanern strategische Bauteile für das jeweilige Objekt zu definieren, um dann mit Hilfe der weiter unten noch zu besprechenden Bewertungsmethoden die richtigen Entscheidungen aus Sicht des FM zu treffen.

6.3 Flexibles Reagieren auf Nutzungsänderungen

6.3.1 Allgemeine Anforderungen

Ausgehend von der Dynamisierung von Veränderungsprozessen (Abschnitt 3.1) ist Flexibilität bezüglich möglicher Nutzungsänderungen während des Lebenszyklus das entscheidende Anforderungsmerkmal moderner Gebäude.
Nutzungsänderungen ergeben sich

- innerhalb des Gebäudes, in dem Abteilungen neu zusammengesetzt werden oder Mitarbeiter umziehen, d.h. die Ablauforganisation von Unternehmen wird häufig verändert. Daraus resultieren sich verändernde Anforderungen an die Raumaufteilung und -anordnung.

Primärstruktur	*Nutzungsdauer ca. 50 Jahre:* Tragwerk Rohbau Treppen, Aufzüge, Installationsschächte
Sekundärstruktur	*Nutzungsdauer 15–20 Jahre:* Gebäudetechnik Innenausbau Datenbanken Leitsysteme Gebäudeautomation
Tertiärstruktur	*Nutzungsdauer 3–6 Jahre:* Zonierung der aktuellen räumlichen Anforderungen einzelner Arbeitsgruppen Innenausbau Möblierung Kopierer
Quartärstruktur	*Nutzungsdauer < 3 Jahre:* Hard- und Software virtuelle Projektbüros

Tab. 6-1: Gebäudestruktur nach Friedrichs

- durch die völlige Umnutzung des Gebäudes, weil es vielleicht von einem anderen Unternehmen gekauft wurde. Hier spielt auch die jeweilige Situation am Immobilienmarkt hinein, aus welcher sich neue Nutzungsanforderungen an Gebäude ergeben können.

Flexibilität ist hinsichtlich verschiedener Aspekte erforderlich:

- Arbeitsplatzebene/Möblierung: Idealerweise zieht der Mitarbeiter mit seinem Rollcontainer an den neuen Arbeitsplatz und loggt sich dort in die Kommunikations- und Rechnernetze neu ein
- Flexibilität durch entsprechende Grundrisse (z. B. Abb. 6-2), Achsraster, Geschosshöhen, Raumtiefen oder Orientierung von Techniksystemen an Gebäuderastern (Heizkörper, Deckenauslässe, Leuchten)
- Flexibilität durch Gebäudekerne für zentrale Erschließungsfunktionen
- Trennwände: Verwendung von mobilen Systemen
- Flexibilität durch Hohlraum- und Doppelböden
- Flexibilität durch anpassungsfähige Installationen, z. B. Bus-Systeme.

6.3.2 Grundrissgestaltung

Die Grundrissgestaltung des Gebäudes hat wesentlichen Einfluss

- auf die Qualität der im Gebäude ablaufenden Prozesse
- auf die Logistik und Erschließung
- auf die Umnutzbarkeit des Gebäudes.

6.3 Flexibles Reagieren auf Nutzungsänderungen

Abb. 6-2: Grundrissflexibilität bei einem Hochhausgrundriss [4]

Die Abb. 6-2 zeigt beispielhaft eine optimale Grundrisslösung für ein Hochhaus, bei dem durch die zentrale Erschließungszone eine sehr hohe Umnutzungsflexibilität erreicht wurde.

Höschele [3] weist darauf hin, dass insbesondere bei der Gestaltung der Gebäudetechnik auf eine achsweise Anordnung aller gebäudetechnischen Systeme zu achten ist, um den Umbauaufwand bei späteren Umnutzungen gering zu halten. Kompliziert gestaltet sich diese Aufgabe im Bereich der Lüftung/Klimatisierung, die in der Regel mit zentralen Kanalsystemen realisiert wird. Diese Herangehensweise führt auf höhere Investitionskosten und es muss überlegt werden, ob sich dieser Aufwand für das betrachtete Gebäude lohnt (siehe auch 6.7.3.6)

6.3.3 Trennwandsysteme

Sind häufig Veränderungen der Raumstruktur erforderlich, so ist der Einsatz flexibler Bausysteme zu erwägen. Je häufiger eine solche Umnutzung erfolgt, umso höher werden die Anforderungen an die Umsetzbarkeit der Trennwände. [5]

Die Trennwandsysteme müssen nach intelligenten, multifunktionalen Bauprinzipien konzipiert sein und eignen sich hervorragend als industriell vorgefertigte Bauteile. Es kommen innovative Schnellverschlüsse zum Einsatz, mit welchen Raumnutzungsänderungen unmittelbar vorgenommen werden können.

Der Einsatz mobiler Trennwandsysteme wird unterstützt durch die Verwendung von Funk-BUS-Systemen. Dabei entfällt die Verkabelung zwischen den Komponenten (siehe [6]).

6.3.4 Fußbodensysteme

Bei anstehenden Nutzungsänderungen ist es in aller Regel erforderlich, die Kommunikationsnetze (Computer, Telekommunikation) entsprechend anzupassen. Um dies kostengünstig und schnell realisieren zu können, stehen zwei prinzipielle Konstruktionsmethoden mit folgenden Komponenten zur Auswahl (Abb. 6-3, Abb. 6-4):

- Doppelböden: Über einem mehrere Zentimeter hohen Installationsraum liegen gerasterte Doppelbodenplatten lose auf Stahlstützen. Durch Aufnahme der Platten ist die installierte Technik jederzeit zugänglich. Anwendung in Großraumbüros, Banken u. ä.
- Hohlraumböden: Die Oberfläche über dem Installationsraum ist durchgängig geschlossen. Der Zugang erfolgt über Revisionsöffnungen.

In Doppel- und Hohlraumböden können elektrische Netze, Computer- und Kommunikationsnetze, Rohr- und Kanalnetze und andere gebäudetechnische Installationen integriert werden. Insbesondere der Doppelboden ermöglicht einen einfachen Zugriff

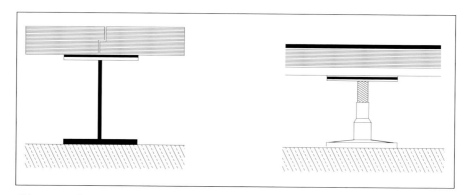

Abb. 6-3: Fußbodensysteme (links: Doppelboden, rechts: Hohlraumboden)

6.3 Flexibles Reagieren auf Nutzungsänderungen

Abb. 6-4: Beispiel Doppelboden [7]

zur installierten Technik und damit eine problemlose Umgestaltung. Dies verursacht zwar zunächst höhere Kosten, diese amortisieren sich jedoch bei häufigen Umbauten und Nutzungsanpassungen kurzfristig.

6.3.5 BUS-Systeme

Auch die Elektroverteilung kann sich bei Nutzungsänderungen als bedeutsam herausstellen, wenn durch das Versetzen der Wände beispielsweise die Schalter für die Beleuchtung mühsam verändert werden müssen oder ihre Anordnung nur noch unzulänglich ist. Durch eine BUS-Verkabelung (siehe Abschnitt 6.7.8) wäre überhaupt kein Umbau notwendig, sondern es kann die neue Schalter/Leuchten-Zuordnung einfach durch Umprogrammieren realisiert werden. Ein solches BUS-System ist zwar in der Anschaffung teurer, rentiert sich aber bei Gebäuden, die häufig umgenutzt werden, sehr schnell. [5]

Gegenüber der konventionellen Verkabelung wird zusätzlich ein BUS, das sind mehrere parallel verlegte Schwachstromleitungen, verlegt (Abb. 6-5 bis Abb. 6-7). Der Sinn besteht darin, dass bei Umbaumaßnahmen eine Veränderung der Zuordnung beispielsweise von Lampen zu Tastern beliebig durch Umprogrammierung vorgenommen werden kann. Bei konventioneller Verkabelung müssten in diesem Fall Leitungen neu verlegt werden.

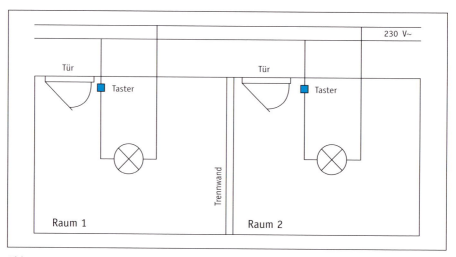

Abb. 6-5: Konventionelle Elektroverkabelung (nur Grundprinzip)

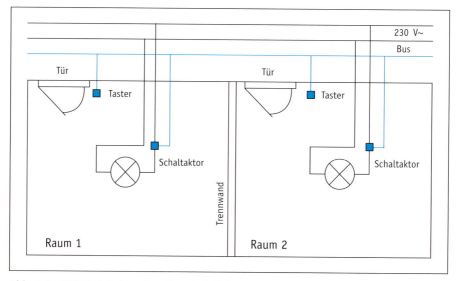

Abb. 6-6: BUS-Verkabelung (nur Grundprinzip)

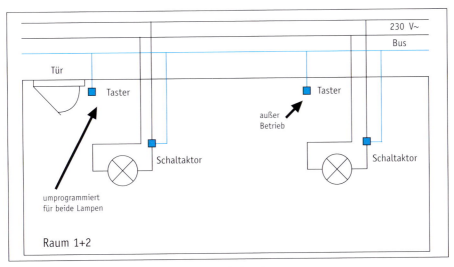

Abb. 6-7: Flexibilität durch BUS-Verkabelung bei Umbau

6.4 Gebäudegestaltung aus Sicht der Reinigung

Die Reinigungskosten liegen bei komplexen Bürogebäuden in einer Größenordnung von ca. 10 % bis 15 % der Nutzungskosten, können aber bei einfacheren Gebäuden wie Schul- oder Hochschulgebäuden durchaus mehr als 30 % der Nutzungskosten ausmachen (in [8] werden 36 % genannt). Im Entwurfsprozess muss man sich im Klaren sein, dass der spätere Nutzer/Betreiber nur noch beschränkte Einflussmöglichkeiten auf die Höhe der Reinigungskosten hat. Demzufolge müssen folgende Aspekte im Architekturentwurf beachtet werden:

- Materialwahl bei Fußbodenbelägen
- Farbwahl von Fußbodenbelägen
- Gestaltung durchgängiger Fußbodenflächen ohne Höhensprünge (Absätze o. ä.) – wichtig für den Einsatz von Reinigungsmaschinen
- Gestaltung von Schmutzfangzonen
- reinigungstechnisch sinnvolle Anordnung von Heizkörpern, Sanitärgegenständen, Trennwänden, Treppen u. ä.
- ausreichende Anordnung von Steckdosen, Auslaufarmaturen und Bodenabläufen
- Anordnung von zu reinigenden Glasflächen im Innen- und Außenbereich (insb. Zugänglichkeit)
- Fassadenkonstruktionen, die gereinigt werden müssen.

6.4.1 Fußböden

Nach [9] kann eine Einteilung der Fußbodenbeläge nach folgenden Kriterien erfolgen:

- nach der Oberflächenbeschaffenheit
  - textile Fußbodenbeläge

- Hartböden (aus Stein, Holz, Asphalt und sonstigen Materialien)
- elastische Beläge (Linoleum, PVC-Beläge, Elastomerbeläge, Polyolefinbeläge)
- nach ihrer Schichtung
  - einschichtige Platten und Bahnen
  - mehrschichtige Platten und Bahnen
- nach ihrer Einbauart
  - Dielen
  - Stab
  - Platten
  - Bahnen
  - fugenlos.

In etwa kann von folgendem, flächenspezifischem Verteilungsgrad in Gebäuden ausgegangen werden:

Anteil in %	Fußbodenbelag
60,0	textile Fußböden
24,0	PVC-Beläge
2,5	Holzböden
7,0	keramische Fußbodenbeläge
1,0	Elastomerbeläge
3,5	Linoleumbeläge
2,0	sonstige Beläge

Tab. 6-2: Verteilung von Fußbodenbelägen in Deutschland 1995 (Quelle: Statistisches Bundesamt)

Bei der Auswahl eines Fußbodenbelages aus Sicht der Reinigung sind folgende Faktoren zu beachten:

- Anschaffungskosten
- technische Lebensdauer
- Kosten der Unterhaltsreinigung (beeinflusst durch Häufigkeit und Reinigungstechnologie).

Diese sind im Rahmen eines Investitionsvergleiches (siehe Kap. 7) zu berücksichtigen. Die Tab. 6-3 zeigt für verschiedene Belagarten die Indexwerte der Reinigungskosten, d. h. den relativen Unterschied in den voraussichtlichen Reinigungskosten.

In [8] wird weiterhin auf eine Reihe architektonischer Details hingewiesen, die für eine optimale Reinigungsdurchführung wichtig sind:

- Unterfahrbarkeit von Sanitärobjekten (wandhängend!)
- Trennwände nicht auf Fußboden aufständern, sondern von der Decke abhängen

- Treppengeländer an der Wange und nicht auf der Trittfläche befestigen, seitliche Schmutzrinnen vorsehen
- Heizkörper unterfahrbar, d. h. Anschlüsse nicht im Boden sondern in der Wand
- Vermeidung von Ecken, Kanten, Niveauunterschieden, Vor- und Rücksprüngen bei Versorgungsleitungen.

Belagmaterial	tägliche Reinigung	Intensivreinigung
Polierter Granit	100	100
Betonwerkstein	102	105
Kunstharzgebundener Stein	102	100
Naturstein (poliert)	102	100
Linoleum	105	130
PVC	105	130
Teppichboden	90–140	200
Fliesenboden (glasiert)	110	125
Fliesenboden (unglasiert)	120	135
Glatter Gummiboden	120	115
Naturwerkstein (rau)	120	125
Versiegelter Holzboden	120	–
Genoppter Gummiboden	150	150

Tab. 6-3: Fußbodenreinigung Indexwerte der Kosten [8]

6.4.2 Schmutzfangzonen

Schmutzfangzonen [9] fangen bis zu 80 % des üblicherweise in das Gebäude eingetragenen Schmutzes ab. Bei deren Planung ist folgendes zu beachten:

- Schmutzfangzonen an allen Eingängen
- Besucher muss mindestens 6 Schritte auf der Schmutzfangzone zurücklegen
- keine Möglichkeit zur Umgehung.

An die Schmutzfangzone werden folgende Anforderungen gestellt:

- optimale Reinigungswirkung bei unterschiedlichen Schmutzeinwirkungen (Staub, Schlamm, Streugut)
- ausreichende Begehsicherheit
- gutes optisches Aussehen
- leichtes Entfernen des festgehaltenen Schmutzes
- lange Standzeiten
- Wetterfestigkeit bei Verlegung außerhalb von Gebäuden
- Chemikalienresistenz (z. B. in öffentlichen Bädern).

Die Investitionskosten von Schmutzfangmatten liegen in einer Größenordnung von ca. 500 €/m². An dieser Stelle sollte also keinesfalls gespart werden.

Die Schmutzfangzonen sind bei Objekten mit hohem Publikumsverkehr mit Sauberlaufzonen zu kombinieren, d. h. vor dem Eingangbereich sind befestigte Zuwege vorzusehen (wichtig bei Gebäuden mit hohem Publikumsverkehr, wie Schulen, Einkaufszentren).

6.4.3 Glasflächen

Zu den reinigungsrelevanten Glasflächen gehören

- Fenster einschließlich Rahmen und Fensterbank
- Glastüren, innen und außen
- Glastrennwände
- Fassadenbereiche und Glasbausteine
- Reklame- und Leuchtschriften
- Vitrinen u. ä.

Im Rahmen der Gebäudegestaltung ist auf eine gute Zugänglichkeit zu achten. Dazu gehören auch Stellflächen für Bühnen oder Gerüste. Glasflächen auf stark frequentierten Verkehrsflächen führen ggf. zu einem erhöhten Reinigungsaufwand.

6.4.4 Fassaden

Fassaden können durch Verschmutzung beeinträchtigt werden sowohl in

- ihrer optischen Wirkung (Imagewirkung)
- ihrer Lebensdauer (Korrosion, Verätzung durch Vogelkot u. ä.).

Für die Durchführung von Reinigungsarbeiten werden Fassadenbefahranlagen benötigt. Diese haben drei Hauptbestandteile, den Wagen mit Fahrwerk, der das Hubsystem aufnimmt, den Ausleger und die Gondel, die an der Fassade auf- und abfährt. Man unterscheidet zwischen schienenlosen und schienengebundenen Anlagen. Erstere sind aufgrund der besseren Beweglichkeit und der geringeren Kosten als das wirtschaftlichere System anzusehen.

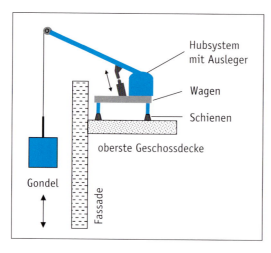

Abb. 6-8: Fassadenbefahranlage

6.5 Energetische Gebäudegestaltung
6.5.1 Allgemeine Zielstellungen

Der Grundansatz der energetischen Gebäudegestaltung besteht darin,

- Fassade
- Baukörper
- Gebäudetechnik

als Einheit zu betrachten und auf diesem Wege für das Gebäude einen möglichst geringen Energieverbrauch zu erreichen. Das dieser Anspruch zu vertretbaren Baukosten umgesetzt werden kann, zeigte sich z. B. bei einem Fabrikgebäude, in dem ein Großteil der Verwaltungsprozesse für das betreffende Unternehmen abgewickelt werden, mit einer NRF von ca. 4.400 m², bei dem ein Heizenergieverbrauch von 24 kWh/m²a (sonst ca. 130 kWh/m²a) festgestellt wurde. Die Baukosten lagen bei ca. 1.000 €/m² NRF. [11]

Allgemein sind für ein Gebäude die im Abschnitt 4.4.2 genannten energieverbrauchenden Ver- und Entsorgungsaufgaben zu lösen. Auf den Energieverbrauch kann über folgende Faktoren Einfluss genommen werden:

- Fassaden- und Baukörpergestaltung
- energieeffiziente Energiebereitstellungstechnologien
- nutzungsgerechte Verteilsysteme
- energieeffiziente Anwendungstechnologien
- Einsatz von Gebäudeautomationstechnik
- optimaler Betrieb des Gebäudes, der Anlagen und dies bei angemessener Beeinflussung des Nutzerverhaltens.

Unter dem Aspekt des »nachhaltigen Bauens«, bei welchem Individualinteressen und Allgemeininteressen miteinander in Übereinstimmung gebracht werden sollen, geht es um die Versorgung auf natürlichem Wege durch autogene, selbst ablaufende Prozesse und durch Vermeidung oder Reduzierung aufwendiger Technik.

Dabei spielen regenerative Ressourcen eine wichtige Rolle und man findet in der Literatur wichtige Anhaltspunkte (nachfolgend zitiert nach [4]):

- Bauen mit Masse
- Bauen mit dem Wind
- Bauen mit der Sonne
- Bauen mit Wasser
- Bauen im Grünraum.

Inwieweit solche starken ökologischen Akzente zum Tragen kommen, muss im Rahmen des unternehmerischen Konzeptes oder konkret bei der Nutzwertanalyse entschieden werden. Neben der unmittelbaren betriebswirtschaftlichen Auswirkung ist jedoch auch das so genannte Sick-Building-Syndrom (SBS) zu beachten (siehe z. B. [12]), welches letztlich ebenfalls wirtschaftliche Auswirkungen hat (krankheitsbedingte Ausfälle von Mitarbeitern).

6.5.2 Die Energieeinsparverordnung

Die wesentliche Forderung der Energieeinsparverordnung (EnEV) (vgl. [13]) besteht in der Begrenzung des Primärenergiebedarfes für Gebäude, während frühere Wärmeschutzverordnungen lediglich die Nutzenergie des Gebäudes begrenzt hatten. Die benötigte Energie durchläuft die Umwandlungskette (Abb. 6-9)

- Primärenergie
- Endenergie
- Nutzenergie.

Allein entscheidend ist der Bedarf an Primärenergie, welcher demzufolge begrenzt wird. Er ist durch die Faktoren

- Baukörpergestaltung
- Fassadengestaltung oder Gestaltung der Gebäudehülle
- Gebäudetechnikgestaltung

beeinflussbar: Die für ein Gebäude notwendige Primärenergie ergibt sich beispielsweise für die Heizung aus der benötigten Nutzenergie über die so genannte Aufwandszahl e_P:

$$Q_P = e_P \cdot (Q_h + Q_{tw}) \text{ mit}$$

Q_P	Primärenergie
Q_h	Nutzenergie Heizung (Heizwärmebedarf ist identisch mit $Q_{a,Nutz}$ in 4.3.4)
Q_{tw}	Nutzenergie Trinkwassererwärmung (Trinkwasserwärmebedarf)

In der Anlagenaufwandszahl sind

- der Jahresnutzungsgrad der Gesamtanlage im Gebäude (Nutzenergie/Endenergie)
- die benötigte Hilfsenergie
- die Umwandlungsverluste Primärenergie/Endenergie

enthalten. Die für den Jahresnutzungsgrad maßgeblichen Verluste sind für die vier Subsysteme Erzeugung, Verteilung, Speicherung und Anwendung (in der EnEV als Nutzenübergabe bezeichnet) zu bilanzieren.

Um die jeweilige Vorgabe des Primärenergiegrenzwertes zu erreichen, gibt es ausgehend von der dargestellten Formel zwei Ansatzpunkte:

- durch die Verringerung der Nutzenergie (Heizung + Trinkwassererwärmung)
- durch eine möglichst niedrige Aufwandszahl.

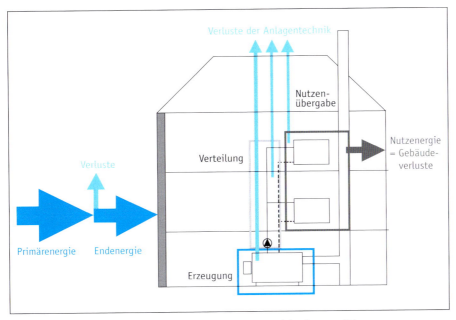

Abb. 6-9: Das Grundprinzip der EnEV (Speicherverluste nicht dargestellt)

Damit lässt sich das durch die EnEV zur Verfügung gestellte Instrumentarium zur Beeinflussung des Primärenergiebedarfes darstellen:

- Instrument 1: Gestaltung der Gebäudehülle, indem der Transmissionswärmeverlust begrenzt und der Solarenergieeintrag gefördert wird.
- Instrument 2: Technikgestaltung, indem Umwandlungs-, Verteil- und Übergabeverluste begrenzt sowie ggf. Umweltenergie verwendet und Wärme rückgewonnen wird.

Ab der EnEV 2007 [64] sind zusätzlich der Primärenergieaufwand für die Lüftung/Klimatisierung, die Kühlung und für die Beleuchtung zu bilanzieren. Außerdem müssen auch für Bestandsgebäude unter bestimmten Bedingungen Energieausweise ausgestellt werden.

6.6 Baukörper- und Fassadengestaltung

6.6.1 Baukörper

Bei der Baukörpergestaltung ist zu entscheiden zwischen

- Bauen ohne Masse: sehr leichte Konstruktionen, geringer Materialverbrauch, aber keine Möglichkeit zur Energiespeicherung
- Bauen mit Masse: Möglichkeiten der Energiespeicherung, dadurch Energieeinsparungen.

Bauteilspeichermassen können zwei Funktionen haben:

- *Wärmespeicherung* im Tagesverlauf anfallende Wärmeenergie wird gespeichert und kann bei niedrigen Außentemperaturen genutzt werden, außerdem hohe Behaglichkeit infolge »warmer Wände«
- *»Kälte«-Speicherung*[1] bei hohen Temperaturen werden die Bauteile aufgeheizt, sie nehmen einen Teil der Wärmeenergie auf und kühlen dadurch den Raum; nachts wird die gespeicherte Wärmeenergie durch Luftströmung abgeführt, so dass der Speicher am nächsten Tag wieder zur Verfügung steht.

Damit die Bauteilmassen für den Energieaustausch überhaupt zur Verfügung stehen, dürfen sie nicht durch Abhangdecken oder Verkleidungen abgedeckt werden. Diese Innenbauelemente besitzen meist gute Dämmeigenschaften und würden damit den Energiespeicher gegen den Energieaustausch abschotten. Zwischen sehr leichten Gebäuden und Gebäuden mit schweren Bauteilmassen können im Sommer Temperaturunterschiede von 3...4 K erreicht werden. [14]

Das Bauen mit Masse besitzt bei der Vermeidung oder Reduzierung aufwendiger Klimatisierung große Bedeutung. Solche Arten autogener Klimatisierungskonzepte können mit folgenden Techniken kombiniert werden:

- Natürliche Nachtkühlung, indem Gebäude so gestaltet werden, dass nachts durch Schachtwirkung ein natürlicher Luftstrom die Tageswärme abführt.
- Natürliche »Kälte«erzeugung durch Brunnen- oder Grundwasserkühlung anstelle von Kältemaschinen.
- Natürliche »Kälte«erzeugung durch Ausnutzung von Erd»kälte«, indem im Sommer kalte Luft über im Erdreich verlegte Rohre angesaugt wird.
- Gestaltung des Außenraums; beispielsweise verhindert entsprechende Bepflanzung die direkte Sonneneinstrahlung oder dient als Schallschutz.

Ein heutzutage zunehmend verwendetes Gliederungselement ist das Atrium, allerdings weniger in der oben gezeigten Gebäudegrundform, sondern vielmehr als transparenter Gebäudevor- oder Verbindungsbau. Schmoigl [15] weist darauf hin, dass Atrien *»mittlerweile eine sehr häufig praktizierte Möglichkeit der Ausnutzung von Solarenergie sind und dass sie zusammen mit bepflanzten Treppen und Verbindungsbrücken einen sehr hohen Erlebniswert bieten.«*

---

[1] Dieser Begriff ist nach thermodynamischer Theorie falsch, da nur Wärmeenergie (jeweils auf unterschiedlichem Temperaturniveau) transportiert und übertragen wird. Aufgrund des im Bereich der Versorgungstechnik üblichen Sprachgebrauchs werden des besseren Verständnisses wegen der Begriff »Kälte« und seine Kombinationen hier trotzdem verwendet.

6.6.2 Fassaden

Grundlegende Funktionen von Außenwandbauteilen sind

- Schutz gegen Niederschlag
- Schutz gegen Wind
- Schutz gegen Schall
- Wärmedämmung
- Blend- und Strahlungsschutz (sommerlicher Wärmeschutz)
- Wärmespeicherung
- Tageslichtnutzung
- Be- und Entlüftung.

Hinsichtlich des Fassadenaufbaus unterscheidet man zwischen einschaligen Fassaden mehrschaligen Fassaden.

Einschalige Fassaden (Putz + Mauerwerk + Dämmschicht) stellen für viele Gebäude hinsichtlich des Verhältnisses von Wärmeschutz zu Kosten ein Optimum dar. Erst bei Hochhäusern sind mehrschalige Fassaden erforderlich, weil sich aufgrund der Winddruckverhältnisse ansonsten kaum vertretbare Innenbedingungen erreichen lassen.

Eine Neuentwicklung ist die »Transparente Fassade« oder »Transparente Wärmedämmung«. Die Strahlungsenergie gelangt durch den transparenten Teil der Fassade und wird dann im Absorber in Wärmeenergie umgewandelt. Die gewonnene Energie wird entweder im Wandbauteil gespeichert und dann an den dahinter liegenden Raum abgegeben oder sie kann über in die Wand eingelegte Rohre direkt zur Heizung oder Brauchwarmwasserbereitung genutzt werden.

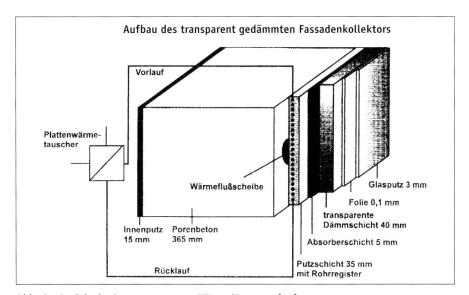

Abb. 6-10: Prinzip der transparenten Wärmedämmung [16]

Bei den mehrschaligen Fassaden dominiert die Doppelfassade, durch die vor allem die Lüftungswärmeverluste spürbar verringert werden können. Ruscheweyh u. a. [17] nennen folgende Vorteile von Doppelfassaden:

- Verringerung der Laufzeiten von Lüftungsanlagen auch bei extremen Wind- oder Temperaturverhältnissen
- Verringerung der äußeren Lärmemission z. B. bei Gebäuden in Hauptverkehrsbereichen
- im Fassadenzwischenraum können Sonnenschutzanlagen windgeschützt angebracht werden
- Installation von Lichtlenkeinrichtungen zur verbesserten Tageslichtnutzung ist möglich
- bei Hochhäusern kann in der Regel eine natürliche Be- und Entlüftung nur mit Hilfe von Doppelfassaden erreicht werden, da die durch hohe Windgeschwindigkeiten bedingten Druckdifferenzen kein Öffnen der Fenster zulassen.

Hausladen u. a. [18] weisen auf die Bedeutung von Doppelfassaden bei der Sanierung alter Gebäude hin. Durch eine vorgehängte Glasfassade bleibt die ursprüngliche Fassade sichtbar und trotzdem kann die Wärmedämmung verbessert werden.

Ausgehend vom Unterscheidungskriterium der Lüftungsfunktion gibt es drei Grundbauformen von Doppelfassaden (vgl. [17], Abb. 6-11):

- Fassade mit Kastenfenstern, hier ist jeder Raum oder jede Raumachse mit einem vorgehängten Kastenfenster versehen, jeder Raum hat eigene Zu- und Abluftöffnungen
- Schachtsystem, bei dem mehrere Räume an einem gemeinsamen Abluftschacht angeschlossen sind, die Zuluftöffnungen sind für jeden Raum separat vorgesehen
- Vorgehängte Scheibe. Hier gibt es keine vertikalen oder horizontalen Abschottungen der einzelnen Räume gegeneinander.

Wichtig sind Einrichtungen, mit deren Hilfe übermäßige und unerwünschte Sonneneinstrahlung, d. h. ein Wärmeeintrag ins Gebäude verhindert werden kann. Man unterscheidet *starre* und *bewegliche* Sonnenschutzanlagen. Bei den starren Anlagen handelt es sich um fest installierte Elemente oberhalb der Fenster, die bei hohem Sonnenstand einen Teil des Fensters verschatten. Die beweglichen Systeme können unterschieden werden in (Abb. 6-12):

- Außenanlagen
    - Lamellenjalousien: Sonnen-, Wärme- und Blendschutz
    - Rollladen: auch keine indirekte Sonneneinstrahlung
    - Markisen: Sonnenschutz, Achtung: windempfindlich
- Innenanlagen
    - Vertikallamellen: Blendschutz und Lichtregulierung
    - Jalousien: Sonnenschutz und Raumteiler
    - Rollos: Sicht- und Blendschutz
    - Plissees: Sicht- und Blendschutz.

6.6 Baukörper- und Fassadengestaltung

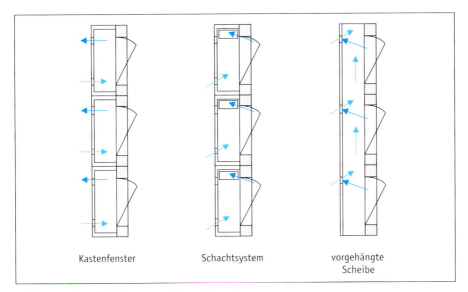

Abb. 6-11: Grundbauformen von Doppelfassaden

Prinzipiell sind aus Sicht des sommerlichen Wärmeschutzes Außenanlagen gegenüber Innenanlagen vorzuziehen, da sie weit effektiver einen Wärmeeintrag ins Gebäude verhindern. Eine andere Möglichkeit des Strahlungsschutzes besteht in der optimierten Gestaltung der Fenster oder allgemein der Glasflächenanteile von Fassaden. Aus energetischer Sicht sind die folgenden Probleme zu lösen:

- Verhinderung von Wärmeverlusten über das Glas im Winter
- Realisierung möglichst hoher Solarenergieeinträge im Winter
- Vermeidung von hohen Wärmeeinträgen im Sommer.

Die wichtigsten Größen zur Beurteilung des thermischen Verhaltens von Fenstern sind

- der Wärmeverlustkoeffizient, der den Wärmestrom pro Fensterfläche und Temperaturdifferenz beschreibt (U-Wert in W/m^2K)
- der Gesamtenergiedurchlassgrad, der im Wesentlichen die Durchlässigkeit für sichtbare und Infrarotstrahlung beschreibt (g-Wert).

Ein Fenster mit hohem g-Wert ist zwar günstig für die Erzielung hoher solarer Gewinne, dafür sind aber die Wärmeverluste ebenfalls hoch. Das Entwicklungsziel sind Fenster mit möglichst geringem U-Wert. Das erreicht man beispielsweise durch

- eine selektive Beschichtungen der Fensterfläche und/oder
- die Befüllung des Zwischenraums zwischen den Glasscheiben mit Edelgasen. In [19] wird von der Anwendung eines selektiv beschichteten Glases mit einem geringen g-Wert von 34 % bei jedoch hoher Transparenz berichtet; außerdem war die Doppelverglasung mit Edelgas gefüllt und die Innenseite der äußeren Scheibe mit einer Funktionsschicht zur Verringerung der Wärmeverluste versehen.

Parallel sind hohe g-Werte erwünscht, allerdings müssen Regelungsmöglichkeiten für den Energiedurchlass geschaffen werden, um hohe Wärmelasten im Sommer zu vermeiden. Dies gelingt durch

- in das Fenster integrierte Lichtleiteinrichtungen (siehe [20])
- thermooptische, elektrooptische oder photochrome Systeme [21]
- thermothrophe Schichten, die bei niedrigen Temperaturen die Strahlung durchlassen und bei hohen Temperaturen die Strahlung reflektieren
- optisch schaltende Verglasungen – elektrochrome oder gasochrome Fenster – bei denen die spektralen Eigenschaften geändert werden können.

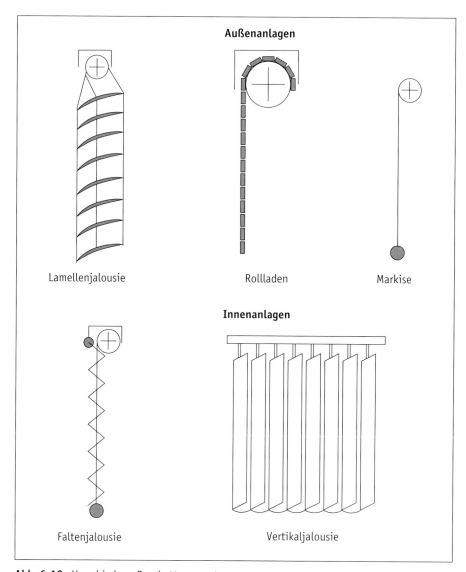

Abb. 6-12: Verschiedene Beschattungssysteme

Nach Köster [66] können ca. 30 % des Gesamtenergieverbrauchs von Verwaltungsgebäuden eingespart werden, wenn Tageslichtsysteme zum Einsatz kommen. Er schlägt dabei vor, »*die Lamellen in zwei optisch unterschiedlich wirkende Teilstücke aufzuteilen:*

- *Die erste Lamellenhälfte zur Lichtauslenkung der direkten hohen Sonne (passive Gebäudekühlung)*
- *eine zweite Lamellenhälfte zur Lichteinlenkung der flachen Sonne (verbesserte Raumausleuchtung).*«

6.7 Entwicklungstendenzen in der Gebäudetechnik
6.7.1 Allgemeine Struktur gebäudetechnischer Anlagen

Gebäudetechnik- oder allgemein technische Versorgungssysteme weisen immer eine Struktur auf, wie sie in der Tab. 6-4 gezeigt wird.

Struktureinheit	Beispiele
Energiebereitstellung (Erzeugung)	• Heizkessel • RLT-Gerät • ELT-Hauseinführung
Energieverteilung	• Heizungsnetz • Luftkanalnetz • Elektroverteilung
Energieanwendung (Nutzenübergabe)	• Heizkörper • Luftauslass • Leuchte
Regel-, Steuerungs- und Schalttechnik	• Gebäudeleittechnik, Gebäudeautomationstechnik • Regelgerät am Heizkessel • Heizungseinzelraumregelung • Thermostatventil • Beleuchtungssteuerung • Lichtschalter • Wasserarmatur

Tab. 6-4: Grundstruktur technischer Versorgungssysteme

Betrachtet man die Kosten, so empfiehlt sich eine Orientierung an den Kostenstrukturen der DIN 276 und zwar an der Kostengruppe (KG) 400 (Bauwerk – Technische Anlagen) und ggf. noch an der KG 540 (Technische Anlagen in Außenanlagen). Die Abb. 6-13 zeigt beispielhaft die Verteilung der KG 400 für ein Bürogebäude mit gehobenem Standard. Ohne dass die Verteilung quantitativ auf andere Gebäude übertragen werden kann, zeigt sie jedoch die herausragende Bedeutung folgender Anlagenkomplexe:

- KG 430: Lufttechnische Anlagen (im Text: Lüftung/Klimatisierung)
- KG 440: Starkstromanlagen
- KG 480: Gebäudeautomation.

6 Die FM-gerechte Gebäudegestaltung

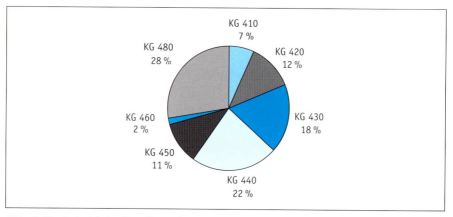

Abb. 6-13: Beispiel der Verteilung der Investitionskosten für ein Bürogebäude mit gehobener Ausstattung (KG 410 – KG 480: Kostengruppen nach DIN 276)

6.7.2 Wärmeversorgung und Heizungstechnik

6.7.2.1 Energiebereitstellung

Die für ein Gebäude benötigte Wärmeenergie kann auf zwei Wegen bereitgestellt werden, durch *Eigenerzeugung*[2] oder *Fernwärme*.

Die Entscheidung zwischen beiden Möglichkeiten wird in aller Regel aus betriebswirtschaftlicher Sicht getroffen, wobei auch der geringere Platzbedarf bei der Fernwärmeversorgung mit ins Kalkül gezogen werden sollte.

Die wesentlichen Techniken, welche zur Eigenerzeugung von Wärmeenergie im mitteleuropäischen Raum heute und künftig angewendet werden, sind

- Niedertemperaturkessel
- Brennwertkessel
- Blockheizkraftwerke (BHKW)
- Brennstoffzellen
- Wärmepumpen.

Die Nutzung von Solarenergie spielt bei Nichtwohngebäuden keine entscheidende Rolle, wenn man als Bewertungskriterium die Wirtschaftlichkeit ansetzt. Ungeachtet dessen kann es bei bestimmten Projekten interessant sein, sich mit dem Thema solarer Wärmeerzeugung zu beschäftigen.

---

2 Obwohl der Begriff der »Erzeugung« von Energie physikalisch bekanntlich falsch ist, soll er hier aufgrund seiner weiten Verbreitung verwendet werden.

Außerdem ist es zwingend erforderlich, bei Neubauten für die Wärme- und Kälteversorgung anteilig Erneuerbaren Energien einzusetzen. Im Erneuerbare-Energien-Wärme-Gesetz (EEWärmeG) sind folgende alternativen Anteile vorgegeben:

- Solarthermie 15 %
- Biogas 30 %
- flüssige und feste Biomasse 50 %
- Geothermie und Umweltwärme 50 %.

Bei mehreren Gebäuden, die im räumlichen Zusammenhang stehen, gilt die Pflicht als erfüllt, wenn die genannten Anteile in Summe für die betreffenden Gebäude eingehalten werden. Die Nutzungspflicht für erneuerbare Energien besteht nicht, wenn eine der folgenden Kompensationsmaßnahmen umgesetzt wird:

- Nutzung von Abwärme aus raumlufttechnischen Anlagen oder anderen technischen Anlagen
- Wärmebereitstellung aus hocheffizienten KWK-Anlagen
- Versorgung aus einem Nah- oder Fernwärmesystem, wobei das System entweder überwiegend mit erneuerbaren Energien oder zu mindestens 50 % aus KWK-Anlagen oder zu mindestens 50 % aus einer Kombination erneuerbare Energien / KWK versorgt wird
- Der nach EnEV geforderte Jahresprimärenergiewert und der Grenzwert für die Wärmedämmung werden um jeweils 15 % unterschritten.

Für eine Vielzahl von Objekten kommt nur eine reine Wärmeerzeugung in Betracht und die benötigte Elektroenergie wird von einem Versorgungsunternehmen bezogen. Für solche Einsatzfälle stellen Brennwertkessel den momentanen Kumulationspunkt der Entwicklung der Kesseltechnik dar, da bei ihnen die im Brennstoff gebundene Energie bei sehr hohen Wirkungsgraden in Wärme umgewandelt wird. Das Grundprinzip beruht auf einer Abkühlung der heißen Verbrennungsgase unter den Taupunkt und der damit verbundenen Ausnutzung der Kondensationsenthalpie des bei der Verbrennungsreaktion entstehenden Wasser(dampfes). Brennwertkessel lösen den, bisher zumindest in Deutschland weit verbreiteten, Niedertemperaturkessel ab, bei dem die Verbrennungsgase bereits sehr stark abgekühlt werden, allerdings nicht unter eine bestimmte Grenztemperatur, die über der Taupunkttemperatur liegt.

Aufgrund der zunehmenden Verbreitung und der damit einhergehenden günstigeren Anschaffungspreise sind Brennwertgeräte betriebswirtschaftlich gesehen tendenziell günstiger. Brennwertkessel sind teurer als Niedertemperaturkessel, benötigen aber für die gleiche Menge Nutzenergie weniger Brennstoffenergie. Die durch die neue EnEV wieder ins Gespräch gebrachten Standardkessel spielen in Deutschland zumindest perspektivisch nur noch eine untergeordnete Rolle. Kesselanlagen werden mit Erdgas und extraleichtem Heizöl betrieben. Gelegentlich wird Biomasse (z. B. Holzhackschnitzel) verwendet.

Als Eingangsgröße für Investitionsentscheidungen (siehe Kap. 7) wird der Jahresnutzungsgrad η_a von Wärmeerzeugern benötigt. Dabei handelt es sich um das Verhältnis von jährlicher Nutzenergie $Q_{a,Nutz}$ zu benötigter Brennstoffenergie $Q_{a,Br}$:

$$\eta_a = \frac{Q_{a,Nutz}}{Q_{a,Br}}$$

Anhaltswerte [22]

Brennwertkessel – Erdgas:	$\eta_a = 0{,}97 \ldots 0{,}99$
Brennwertkessel – Heizöl:	$\eta_a = 0{,}91 \ldots 0{,}93$
Niedertemperaturkessel – Erdgas:	$\eta_a = 0{,}92$
Niedertemperaturkessel – Heizöl:	$\eta_a = 0{,}90$

BHKW und Brennstoffzellen gehören zur Gruppe der so genannten Kraft-Wärme-Kopplung (KWK), bei welcher Strom und Wärme gleichzeitig erzeugt werden. In aller Regel erzeugt dabei das KWK-Aggregat einen Teil der im Objekt benötigten Wärme- und Elektroenergie, meistens die jeweiligen Grundlasten. Letzteres trifft nicht immer zu, da KWK-Anlagen auch stromgeführt betrieben werden, d. h. zu den Zeiten, bei welchen der Strombezug besonders teuer ist oder sich günstige Einspeiseerlöse erzielen lassen. Während die zusätzlich benötigte Wärmeenergie in einer eigenen Kesselanlage (oft als Spitzenlastkessel bezeichnet) erzeugt wird, muss der restliche Strom von einem Versorgungsunternehmen eingekauft werden. Die Entscheidung für eine KWK-Anlage ist demzufolge auch in erster Linie eine betriebswirtschaftliche Entscheidung. Solche Anlagen sind deutlich teurer als Kesselanlagen, aufgrund der gleichzeitigen Elektroenergieerzeugung ergeben sich aber deutlich geringere Betriebskosten.

Als Effizienzkriterium wird hier der Gesamtnutzungsgrad benötigt:

$$\eta_{a,Ges} = \frac{Q_a + E_a}{Q_{a,Br}}$$

$$\eta_{a,el} = \frac{E_a}{Q_{a,Br}}$$

$$\eta_{a,Q} = \frac{Q_a}{Q_{a,Br}}$$

$$\eta_{a,Ges} = \eta_{a,el} + \eta_{a,Q}$$

Q_a	jährlich abgegebene Wärme in kWh/a
E_a	jährlich abgegebene elektrische Energie in kWh/a
$Q_{a,Br}$	zugeführte jährliche Brennstoffenergie in kWh/a
$\eta_{a,el}$	elektrischer Nutzungsgrad
$\eta_{a,Q}$	thermischer Nutzungsgrad

	Maschinenart					
	Gasmotor		Gas-Diesel[3]		Diesel	
	von	bis	von	bis	von	bis
elektrischer Nutzungsgrad	30	35	32	37	34	39
thermischer Nutzungsgrad	52	51	45	44	41	40
Gesamtnutzungsgrad	82	86	77	81	75	79

Tab. 6-5: Nutzungsgrade von BHKW [23]

Bei einem BHKW (Abb. 6-14) handelt es sich um einen Verbrennungsmotor, der einen Generator zur Erzeugung von Elektroenergie antreibt. Die Abwärme des Motors aus den Kühlkreisläufen und aus dem Abgas wird zur Bereitstellung von Heizwärme verwendet, welche über entsprechende Wärmeübertrager in die Heizkreisläufe des Gebäudes eingespeist wird. BHKW werden mit

- Erdgas
- Diesel
- Biodiesel oder Pflanzenöl
- Biogas

betrieben. Besonderes Augenmerk bei der Planung von BHKW in Gebäuden ist dem Schallschutz zu widmen.

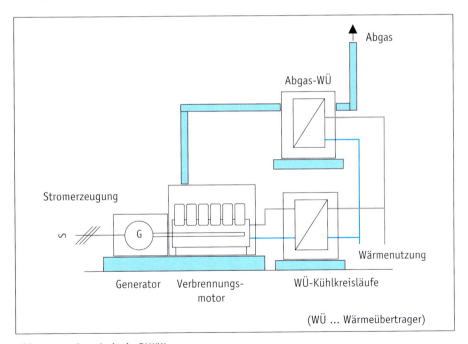

Abb. 6-14: Grundprinzip BHKW

---

3 Hierbei handelt es sich um kombinierte Motoren, die mit Gas und Diesel betrieben werden können.

Der Einsatz von BHKW in Gebäuden ist seit Beginn 2009 wirtschaftlich wesentlich interessanter, da die Regelungen zur Einspeisevergütung im Kraft-Wärme-Koppelungs-Gesetz (KWKG) geändert wurden. Den KWK-Zuschlag gibt es auch für den selbstgenutzten Strom, was bislang nicht der Fall war. Das wirkt sich gerade für BHKW im kleineren Leistungsbereich günstig aus, wie sie im Gebäudebereich typisch sind.

Entscheidend für die Wirtschaftlichkeit von BHKW in Gebäuden ist die wirtschaftliche Verwertung des erzeugten Stroms. Bilanziell unterscheidet man zwischen:

- Selbstnutzung und zwar immer dann, wenn beim Betrieb des BHKW der Stromverbrauch im Gebäude größer oder gleich dem Angebot des BHKW ist. Dieser Strom wird komplett im Gebäude genutzt.
- Einspeisung und zwar für den Teil des Stroms, welchen das BHKW über den Bedarf des Hauses hinaus erzeugt. Dieser Anteil wird in das Stromnetz eingespeist.

Der selbst genutzte Strom wird mit dem eigenen Stromeinkaufspreis bewertet. Für den eingespeisten Strom erhält man eine Mindestvergütung. Außerdem kann je nach BHKW-Größe ggf. noch der so genannte KWK-Zuschlag in Anspruch genommen werden. Mindestvergütung und KWK-Zuschlag werden im KWK-Gesetz geregelt.

Brennstoffzellen sind aufgrund der geringen Marktverbreitung und den damit einhergehenden hohen Anschaffungskosten im Gebäudebereich[4] bisher keine wirtschaftliche Alternative. Ihr Einsatz beschränkt sich von Ausnahmen abgesehen auf Demonstrations- und Forschungsprojekte. Die derzeitigen Kosten von Brennstoffzellen im Leistungsbereich unter 500 kW belaufen sich auf ca. 1.100 €/kW [24] während BHKW etwa nur 500 €/kW (Anlagengröße ca. 400 kW$_{el}$) kosten. Das Funktionsprinzip ist die Umkehrreaktion der Elektrolyse, bei welcher auf direktem Wege chemische Energie in Elektroenergie und Wärme umgewandelt wird (Abb. 6-15). Da der als Brennstoff benötigte Wasserstoff in freier Form nicht verfügbar ist, kommen wasserstoffhaltige Gase zum Einsatz. In einem vorgeschalteten Reformationsprozess muss zunächst Wasserstoff erzeugt werden.

Wärmepumpen sind Anlagen, mit deren Hilfe Umweltenergie, welche auf niedrigem Temperaturniveau vorliegt, genutzt werden kann (Abb. 6-16). Dazu ist der Einsatz zusätzlicher Energie erforderlich, wobei die gewonnene Wärmeenergie ein Vielfaches des Wärmeäquivalentes der eingesetzten Energie ist. Als Wärmequellen stehen zur Verfügung:

---

[4] Ein weiteres sehr interessantes Anwendungsgebiet für Brennstoffzellen sind Fahrzeugantriebe.

6.7 Entwicklungstendenzen in der Gebäudetechnik

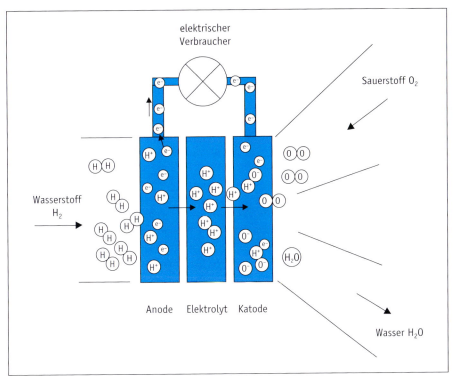

Abb. 6-15: Grundprinzip Brennstoffzelle

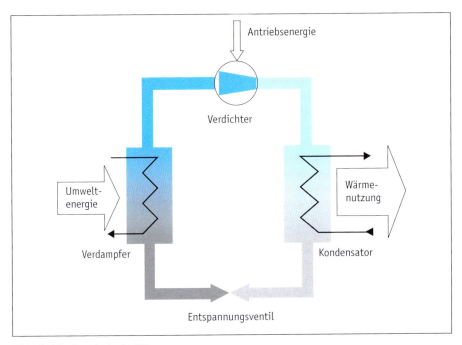

Abb. 6-16: Grundprinzip Wärmepumpe

- Wasser
  - Grundwasser
  - Oberflächenwasser
  - Abwasser (z. B. in Industrieunternehmen interessant)
- Luft/Umwelt:
  - Umgebungsluft (Außenluft)
  - Abluft industrieller Prozesse
- Erdreich:
  - Oberflächenbereich bis ca. 1,5 m Tiefe, hier wird gespeicherte Sonnenenergie genutzt
  - Tiefenbereich mit Hilfe von Erdbohrungen.

Im Nichtwohnungsbau kommen vor allem Wasser (zumeist Grundwasser) und neuerdings zunehmend Erdreichwärmequellen im Tiefenbereich zur Anwendung. Dabei werden in der Regel vertikale Erdsonden im Tiefenbereich ca. 50–200 m eingesetzt. Mit Hilfe der Erdsonden kann auch Klimakälte bereitgestellt werden.

Der Antrieb des Verdichters der Wärmepumpe kann durch einen Elektromotor oder durch einen Verbrennungsmotor erfolgen. Meist kommen auch bei zunehmend geringeren Leistungen Verbrennungsmotoren zum Einsatz. Beim Verbrennungsmotor kann zusätzlich noch die Motorenabwärme analog wie bei einem BHKW genutzt werden.

Die Wirtschaftlichkeit eines elektrischen Wärmepumpensystems wird mit Hilfe der Jahresarbeitszahl β_a beschrieben:

$$\beta_a = \frac{Q_a}{E_a} = \frac{Q_{Umwelt} + E_a}{E_a}$$

Q_a \quad von der Wärmepumpe jährlich abgegebene Energie in kWh/a
E_a \quad jährlich zugeführte Elektroenergie in kWh/a
Q_{Umwelt} \quad jährlich der Umwelt entnommene Energie in kWh/a

Beim Wärmepumpensystem mit Verbrennungsmotor wird die Jahresheizzahl ξ_a verwendet:

$$\xi_a = \frac{Q_a}{Q_{a,Br}} = \frac{Q_{Umwelt} + Q_{a,Br}}{Q_{a,Br}}$$

$Q_{a,Br}$ \quad jährlich zugeführte Brennstoffenergie in kWh/a

Die oftmals angeführte Leistungszahl von Wärmepumpen reicht nicht aus, um deren Effizienz zu beurteilen. Bei der Leistungszahl handelt es sich lediglich um einen Momentanwert. Die Jahresarbeitszahl als die über das Jahr zeitlich gemittelte Leistungszahl unterscheidet sich demzufolge von der in Herstellerangaben enthaltenen Leistungszahl im Auslegungspunkt.

Wärmequelle	Elektro-Wärmepumpe		Verbrennungsmotorische Wärmepumpe	
	VL/RL 45/40 °C	VL/RL 50/40 °C	VL/RL 45/40 °C	VL/RL 50/40 °C
	Jahresarbeitszahl βa		Jahresheizzahl ξa	
Grundwasser	3,2	3,0	1,8	1,7
Erdreich	2,8	2,6	1,7	1,55
Luft	2,4	2,2	1,6	1,5

Tab. 6-6: Jahresarbeits- und -heizzahlen für Wärmepumpenanlagen
(VL ... Verlauf; RL ... Rücklauf) [25]

Generell gilt bei allen hier angeführten Erzeugertechniken, dass die für die Wirtschaftlichkeitsbeurteilung notwendigen Jahresnutzungsgrade oder Arbeits- und Heizzahlen immer nur in Verbindung mit dem jeweiligen Heizsystem angegeben werden können. Das bedeutet, dass die Effizienz der Erzeugeranlage von den Temperaturverhältnissen im nachgeschalteten System abhängt. Beispielsweise wird bei einem Brennwertkessel, welcher an eine Heizungsanlage mit einer Spreizung Vorlauf/Rücklauf (VL/RL) von 90/70 °C angeschlossen wird, kaum der gewünschte Brennwerteffekt zu erreichen sein. Ebenso gelten die Effizienzzahlen für die WPA nur für entsprechend ausgelegte Niedertemperaturheizungen. Letztlich müssen bei betriebswirtschaftlichen Bewertungen auch die Mehrkosten für entsprechend vergrößerte Heizflächen einbezogen werden.

Zusammenfassend lässt sich sagen, dass aufgrund

- der immer besser werdenden Dämmung
- passiver Solarenergiegewinne
- innerer Wärmelasten (PC und andere Bürotechnik)
- der Lüftung mit Wärmerückgewinnung

Heizsysteme generell an Bedeutung verlieren. Damit könnte auch die Bedeutung von aktiver Solarwärmenutzung steigen (siehe [26]).

6.7.2.2 Verteilung

Das Verteilsystem, d. h. das Heizungsnetz, bestimmt wesentlich die Nutzungsflexibilität des Gebäudes. Die Aufteilung und Gestaltung der einzelnen Heizkreise muss sich an den Nutzungszonen orientieren, damit später ein effektiver Anlagenbetrieb möglich ist. Beispielsweise ist zu überlegen, ob pro Etage jeweils ein separater Heizkreis vorgesehen wird. Damit kann auf unterschiedliche Nutzungszeiten beim Absenkbetrieb reagiert werden. Eine dergestalt geplantes Heizungsnetz wird als »nutzungsgerechtes Verteilsystem« bezeichnet, wobei die genannten Grundsätze sich auch auf andere Versorgungssysteme (Elektroverteilung, Lüftungskanalnetz) sinngemäß übertragen lassen.

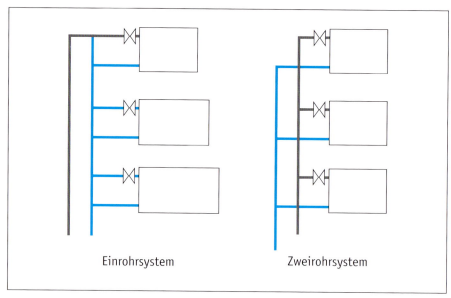

Abb. 6-17: Grundprinzip der Ein- und Zweirohrheizung

Die hydraulische Ausführung der Heizungsverteilung kann nach dem Einrohr- oder Zweirohrprinzip erfolgen. Mitunter ist auch die Kombination beider Technologien sinnvoll. Bei der derzeitigen Marktsituation ist eindeutig ein Trend zum Zweirohrsystem zu verzeichnen, da Einrohrsysteme nur noch geringe Kostenvorteile aufweisen. Darüber hinaus sind die Auslegung und der hydraulische Abgleich in der Praxis einfacher zu beherrschen.[5]

Zu Einzelheiten der Rohrverlegung in Gebäuden (siehe [27, 28]).

6.7.2.3 Wärmeübergabe

Die thermische Behaglichkeit in Räumen wird durch die Gestaltung von Einrichtungen der Wärmeübergabe beeinflusst. Außerdem wird in diesem Bereich über zukünftige Reinigungs- sowie Wartungsaufwendungen entschieden.

Folgende Gerätetypen sind vorzusehen:

- Radiatoren (robust, gut zu reinigen, prädestiniert für den Einsatz im öffentlichen Bereich)
- Rohrradiatoren (Badheizkörper oder als architektonisches Gestaltungsmittel)
- Flachheizkörper (Standardplattenheizkörper oder Planheizkörper)
- Konvektoren (zur Übertragung großer Wärmeströme)

---

5 Aus Sicht von Fachleuten ist eine solche Aussage umstritten, da bei einer sorgfältigen Auslegung eine Einrohrheizung genau so gut funktioniert wie eine Zweirohrheizung. Die Praxis zeigt nur, dass Handwerksbetriebe und auch Planer aufgrund des Wettbewerbsdruckes mitunter den notwendigen Aufwand in der Planung und Auslegung nicht betreiben und es dann zu Problemen kommen kann.

- Sockelheizkörper (Fußleistenheizkörper, hierbei handelt es sich ebenfalls um Konvektoren)
- Flächenheizungen (in Fußboden, Wand, Decke und/oder Fassade integrierte Rohrsysteme).

6.7.2.4 Regelung

Man unterscheidet zwei Komplexe:

- Raumtemperaturregelung
- Regelung der Erzeugeranlagen.

Raumtemperaturregelung

Die Regelung der Temperatur in einem Raum bedeutet, dass die Heizenergiezufuhr zum Raum so einzustellen ist, dass ein bestimmter Soll-Wert der Temperatur eingehalten wird. Liegt die Raumtemperatur über dem Soll-Wert, so ist die Wärmezufuhr zu drosseln, liegt sie unter dem Soll-Wert, so muss die Wärmezufuhr erhöht werden.

Im Raum kann die Temperatur durch folgende Regeleinrichtungen geregelt werden durch

- Thermostatventile
- Einzelraumregelungsysteme (ERS).

ERS gibt es in

- dezentraler Struktur, bei welcher direkt in den Thermostatventilkopf ein Mikroprozessor integriert ist
- zentraler Struktur, zumeist ausgeführt als BUS-System (Abb. 6-18).

Mit Hilfe des in der Abb. 6-18 dargestellten ERS ist es möglich, jedem Raum eines Gebäudes zu jeder beliebigen Zeit eine bestimmte Soll-Temperatur zuzuordnen.

Im Zusammenhang mit der EnEV und der als Basis für die entsprechenden Nachweisrechnungen zu verwendenden DIN 4701-10 kommt der Regelgüte von Raumtemperaturregelungseinrichtungen wachsende Bedeutung zu, da diese den Wärmeverlust bei der Nutzenübergabe an der Raumheizfläche bestimmen (siehe Tab. 6-7). In diesem Zusammenhang kann man von einem Paradigmenwechsel in der Haustechnikplanung sprechen, da bisher die Regelgüte von Einrichtungen zur Raumtemperaturregelung kaum als wesentlicher Einflussparameter auf den Gebäudeenergieverbrauch angesehen wurde. Bei Thermostatventilen wird die Regelgüte durch den Proportionalbereich charakterisiert. Der Proportionalbereich eines P-Reglers stellt den Betrag der Regelabweichung dar, bei welcher die Stellgröße den ganzen Stellbereich durchläuft (hier: von voll geöffnet bis ganz geschlossen und umgekehrt). Demzufolge ist die Regelgüte groß, wenn der Proportionalbereich möglichst klein ist.

6 Die FM-gerechte Gebäudegestaltung

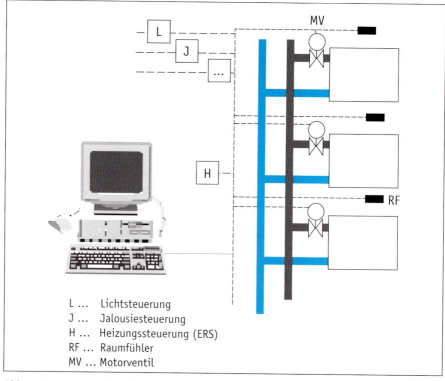

L ... Lichtsteuerung
J ... Jalousiesteuerung
H ... Heizungssteuerung (ERS)
RF ... Raumfühler
MV ... Motorventil

Abb. 6-18: Zentrales Einzelraumregelungssystem als BUS-System

Regelung	Flächenbezogener Verlust q_{CE} in kWh/m²a	Bemerkung
Thermostatventil mit Proportionalbereich 2K	3,3	
Thermostatventil mit Proportionalbereich 1K	1,1	
elektronische Regeleinrichtung	0,7	zeit- und temperaturabhängig arbeitend
elektronische Regeleinrichtung mit Optimierung	0,4	mit zusätzlichen Funktionen, z. B. Fensteröffnungs- oder Präsenzerkennung

Tab. 6-7: Einfluss der Regelgüte auf den Wärmeverlust bei der Nutzenübergabe im Raum [29]

Regelung der Erzeugeranlagen

Hier unterscheidet man zwei Grundstrategien:

- außentemperaturabhängige Vorlauftemperaturregelung
- Leistungsregelung.

6.7 Entwicklungstendenzen in der Gebäudetechnik

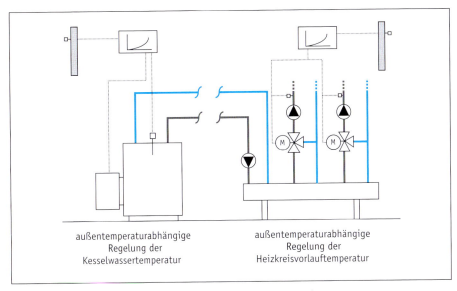

Abb. 6-19: Außentemperaturabhängige Vorlauftemperaturregelung

Bei der außentemperaturabhängigen Vorlauftemperaturregelung wird die Temperatur des Heizungsvorlaufs in Abhängigkeit der Außentemperatur geregelt, d.h. jeder gemessenen Außentemperatur ordnet das Regelgerät einen Vorlauf-Soll-Wert zu und regelt die Temperatur entsprechend ein. Dies kann direkt über die Kesselwassertemperatur oder eine zusätzliche Mischerregelung erfolgen (Abb. 6-19).

Effektiver arbeitet eine Leistungsregelung, bei der die Energiezufuhr am Kessel so eingestellt wird, dass in allen Räumen gerade die entsprechende Soll-Temperatur erreicht wird. Dies kann letztlich nur realisiert werden, wenn der Kesselregler direkt mit den Raumtemperaturfühlern verbunden ist (z. B. bei ERS).

6.7.2.5 Investitionskosten von kompletten Gebäudeheizungsanlagen

Nach der Systematik der DIN 276 sind folgende Kostengruppen zu betrachten:

KG 420: Wärmeversorgungsanlagen
    KG 421: Wärmeerzeugungsanlagen
    KG 422: Wärmeverteilnetze
    KG 423: Raumheizflächen
    KG 429: Sonstige (z.B. Schornstein soweit nicht in anderen KG erfasst)

Außerdem ist ggf. die KG 544 (Technische Anlagen in Außenanlagen: Wärmeversorgungsanlagen) zu beachten. Nach eigenen Recherchen ergaben sich für die KG 420 die flächenbezogenen Anhaltswerte 20 ... 40 €/m² BGF für Büro- und Geschäftshäuser.

6.7.2.6 Prognose der Energiekosten

Als Eingangsgröße bei der Anwendung von Investitionsbewertungsverfahren (siehe Abschn. 7.3.2) sowie für die Prozesskostenrechnung (siehe Abschn. 4.3.4) werden der jährliche Wärmeenergiebedarf und darauf aufbauend der Brennstoffbedarf benötigt. Mit dem jährlichen Brennstoffbedarf können dann die jährlichen Energiekosten berechnet werden.

Als standardisierte Verfahren können verwendet werden:

- Das Monatsperiodenbilanzverfahren nach DIN 4108-6 in Verbindung mit der DIN 4701-10, allerdings wird bei diesem Verfahren nur die Heizung des Gebäudes betrachtet. Es handelt sich um ein Ein-Zonen-Verfahren.
- Das Verfahren nach DIN 18599, mit welchem der Energiebedarf für die Heizung, Warmwasserbereitung, Lüftung, Klimatisierung und Beleuchtung sowohl für Wohngebäude als auch für Nichtwohngebäude berechnet werden kann. Es handelt sich ebenfalls um ein Monatsperiodenbilanzverfahren. Außerdem kann das Gebäude in mehrere, unterschiedlich konditionierte Zonen unterteilt werden.

Da diese Verfahren jedoch nur von Spezialisten und außerdem nur unter Zuhilfenahme von EDV-Programmen angewendet werden können, soll hier ein einfaches Näherungsverfahren demonstriert werden. Allerdings wird explizit darauf hingewiesen, dass es sich nur um eine sehr grobe Abschätzung handelt, die das prinzipielle Vorgehen verdeutlichen soll. Ziel der Berechnung ist die Bestimmung des jährlichen Heizwärmebedarfes $Q_{a,Nutz}$ (diese Größe wurde bereits im Abschnitt 4.3.4 bei der Prozesskostenrechnung für die Wärmeversorgung eines Bürogebäudes verwendet), mit dessen Hilfe dann die jährlichen Energiekosten für die Beheizung bestimmt werden können.

Der Heizwärmebedarf ist die Summe aus Transmissionswärmebedarf Q_T und Lüftungswärmebedarf Q_L: [30]

$$Q_{a,Nutz} = Q_T + Q_L \text{ in kWh/a}$$

$$Q_T = U_{Geb} \cdot A_{Geb} \cdot G_t \cdot \frac{24\,h}{d}$$

$$Q_L = 0,34 \cdot n \cdot V_L \cdot G_t \cdot \frac{24\,h}{d}$$

U_{Geb} mittlerer U-Wert des Gebäudes in W/m²K. Dieser Wert beschreibt die bauphysikalischen Eigenschaften des Gebäudes (Wärmedämmeigenschaften)

A_{Geb} Wärme abgebende Hüllfläche des Gebäudes in m²

G_t Gradtagszahl in Kd/a (Kelvin-Tage pro Jahr)

n mittlerer Luftwechsel im Gebäude in h^{-1}

V_L Lüftungsvolumen des Gebäudes in m³

$V_L = (L \cdot B \cdot H) \cdot f_V$

L, B, H   Länge, Breite, Höhe des Gebäudes (Außenmaße)
f_V Korrekturfaktor ($f_V \approx 0{,}7$)

Beispiel

Bürogebäude, Modell nach Abb. 6-20

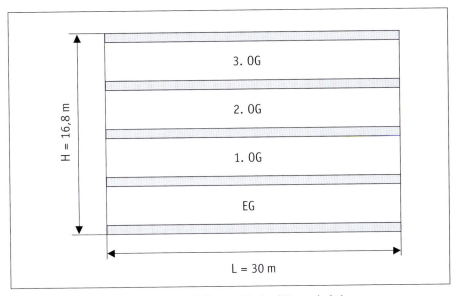

Abb. 6-20: Einfaches Modell des Beispielbürogebäudes (Längsschnitt)

Standort Berlin, G_t = 3.809 Kd/a (Angabe Wetteramt und [31])
Länge außen = 30 m
Breite außen = 16 m
Höhe außen = 16 m
BGF = 1.920 m²
U_{Geb} = 0,65 W/m²K (Niveau WSchV95 nach [32])
A_{Geb} = 2.505,6 m²
V_L = 5.644,8 m³ (f_V = 0,7)
n = 0,53 h⁻¹ (Verwaltungsgebäude nach [33])
keine Lüftungs- und Klimaanlage
Erdgasbeheizter Niedertemperaturkessel (Jahresnutzungsgrad siehe 6.7.2.1)

$$Q_T = U_{Geb} \cdot A_{Geb} \cdot G_t \cdot \frac{24\,h}{d} = 0{,}65 \cdot 2.505{,}6 \cdot 3.809 \cdot 24 \cdot \frac{1}{1.000} = 148.883{,}75 \text{ kWh/a}$$

$$Q_L = 0{,}34 \cdot n \cdot V_L \cdot G_t \cdot \frac{24\,h}{d} = 0{,}34 \cdot 0{,}53 \cdot 5.644{,}80 \cdot 3.809 \cdot 24 \cdot \frac{1}{1.000} = 92.987{,}71\ kWh/a$$

$Q_{a,Nutz} = Q_T + Q_L = 241.871{,}47\ kWh/a$

Dies entspricht einem spezifischen Wert von 126 kWh/m²a bezogen auf BGF und entspricht etwa den Werten in der Tab. 4-10.

Die notwendige Brennstoffenergie ergibt sich über den Jahresnutzungsgrad:

$$Q_{a,Br} = \frac{Q_{a,Nutz}}{\eta_a} = \frac{241.871{,}47\ kWh/a}{0{,}92} = 262.903{,}77\ kWh/a$$

Mit einem Erdgasmischpreis (Leistungs- und Arbeitspreis zusammengefasst) von 0,04 €/kWh ergeben sich mit jährliche Heizenergiekosten von 10.516,15 €/a ein spezifischer monatlicher Aufwand von ca. 0,46 €/m² Mon.

6.7.3 Lüftung/Klimatisierung

6.7.3.1 Aufgaben und Klassifizierung

Hierunter fallen die oben genannten Versorgungsaufgaben der Frischluft- sowie der Wärme- und Kälteversorgung für die Räume des Gebäudes.

Zunächst wird unterschieden zwischen komplexen Lüftungs- und Klimaanlagen sowie zwischen Einzelraumbe- und -entlüftungen.

Mit Hilfe der letztgenannten Systeme werden innen liegende Räume mit Frischluft versorgt. Die Gestaltung und der Betrieb dieser Anlagen werden in energetischer Hinsicht durch die EnEV geregelt. Permanent arbeitende Lüfter sind nicht zulässig und energetisch auch nicht sinnvoll.

Die Aufgaben der komplexen Lüftungs- und Klimaanlagen beinhalten

- die Zuführung ausreichender Frischluft, aus anlagentechnischer Sicht wird mit einer notwendigen Luftwechselrate gearbeitet
- die Zuführung notwendiger Wärme (Heizbetrieb im Winter, meist gibt es eine Grundheizung mit Heizkörpern, zusätzlich kann Warmluft eingeblasen werden)
- die Abführung von Wärmelasten (d. h. Kühlen im Sommer, innere und äußere Wärmelasten werden aus dem Raum abgeführt. Laut den Arbeitsstättenrichtlinien sollte eine Temperatur von 26 °C nicht dauerhaft überschritten werden. Grundsätzlich ist dies aber eine Frage des Komforts und damit der späteren Betriebskosten.)
- die Regulierung der Raumfeuchte innerhalb festgelegter Grenzen (Be- oder Entfeuchten).

Die Regulierung des CO_2-Gehaltes und der Feuchte gelingt nur über die Zu- und Abfuhr von Luftströmen. Die Temperaturregulierung kann sowohl über die Zu- und Abfuhr von Luftströmen als auch durch warm oder kalt beaufschlagte Heiz- oder Kühlflächen[6] erfolgen.

Die Begriffe Lüftungsanlage und Klimaanlage sind dahingehend zu unterscheiden, dass die Klimaanlagen eine Teilmenge der Lüftungsanlagen sind. Während bei Lüftungsanlagen nur reine Lüftungsfunktionen umgesetzt werden, erfolgt bei Klimaanlagen eine zusätzliche Konditionierung der Luft hinsichtlich Temperatur und Feuchte. Prinzipiell unterscheidet man drei Systeme:

- Nur-Luft-Systeme, d. h. Anlagen mit mehreren Luftbehandlungsfunktionen
- Luft-Wasser-Systeme
- Wasser-Systeme, auch als »stille« Kühlsysteme bezeichnet (Temperaturregulierung über Gebäudebauteile – sog. Bauteilaktivierung) oder Heizflächen.

Die Wasser-Systeme werden zumeist in Verbindung mit zentralen Nur-Luft-Systemen eingesetzt, da zur Realisierung der benötigten Kühllasten und der damit möglichen Taupunktunterschreitungen Feuchtelasten aus dem Raum abgeführt werden müssen.

6.7.3.2 Lüftungs- und Klimazentralen

In den Lüftungs- und Klimazentralen wird die Zuluft für ein komplettes Gebäude oder eine Gebäudezone zentral aufbereitet und mit Hilfe von Lüftern in das Kanalsystem gefördert. Folgende Luftbehandlungsfunktionen sind realisierbar:

- Heizen
- Kühlen
- Befeuchten
- Entfeuchten
- Reinigen.

Außerdem erfolgt i. d. R. eine Schallabsorption mit Hilfe von Schalldämpfern.

Die Zentrale benötigt also

- Elektroenergie zum Antrieb der Lüfter, mit deren Hilfe die Luft durch das gesamte System gefördert wird
- Wärmeenergie zum Aufheizen der Luft
- »Kälte«energie zum Abkühlen der Luft.

Die Kälteerzeugung kann mit folgender Technik realisiert werden:

- Kompressionskältemaschinen (Funktionsweise analog Wärmepumpe, siehe 6.7.2.1)
- sorptive Kältemaschinen

---

[6] Im Folgenden werden Heiz- und Kühlflächen vereinfachend nur noch als Heizflächen bezeichnet.

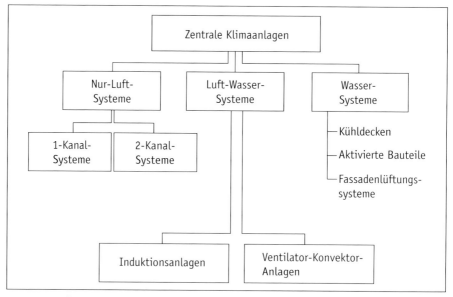

Abb. 6-21: Übersicht zentrale Klimaanlagen, geordnet nach dem Wirkprinzip

- Verdunstungskühlung (adiabate Kühlung)
- natürliche Kälteerzeugung durch Brunnen- oder Grundwasserkühlung
- natürliche Kälteerzeugung durch direkte Wärmeabfuhr im Erdreich, indem
  - im Sommer kalte Luft über im Erdreich verlegte Rohre angesaugt wird
  - wasserdurchflossene Wärmeübertrager direkt im Erdreich installiert werden (siehe z. B. [34], wo Klimakälte mit Hilfe von wasserdurchflossenen Rohren, welche in mehrere bis zu 30 m tiefe Betonbohrpfähle integriert wurden, gewonnen wird).

Für die jeweilige Kältemaschine wird noch eine Rückkühlung benötigt. Diese wird i. A. über auf dem Dach aufgestellte Kühltürme realisiert. Zu beachten ist die Schallproblematik der Rückkühlwerke.

Auf die Bedeutung von Bauteilspeichermassen als passive Kühlung wurde bereits hingewiesen. Generell sollte man prüfen, ob man ohne Kälteerzeugung auskommt. Dazu sind die Gegebenheiten des Baukörpers auszunutzen oder autogene Prozesse einzubeziehen.

6.7.3.3 Verteilsysteme

Auch für Lüftungs- und Klimaanlagen sind nutzungsgerechte Verteilsysteme entscheidend. Dadurch können beispielsweise bestimmte Gebäudeteile nur zu bestimmten Zeiten mit Frischluft versorgt werden, in der übrigen Zeit steht die Lüftungsanlage. Verschiedene Lösungen bieten sich an:

- Für jede Nutzungszone wird ein separates RLT-Gerät mit ebenfalls separatem Kanalnetz vorgesehen, in Nichtnutzungszeiten der jeweiligen Zone kann die Lüftungsanlage abgestellt oder reduziert gefahren werden.
- Durch den Einsatz von Anlagen mit Zonennachregelung kann zumindest die Wärme- und Kältezufuhr zum Raum in gewissen Grenzen geregelt werden.
- Eine raumweise Installation dezentraler Systeme ohne zentrales Kanalnetz erlaubt eine Einzelraumregelung (siehe 6.7.3.6).

6.7.3.4 Luftführung im Raum

Die Qualität der Nutzenübergabe im Raum hängt von der Gestaltung und Anordnung der Luftein- und -auslässe, d. h. insgesamt von der Luftführung ab (vgl. [35]). Dabei sind folgende Aspekte zu beachten (z. B. im Rahmen einer Aufgabenstellung an das Planungsteam):

- Raumklimatische Gesichtspunkte
    - gleichmäßige Luftverteilung
    - Zugfreiheit (Geschwindigkeit, Temperaturunterschiede)
    - Schadstoff-, Geruchs- und Wärmequellen im Raum
    - Qualität der Zuluft
    - akustische Anforderungen (Schallpegel)
- Funktionelle und bauliche Gesichtspunkte
    - Sitzanordnung in Aufenthaltsräumen (Büro, Veranstaltung u. a.)
    - Lage der Schadstoff-, Geruchs- und Wärmequellen
    - architektonische Anforderungen an Luftein- und -auslässe
    - räumliche Aspekte (Deckenhöhen, Lage der Kanäle).

Es gibt drei grundlegende Lüftungsarten:

- Mischlüftung (Verdünnungs- oder Strahllüftung) für Räume ohne spezielle Anforderungen
- Verdrängungslüftung für
    - Reinräume
    - OP-Räume
    - Labors
    - Farbspritzereien
- Quelllüftung (Sonderform der Verdrängungslüftung, wird als Optimum bzgl. Behaglichkeit und Kosten angesehen, wobei die Kühlleistung aufgrund geringer Temperaturdifferenzen beschränkt ist).

Die Luftführung im Raum kann ebenfalls in drei Varianten realisiert werden:

- vertikale Luftführung (von unten nach oben oder von oben nach unten)
- horizontale Luftführung (Querlüftung)
- Wurf- oder Strahllüftung (z. B. für große Räume wie Sport- oder Konzerthallen).

Die Luft wird dem Raum mit Hilfe von Luftauslässen zugeführt. Hierbei handelt es sich je nach Luftführung um

- Deckenluftverteiler (zumeist für geringere Raumhöhen)
- Drallauslässe (für große Raumhöhen)
- Düsenluftauslässe (für Wurf- oder Strahllüftung)
- Schlitzauslässe (zum Einbau in Deckenfugen oder im Bereich von Unterhangdecken – Verwendung beispielsweise in Kaufhäusern).

6.7.3.5 Regelung von Lüftungs- und Klimaanlagen

Bei Lüftungs- und Klimaanlagen werden i.d.R. folgende Luftzustandsgrößen geregelt:

- Temperatur
- Feuchte.

Außerdem ist zu unterscheiden zwischen

- der Zuluftregelung, bei welcher der Zuluftstrom unabhängig von den eigentlich interessierenden Raumgrößen konditioniert wird
- der Regelung der Raumgrößen Temperatur und Feuchte, was letztlich einen höheren Komfort gewährleistet.

Knabe weist auf die Problematik der gemeinsamen Regelung von Heizungs- und RLT-Anlage hin [36]. Praktisch muss verhindert werden, dass im Sommer, wenn der Raum aufgrund des starken Wärmeeintrages gekühlt werden muss, die Heizung nicht parallel zu arbeiten beginnt und umgekehrt.

6.7.3.6 Dezentrale Systeme

Im Zusammenhang mit den Flexibilitätsanforderungen an Gebäude kommt dezentralen Systemen eine völlig neue Bedeutung zu. Lösungen mit Heiz- und Kühldecken werden in [37] gezeigt. Darüber hinaus werden in der Praxis zunehmend Fassadenlüftungsgeräte eingesetzt, mit deren Hilfe alle Luftbehandlungsaufgaben (Heizen, Kühlen, Be- und Entfeuchten) realisiert werden können. Der Vorteil solcher Lösungen besteht darin, dass bei rasterweiser Anordnung ein Höchstmaß an Flexibilität bei erforderlichen Raumveränderungen gegeben ist. Außerdem gelingt mit dezentralen Geräten eine Versorgung des einzelnen Raumes entsprechend seiner Nutzungszeiten. Zu berücksichtigen ist, dass solche Systeme neben höheren Investitionskosten auch höhere Instandhaltungskosten erfordern.

In [38] wird über den Einsatz von dezentralen Unterflurgeräten in einem Hochhaus mit Doppelfassade (Post-Tower in Bonn) berichtet. Die Luft wird aus dem Zwischenraum der Doppelfassade angesaugt, im Gerät konditioniert (Heizen oder Kühlen) und strömt dann in den Raum. Von dort gelangt sie über Überströmventile in den Flurbereich, von wo sie über ein zentrales Lüftungssystem wieder nach außen befördert wird. Die Geräte können individuell raumweise geregelt werden. Die Abb. 6-22 verdeutlicht das geschilderte Wirkprinzip in verallgemeinerter Form.

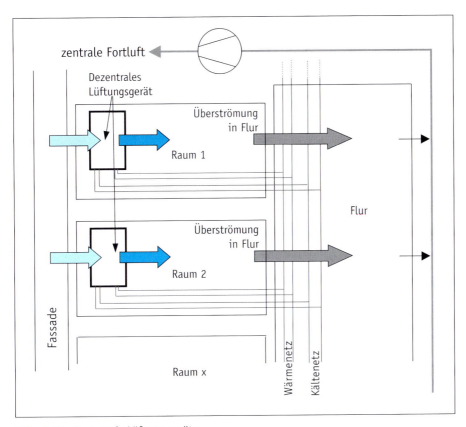

Abb. 6-22: Dezentrale Lüftungsgeräte

6.7.3.7 Investitionskosten von kompletten Lüftungs- und Klimaanlagen

Nach DIN 276 sind folgende Kostengruppen zu beachten:

KG 430: Lufttechnische Anlagen
    KG 431: Lüftungsanlagen
    KG 432: Teilklimaanlagen
    KG 433: Klimaanlagen
    KG 434: Prozesslufttechnische Anlagen
    KG 435: Kälteanlagen
    KG 439: Sonstiges (Lüftungsdecken, Kühldecken, Abluftfenster, Installationsdoppelböden, soweit nicht in anderen KG erfasst)

Die Angabe allgemeingültiger flächenbezogener Werte für die komplette KG 430 ist nicht möglich, da der Ausstattungsgrad extrem variieren kann (mit Klimaanlage/ohne Klimaanlage, nur Teilbereiche u. ä.). Eher lassen sich Anhaltswerte angeben, die auf den Gesamt-Luftvolumenstrom (Auslegungsgröße vom TGA-Planer abfragen) für das Gebäude bezogen sind: 5 … 10 €/m³/h. Dies korreliert mit den Werten aus [39].

6.7.3.8 Prognose von Energiekosten

Nachfolgend wird ein einfaches Verfahren nach [40] zur Bestimmung des Energieverbrauches angegeben. Es wird davon ausgegangen, dass die benötigte Transmissionswärme über die Heizkörper (in diesem Fall als statische Heizflächen bezeichnet) den Räumen zugeführt wird. Zusätzlich werden die Räume belüftet, wobei diese Luft im Winter beheizt und im Sommer gekühlt wird. Gesucht sind also:

- Nutzwärme – statische Heizflächen
- Nutzwärme – Lüftungsanlage
- Elektroenergie für Kälteerzeugung
- Elektroenergie für den Lufttransport durch die Kanäle der Anlage.

Nutzwärme – statische Heizflächen

$$Q_T = U_{Geb} \cdot A_{Geb} \cdot G_t \cdot \frac{24\,h}{d}$$

Nutzwärme – Lüftungsanlage

$$Q_{L,mech} = G_L + \dot{V} \cdot c_P \cdot \rho \cdot (1 - \psi) \cdot \frac{z}{365}$$

G_L	Lüftungsgradstunden (siehe [41]) in Kh/a
$\dot{V}$	Lüftungs-Volumenstrom des Gebäudes oder -bereiches in m³/h
c_p	spezifische Wärmekapazität der Luft (Stoffwert) = 0,2778 Wh/kg K
ρ	Dichte der Luft (Stoffwert) = 1,2 kg/m³
ψ	Wärmerückgewinnungsgrad – Wärme
z	Anzahl der Betriebstage im Jahr in d/a

Elektroenergie für Kälteerzeugung

Zuerst wird die thermische Energie berechnet:

$$Q_{a,K} = G_K + \dot{V} \cdot c_P \cdot \rho \cdot (1 - \omega) \cdot \frac{z}{365}$$

G_K	Kühlgradstunden (siehe [42]) in Kh/a
ω	Wärmerückgewinnungsgrad – Kälte

6.7 Entwicklungstendenzen in der Gebäudetechnik

Die zur Erzeugung der thermischen Energie notwendige Elektroenergie (für den Anwendungsfall Kompressionskältemaschine) $E_{a,K}$ errechnet sich über die Arbeitszahl ε_a (2 ... 3) wie folgt:

$$\varepsilon_a = \frac{Q_{a,K}}{E_{a,K}}$$

$$E_{a,K} = \frac{Q_{a,K}}{\varepsilon_a}$$

Elektroenergie für Lufttransport

$$E_{a,L} = \frac{\dot{V} \cdot \Delta p}{\eta_{Vent}} \cdot \Delta \tau$$

Δp Gesamtdruckverlust, setzt sich zusammen aus:
Druckverlust im Kanalnetz (ca. 200 ... 300 Pa – grobe Schätzung) und internen Apparatewiderständen (Erhitzer, Kühler, Filter, Mischkammer = ca. 1.000 ... 2.000 Pa – grobe Schätzung)

η_{Vent} durchschnittlicher Wirkungsgrad der Ventilatoren (ca. 0,5 ... 0,8) [43]

$\Delta \tau$ Laufzeit der Lüftungsanlage

Damit ergeben sich die Gesamtwärmeenergie $Q_{a,Nutz}$ und die Gesamtelektroenergie $E_{a,Klima}$ für ein Gebäude, welches über eine zentrale Lüftungsanlage beheizt und gekühlt wird:

$$Q_{a,Nutz} = Q_T + Q_{L,mech}$$
$$E_{a,Klima} = E_{a,K} + E_{a,L}$$

Während zur Ermittlung der Jahreskosten die so errechnete Elektroenergie direkt verwendet werden kann, muss bei der Wärme noch die Energieumwandlung von der Brennstoffenergie (Verbrennung, Wärmepumpe o.a.) berücksichtigt werden (siehe Beispiel in 6.7.2.6):

$$Q_{a,Br} = \frac{Q_{a,Nutz}}{\eta_a}$$

Die Jahreskosten für Wärme ergeben sich mit dem Brennstoffpreis k_{Br}:

$$K_{Erdgas} = Q_{a,Br} \cdot k_{Br}$$

Die Elektroenergiekosten ergeben sich analog mit dem Elektroenergiepreis k_{elt}:

$$K_{Elt,Klima} = E_{a,Klima} \cdot k_{elt}$$

Beispiel

Bürogebäude (siehe 6.7.2.6 und Abb. 6-20)
Das Gebäude ist jetzt mit einer so genannten Teilklimaanlage ausgestattet, bei welcher die den Räumen zugeführte Luft je nach Außentemperatur beheizt oder gekühlt wird (Abb. 6-23). Die benötigte Wärme wird in einer erdgasbefeuerten Kesselanlage erzeugt und die Kälte in einer elektrisch betriebenen Kompressionskältemaschine. Für den Heizfall ist eine Wärmerückgewinnung vorgesehen, für den Kühlfall dagegen nicht.

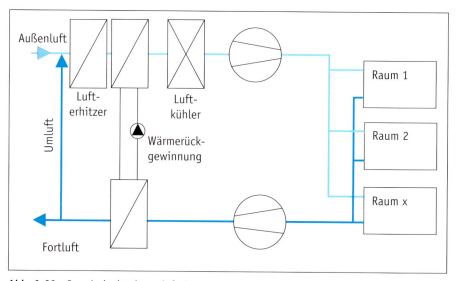

Abb. 6-23: Grundprinzip einer einfachen Teilklimaanlage

Standort Berlin
Betriebszeit 7–19 Uhr, z = 12 h/d
Zulufttemperatur Winter: 21 °C
G_L nach [42]: G_L = 81.832 − 35.771 = 46.061 Kh/a
Zulufttemperatur Sommer: 18 °C
G_K nach [44]: G_K = 2.887 − 5 = 2.882 Kh/a
Büros mit 2-fachem Luftwechsel: n = 2 h^{-1}
V_L = 5.644,8 m³ (geschätzt: f_V = 0,7)
$\dot{V} = V_L \cdot n$ = 5.644,8 · 2 = 11.290 m³/h
Wärmerückgewinnung ψ = 0,6
Arbeitszahl der Kältemaschine: ε_a = 3,0
Wirkungsgrad des Lüfters: η_{Vent} = 0,7

Die Tab. 6-8 enthält die Berechnungsergebnisse des Beispiels.

Nutzwärme – statische Heizflächen		
QT	148.884	kWh/a
Nutzwärme – Lüftung		
Wärmerückgewinnung (ψ)	0,6	
G_L	46.061	hK/a
$\dot{V}$	11.290	m³/h
c_p	0,2778	Wh/kg K
ρ	1,2	kg/m³
z	250	d/a
$Q_{L, mech}$	47.490	kWh/a
Elektroenergie für Kälteerzeugung		
Kälterückgewinnung (ω)	0	
G_K	2.882	Kh/a
$Q_{a, K}$	7.428	kWh/a
ε_a	3,0	
$E_{a, K}$	2.476	kWh/a
Elektroenergie für Lufttransport		
Δp	2.000	Pa
η_{vent}	0,7	
$E_{a, L}$	26.880	kWh/a
Jahreskosten		
Jahresnutzungsgrad Wärme	0,92	
Erdgasmischpreis (Brennstoffpreis) k_{Br}	0,04	€/kWh
Eltmischpreis (Elektroenergieeinkaufspreis) k_{elt}	0,13	€/kWh
Kosten Erdgas K_{Erdgas}	8.537,97	€/a
Kosten Elektroenergie $K_{Elt, Klima}$	3.816,30	€/a
spezifische Kosten für Erdgas pro Monat	0,37	€/m² Mon
spezifische Kosten für Elektroenergie pro Monat	0,17	€/m² Mon

Tab. 6-8: Ergebnisse der Energiekostenberechnung für das Bürogebäude mit Teilklimaanlage

Für dieses Beispielgebäude werden im Folgenden noch die Elektroenergiekosten für Beleuchtung und Bürotechnik abgeschätzt, um schließlich die Gesamtenergiekosten beurteilen zu können (siehe 6.7.5.4).

6.7.4 Wasserversorgung, Abwasserentsorgung, Sanitärtechnik

Es fällt schwer, für Nichtwohngebäude einen verallgemeinerungsfähigen Ansatz für deren Wasserbedarf anzugeben. Bürogebäude haben im Allgemeinen nur einen geringen Verbrauch (Sanitärzwecke). Die Warmwasserbereitung wird man durch kleine dezentrale Anlagen abdecken. Ganz anders kann es in Hotels und Raststätten aussehen. Dort ist der Wasserverbrauch eine bedeutsame Größe und außerdem entscheidet die Robustheit und Zweckmäßigkeit der Sanitärelemente über die späteren Nutzungskosten. Verbrauchscharakteristika für verschiedene Gebäudes sind in der Tab. 6-9 zusammengefasst (siehe auch allgemein für den Wasserbedarf das DVGW-Arbeitsblatt W410).

Bezeichnung	Wasserverbrauch
Hotel (je Übernachtung)	80 ... 150 l/d
Kaufhäuser (je Mitarbeiter)	25 ... 50 l/d
Krankenhäuser 150 bis 300 Betten 300 bis 600 Betten 600 bis 1.000 Betten	 250 ... 450 l/d und Bett 300 ... 500 l/d und Bett 400 ... 600 l/d und Bett
Verwaltung- und Bürogebäude (je Mitarbeiter)	20 ... 25 l/d

Tab. 6-9: Wasserverbrauch verschiedener Gebäudetypen [45]

Generell kann man auf den Wasserverbrauch mit Hilfe so genannter Wasserspararmaturen Einfluss nehmen. In Raststätten oder allgemein in öffentlichen Toiletten können wasserlose Urinale eine Einsatzalternative zu Wassersystemen sein.

Die Regenwassernutzung spielt aufgrund der deutlich höheren Kosten zumeist keine Rolle, allenfalls in Wohngebäuden. Ggf. kann die Regenwassernutzung in Industrieunternehmen mit hohem Bedarf an gering-qualitativem Brauchwasser von Bedeutung sein. Im Industriebereich, z. B. in der Textilindustrie spielt die Grauwassernutzung, bei welcher Wasser in verschiedenen Kreisläufen mehrfach genutzt wird, eine Rolle.

Für die Warmwasserbereitung sind aus energetischer Sicht folgende Aspekte wichtig:

- Ggf. separates System für Sommerbetrieb
- Zentral oder dezentral (in Bürogebäuden in der Regel dezentral)
- Zirkulationsverluste minimieren, evtl. elektrische Begleitheizung.

6.7.5 Elektroenergieversorgung/Starkstromtechnik

Elektroenergie wird im Gebäudebereich für folgende Anwendungen benötigt:

- Beleuchtung
- Büro-, Kommunikations-, Präsentations- und Rechentechnik
- Lüftungs- und Klimaanlagen
- Aufzüge, Fahrtreppen, Fassadenbefahranlagen
- Küchen-/Haushaltgeräte
- technologische Prozesse.

Die Bedeutung der Elektroenergieversorgung nimmt zu, da immer mehr Systeme im Gebäude Elektroenergie benötigen (Büro- und Kommunikationstechnik, Haushaltsgeräte).

6.7.5.1 Erzeugung/Bereitstellung

Die benötigte Elektroenergie kann vom Versorgungsunternehmen bezogen (Energiebezug) und/oder in eigenen Anlagen erzeugt werden.

Für die Eigenerzeugung stehen BHKW-Anlagen (siehe 6.7.2.1 und Photovoltaikanlagen [46]) zur Verfügung.

Energiebezug

Beim Netzanschluss gibt es die Möglichkeiten zur

- Versorgung aus dem Mittelspannungsnetz u. a. für
  - größere Büro- und Verwaltungsgebäude
  - Industriebetriebe
  - Krankenhäuser.

  Hier ist eine entsprechende Trafoanlage zur Transformation auf die Niederspannung 400/230 V erforderlich.
- Versorgung aus dem Niederspannungsnetz für alle übrigen, kleineren Verbraucher.

In der Regel wird die Trafoanlage innerhalb des Gebäudes untergebracht. Die Festlegung von Anzahl und Größe der einzelnen Trafos erfolgt durch das zuständige Versorgungsunternehmen.

Photovoltaik (PV)

Mithilfe von PV-Anlagen kann ein Teil des Strombedarfs im Gebäude abgedeckt werden. Die Auslegung der Anlage sollte sich demzufolge an Umfang und Struktur des eigenen Strombedarfs orientieren. Die Anlage kann wirtschaftlich sein, wenn sie zu möglichst niedrigen Preisen angeschafft wurde und wenn ein möglichst großer Teil des Stroms selbst genutzt wird. In der Regel ist der optimale Einkauf der Anlage entscheidender, als der Wirkungsgrad der Zellen (Tab. 6-10), so dass eine Anlage mit polykristallinen Zellen oft wirtschaftlich interessanter ist, als eine mit effizienteren monokristallinen Zellen.

	Wirkungsgrad	
	von	bis
monokristalline Zellen	0,100	0,180
polykristalline Zellen	0,090	0,155
Dünnschicht-Zellen	0,040	0,120

Tab. 6-10: Einspeisevergütungen für PV-Anlagen am Gebäude

Notstromversorgung

Elektrische Systeme sind für den Betrieb komplexer Gebäude mittlerweile unverzichtbar, so dass auch für den Fall der Unterbrechung der öffentlichen Stromversorgung vorgesorgt sein muss. Diese Aufgabe übernehmen

- Notstrom-Batterieanlagen mit separatem und entlüftetem Batterieraum für Notbeleuchtung und Fernmeldeanlagen
- Diesel-Notstromaggregate für die komplette Versorgung (Anlaufzeit ca. 15 Sekunden)
- Unterbrechungsfreie Stromversorgungen (USV), d. h. Dieselaggregate mit Schwungradschnellstart, z. B. in Krankenhäusern mit OP-Betrieb und Batterieanlagen für EDV-Anlagen.

6.7.5.2 Verteilsysteme

Nutzungsgerechte Verteilsysteme spielen insbesondere in modernen Bürogebäuden eine wichtige Rolle. Durch den Einsatz von BUS-Systemen im Bereich der Elektroverkabelung (z. B. EIB) erreicht man ein Höchstmaß an Nutzungsflexibilität (vgl. 6.3.5). Außerdem können über die Bus-Systeme zusätzliche Automatisierungsfunktionen realisiert werden (Heizungseinzelraumregelung, Beleuchtungssteuerung).

Allgemein erfolgt der strukturierte Aufbau des Gebäudenetzes mit Hilfe von Stromkreisverteilern und Stromkreisen.

Der Stromkreisverteiler enthält einzelne Stromkreise, auf welche die Energie entsprechend der angeschlossenen Abnehmern verteilt wird. Jeder Stromkreis setzt sich zusammen aus

- der Sicherung oder dem Leistungsschutzschalter
- der Zuleitung zum Verbraucher
- dem Verbraucher
- der Rückführung über den Nullleiter.

Durch die Anzahl und Anordnung von Verteilern und Stromkreisen wird Einfluss genommen auf die

- Flexibilität hinsichtlich Nutzungsänderung
- separate Zu- und Abschaltbarkeit von Verbrauchergruppen
- detaillierte verursachergerechte Verbrauchserfassung.

6.7.5.3 Energieanwendung: Raum- und Arbeitsplatzbeleuchtung

Gerade in Bürogebäuden spielen optimale Beleuchtungskonzepte eine wichtige Rolle, da sie sich auf das Behaglichkeitsempfinden der Nutzer auswirken und die Nutzungskosten durch die Beleuchtung beeinflusst werden.
Von besonderer Bedeutung für den Menschen ist das Tageslicht, folgende Aspekte sind maßgeblich [47]:

- Blickkontakt zur Außenwelt
- Der Mensch benötigt eine biologisch notwendige Lichtstrahlungsdosis
    - Bildung von Vitamin B, Mindestgehalt an ultravioletter und infraroter Strahlung erforderlich
    - Auswirkung auf den Biorhythmus
- Priorität der Lichtgestaltung: Tageslicht vor Kunstlicht
- Kunstlicht arbeitet in der Nacht gegen Biorhythmus
- flächiges Ausleuchten in der Nacht mit Kunstlicht widerspricht dem durch Jahrtausende geprägtem Lichtverständnis des Menschen.

Folgende Aspekte der Tageslichtnutzung müssen schon im Architekturentwurf ausreichend beachtet werden:

- geringe Raumtiefen
- Fenster bis unter die Decke
- Lichtlenkung über steuerbare Prismen
- Lichtlenkung über Spiegelsysteme.

Kramer [48] geht auf die verschiedenen Lichtarten unter dem Aspekt der Lichtgestaltung ein und unterscheidet:

- Indirektes Licht
    - Decke wird als Reflektor verwendet
    - sehr weich
- Direkt-indirektes Licht
    - Licht wird auf spiegelnde Oberflächen geleitet (Direktanteil)
    - könnte auch direkt durch Strahler erzeugt werden
- Direktes Licht
    - Flächenstrahler: weiches Licht, Licht aus verschiedenen Richtungen
    - Punktstrahler: sehr hart, kleine Lichtzonen
- Peripheres Licht
    - seitliche Erweiterung des Raumes durch Strahler direkt und parallel an der Wand.

Für Büros gibt es drei grundlegende Beleuchtungskonzepte (Abb. 6-24):

- direkte Allgemeinbeleuchtung
- direkt-indirekt strahlende Allgemeinbeleuchtung
- zonale indirekt/direkt strahlende Arbeitsplatzbeleuchtung (die beiden unteren Grafiken in der Abb. 6-24)

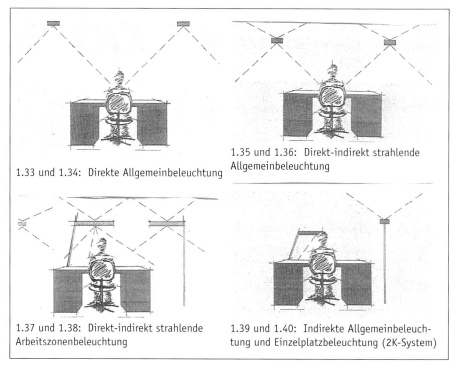

Abb. 6-24: Beleuchtungskonzepte für Bürogebäude [49]

Das erste Konzept ist in aller Regel am kostengünstigsten zu verwirklichen und deshalb am weitesten verbreitet. Es wird mit Hilfe von Einbau- oder Aufbaudeckenleuchten verwirklicht. Das zweite Konzept weist aufgrund des indirekten Lichtanteils größere Behaglichkeitswerte auf. Es wird mit Hilfe von abgependelten Deckenleuchten umgesetzt. Der Einsatz ist auf Räume mit einer Deckenhöhe von mindestens 2,60 m begrenzt. Das dritte Konzept hat vor allem Vorteile:

- hinsichtlich der Flexibilität, d. h. Räume können umgeräumt werden, ohne dass auf die Anordnung fest installierter Deckenleuchten Rücksicht genommen werden muss
- hinsichtlich der Akzeptanz, weil der Nutzer sich die Beleuchtungssituation am Arbeitsplatz weitestgehend selbst gestalten kann.

Nach der DIN EN 12464-1 wird die Güte der Beleuchtung (das sog. Lichtklima) in einem Raum an Hand folgender Kriterien beurteilt:

- Leuchtdichteverteilung
- Beleuchtungsstärke
- Lichtrichtung und Schattigkeit
- Blendung
- Lichtfarbe und Farbwiedergabe
- Flimmern
- Tageslichtanteil.

Für die Wirtschaftlichkeit von Beleuchtungskonzepten sind folgende Faktoren entscheidend:

- Anschaffungskosten
- Energiekosten (Brenndauer)
- Kosten für Leuchtmittelersatz
- Reinigungskosten
- Reparaturkosten.

Die Anschaffungskosten können aufgrund der Vielfalt oder des Designeinflusses auf den Anschaffungspreis nicht verallgemeinert dargestellt werden. Ausgehend von groben Abschätzungen der benötigten Leuchten müssen Herstellerangebote eingeholt werden. Das Optimierungspotenzial moderner Beleuchtungssysteme gegenüber konventioneller Beleuchtung liegt in drei Kategorien:

- neue Beleuchtungskörper (größere Lichtausbeute)
- Elektronische Vorschaltgeräte (man unterscheidet konventionelle (KVG) und elektronische Vorschaltgeräte (EVG), welche eine um 30 % geringere Leistung haben)
- Lichtsteuerung.

Die Lichtsteuerung zielt auf die Verringerung der Brenndauer der Beleuchtung ab. Dabei gibt es verschiedene Ansatzpunkte:

- Einsatz von Präsenzmeldern
- zeitabhängige Steuerung (z. B. zentrale Abschaltfunktionen)
- tageslichtabhängige Steuerung.

6.7.5.4 Prognose von Energiekosten

Die jährlichen Energiekosten für die Beleuchtung ergeben sich wie folgt:

$$K_{elt, Beleuchtung} = P_{Beleuchtung} \cdot \tau_{a, Bel} \cdot k_{elt} \cdot GF_{Bel}$$

$K_{elt, Beleuchtung}$	jährliche Energiekosten für Beleuchtung in €/a
$P_{Beleuchtung}$	Anschlusswert der Beleuchtung in kW
$\tau_{a, Bel}$	jährliche Brenndauer in h/a
k_{elt}	Elektroenergiepreis in €/kWh
GF_{Bel}	Gleichzeitigkeitsfaktor (ca. 0,5 bis 1,0 – Planerangabe)

Die Leistung $P_{Beleuchtung}$ ergibt sich über flächenspezifische Anhaltswerte, welche für Büroräume in einer Größenordnung von 10–25 W/m² liegen. [50, 51]
Anhaltswerte für τ_a können mit Hilfe der in Tab. 6-11 enthaltenen Betriebsdauer von Einrichtungen abgeschätzt werden. Als Einflussparameter sind zu berücksichtigen

- der natürliche Lichteinfall
- die Größe und Lage der Fenster
- die Raumverhältnisse.

6 Die FM-gerechte Gebäudegestaltung

Art der Einrichtung (normale Arbeitszeit Mo–Fr)	Betriebsdauer Beleuchtung in h/a
Fabriken (7.30–19.30)	1.100
Büros (7.30–19.30)	1.000
Schulen (7.30–14.00)	200
Schaufenster (tgl. bis 24.00)	3.200
Läden (10.00–19.00)	700

Tab. 6-11: Durchschnittliche Betriebsdauer von Einrichtungen [52]

In Bürogebäuden ist noch der Verbrauch für Büro- und Kommunikationstechnik zu bilanzieren:

$$K_{elt, Büro} = P_{Büro} \cdot \tau_{a, Büro} \cdot k_{Elt} \cdot GF_{Büro}$$

$K_{elt, Büro}$	jährliche Energiekosten für Bürotechnik in €/a
$P_{Büro}$	Anschlusswert der Bürotechnik in kW (ca. 10 W/m²)
$\tau_{a, Büro}$	jährliche Anschaltdauer in h/a (Berechnung aus Arbeitszeit)
k_{elt}	Elektroenergiepreis in €/kWh
$GF_{Büro}$	Gleichzeitigkeitsfaktor (ca. 0,5 bis 1,0)

Beispiel

Für das im Abschnitt 6.7.2.6 dargestellte Bürogebäude soll der Allgemeinstromverbrauch abgeschätzt werden, es ergeben sich folgende Ergebnisse:

Energiebedarf Büros (Beleuchtung + Allgemeinstrom)		
BGF	1.920	m²
NRF	1.536	m²
$P_{Beleuchtung}$	15	W/m²
$P_{Büro}$	10	W/m²
Gleichzeitigkeitsfaktor – Beleuchtung	0,6	
Gleichzeitigkeitsfaktor – Büro	0,6	
$\tau_{a, Bel}$	1.000	h/a
$\tau_{a, Büro}$	3.000	h/a
$E_{a, Bel}$	13.824	kWh/a
$E_{a, Büro}$	27.648	kWh/a
$E_{a, ges}$	41.472	kWh/a
Gesamtenergiebedarf spezifisch	21,6	kWh/m²a

Tab. 6-12: Berechnete Elektroenergiekosten für Beleuchtung und Bürotechnik für das Beispielgebäude

Wenn man davon ausgeht, dass die übrigen Elektroenergieverbraucher (Aufzüge, Jalousien u. ä.) keinen nennenswerten Verbrauchsbeitrag mehr liefern, kann man die bisher in den Abschnitten 6.7.2.6 und 6.7.3.8 gezeigten Beispielrechnungen zusammenfassen und es ergibt sich für die Wärme- und Elektroenergiekosten das in der Tab. 6-13 dargestellte Gesamtergebnis.

Berechnungsergebnis Beispiel			Vergleichswerte	
Wärmeverbrauch	196.373	kWh/a		
Brennstoffwärme bei η_a = 0,92	213.449	kWh/a		
spezifischer Verbrauch	111	kWh/m²a	ca. 111	kWh/m²a
Brennstoffpreis	0,04	€/kWh	(Modalwert VDI 3807-2)	
Wärmekosten	8.538	€/a		
spezifische Wärmekosten	0,37	€/m² Mon.	0,46	€/m² Mon.
Elektroenergie – Kälte	2.476	kWh/a		
Elektroenergie – Lufttransport	26.880	kWh/a		
Elektroenergie – Beleuchtung	13.824	kWh/a		
Elektroenergie – Bürotechnik	27.648	kWh/a		
Elektroenergieverbrauch	70.828	kWh/a		
spezifischer Verbrauch	37	kWh/m²a	ca 17	kWh/m²a
Elektroenergiepreis	0,13	€/kWh	(Modalwert VDI 3807-2)	
Elektroenergiekosten	9.208	€/a		
spezifische Elektroenergiekosten	0,40	€/m² Mon.	0,41	€/m² Mon.

Tab. 6-13: Vergleich der Berechnungsergebnisse für das Bürogebäude mit der VDI 3807 und der Bürokostenstudie (CREIS GmbH, Oskar 2002)

Die gesamten Elektroenergiekosten ergeben sich nach der Formel:

$K_{elt} = K_{elt,Klima} + K_{elt,Beleuchtung} + K_{elt,Büro}$

Die Ergebniszusammenfassung in der Tab. 6-13 zeigt eine akzeptable Übereinstimmung der Prognosewerte zur VDI 3807 und zur Bürokostenstudie Oskar 2002. [53]

6.7.6 Transport und Erschließung

Hierunter fallen folgende Anlagen:

- Aufzüge
- Fahrtreppen
- Fahrsteige
- Kleingutförderanlagen
    - Bandförderanlagen
    - Taschenförderanlagen
    - Kastenförderanlagen
    - Schienenförderanlagen
    - Rohrpostanlagen
- Auto-Parksysteme.

Im Folgenden werden ausschließlich Aufzüge betrachtet, bezüglich der anderen Transporteinrichtungen wird auf die entsprechende Fachliteratur verwiesen.

Bei Betrachtung des Funktionsprinzips ist zwischen zwei Aufzugsarten zu unterscheiden (Abb. 6-25):

- Seilaufzug, i.d.R. mit Treibscheibenantrieb und Gegengewicht (nur die Nutzlast wird gehoben), Maschinenraum unmittelbar am Schacht erforderlich (oft als Dachaufbau)
- Hydraulikaufzug, i.d.R. Hubstempel unter der Kabine (Nutzlast + Fahrstuhlgewicht muss gehoben werden), Maschinenraum kann vom Aufzug entfernt liegen, sinnvolle Einsatzgebiete bei geringer Förderhöhe und geringen Fahrgeschwindigkeiten, wird oft als Lastenaufzug angewendet.

Die Anzahl von Aufzügen sowie deren Transportkapazität sind ein Ausdruck für den Qualitätslevel in einem Gebäude. Allgemein kann man für die Förderleistung F schreiben:

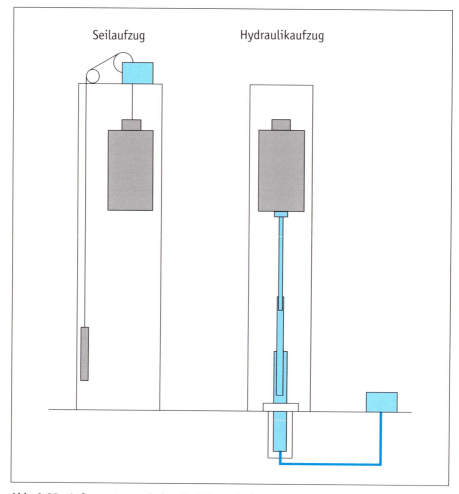

Abb. 6-25: Aufzugsarten nach dem Funktionsprinzip

$$F = \frac{N_{Pers}}{\Delta\tau_E} \text{ in Pers/min}$$

N_{Pers} Personen in der Verkehrsspitze (z. B. zu Arbeitsbeginn)
$\Delta\tau_E$ benötigte Zeitspanne zum Abtransport der Personen, entspricht der Umlaufzeit $\Delta\tau_{Uml}$

In der Spitzenzeit sollte die betreffende Personenmenge innerhalb von 20 min bewältigt werden, wobei die mittlere Wartezeit nicht über 60 s liegen sollte. Nach [54] erfolgt die Bestimmung der notwendigen Anzahl von Aufzügen mit Hilfe der so genannten 5-min-Leistung F_5, für die es entsprechende Anhaltswerte gibt:

$$F_5 = \frac{300 \cdot N_{Kab} \cdot N_{Aufz}}{\Delta\tau_{Uml}}$$

$$\Delta\tau_{Uml} = \Delta\tau_{Fahr} + \Delta\tau_0$$

N_{Kab} maximale Personenzahl pro Kabine
N_{Aufz} Anzahl der Aufzüge im Gebäude
$\Delta\tau_{Uml}$ Umlaufzeit
$\Delta\tau_{Fahr}$ Fahrzeit
$\Delta\tau_0$ Standzeit in den Stationen

Für Verwaltungsgebäude liegt der Richtwert für F_5 bei 20 bis 25 % der Gesamtbelegungszahl des Gebäudes.

Beispiel

Bürogebäude mit 10 Vollgeschossen a 3 m Höhe; 300 Personen
Fahrgeschwindigkeit 1,0 m/s; Standzeit je Station 5 s
Kabinenbelegung 10 Personen

Zuerst ist die Umlaufzeit zu berechnen:

$$\Delta\tau_{Uml} = \Delta\tau_{Fahr} + \Delta\tau_0 = 2 \cdot \frac{10 \cdot 3\,m \cdot a}{1\,m} + 10 \cdot 5\,s = 110\,s$$

Die notwendige Aufzugsanzahl pro Gebäude N_{Aufz} ergibt sich durch Umstellung:

$$N_{Aufz} \geq \frac{F_5 \cdot \Delta\tau_{Uml}}{300 \cdot N_{Kab}} = \frac{0{,}2 \cdot 300 \cdot 110}{300 \cdot 10} = 2{,}2$$

Es sollten also 3 Aufzüge vorgesehen werden.

6.7.7 Systeme zur Information und Kommunikation[7]

6.7.7.1 Systemübersicht

Unter Systemen zur Information und Kommunikation, welche speziell in Büro- und Verwaltungsgebäuden zum Einsatz kommen, sollen hier folgende verstanden werden:

- Datenverarbeitungssysteme (Computernetze und Gebäudesystemtechnik)
- Telekommunikationssysteme.

Grundlage beider Systemkategorien sind neutral geplante Übertragungsnetze, die unter Beachtung von vorzuhaltenden Kapazitätsreserven den Anforderungen aller anzuschließenden Systeme genügen. Die höchsten Anforderungen ergeben sich aus dem Daten-

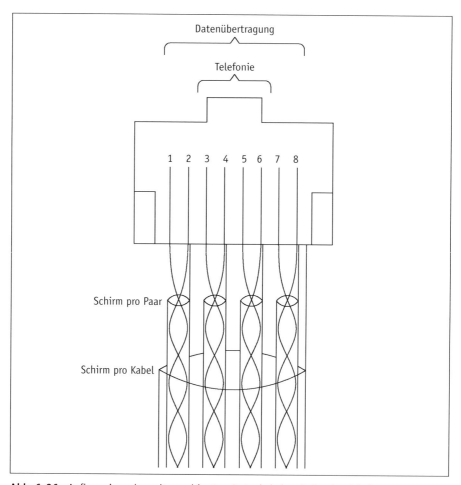

Abb. 6-26: Aufbau eines doppelt geschirmten Datenkabels mit Steckverbindung

---

7 Dieser Abschnitt entstand unter umfassender Mitwirkung meines verehrten Kollegen Uwe Deutschmann. Von ihm stammen auch die Abbildungen dieses Abschnitts.

verkehr. Dabei hat sich weltweit das Ethernet-System mit dem Rahmenprotokoll TCP/IP durchgesetzt. Ethernet ist eine Datenübertragungstechnologie, bei welcher Daten in Paketen übertragen werden. Definiert sind die physikalische Basis wie Kabeltypen, Stecker, die Signalstruktur sowie der Logik-Rahmen in Form von Formaten der Datenpakete und Übertragungsprotokolle. TCP/IP ist das Protokoll bzw. die Vorschrift, wie die Daten zu verpacken sind. Physisch kommen Datenkabel mit paarweise verdrillten Adern entsprechend Abb. 6-26 zum Einsatz. In Büros können dadurch über dieselbe Anschlussdose entweder das Telefon oder der Computer angeschlossen werden.

Die Übertragungsnetze werden strukturiert aufgebaut, vgl. dazu die Abb. 6-27. Ein lokales Netzwerk (Local Area Network – LAN) für digitale Daten kann z. B. mit folgender Struktur konzipiert werden:

- Primärnetz, ausgeführt als Ringnetz mit Lichtwellenleiterkabeln (LWL-Kabel).
- Sekundärnetz in Ring- oder Baumtopologie, welches als Verbindung zwischen dem Primärnetz und den Endverbrauchern dient. Es wird mit LWL-Kabeln oder Kupferleitungen ausgeführt.
- Tertiärnetz in Stichleitungen zum jeweiligen Gerät. Es wird überwiegend mit Kupferkabeln, bei hochwertigen Anwendungen auch in LWL-Kabeln ausgeführt.

Allgemein können die Übertragungsnetze aus folgenden Leitungsanlagen bestehen:

- Koaxialkabel, welche insbesondere für Fernseh- und Rundfunkanlagen verwendet werden
- Telefonleitungen, welche im Gegensatz zum Datenkabel ungeschirmt oder nur einfach geschirmt verwendet werden
- Datenkabel, paarweise verdrillt (bezeichnet als Twisted Pair, siehe Abb. 6-26)
- drahtlose Verbindung über Funksysteme.

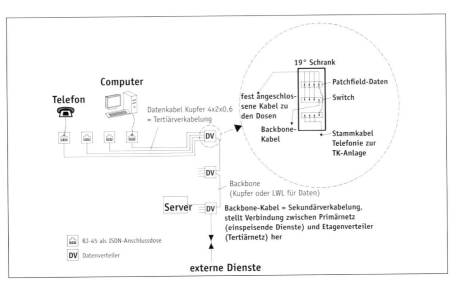

Abb. 6-27: Prinzip der strukturierten Verkabelung im Gebäude

6.7.7.2 Computernetzwerke

In einem Computernetzwerk werden verschiedene Computer und Netzwerkressourcen (Drucker, Plotter, Scanner usw.) zusammengeschlossen. Das ermöglicht neben der Kommunikation untereinander die gemeinsame Nutzung aller im Netzwerk vorhandenen Ressourcen, aber auch von Datenbanken oder Mediendateien.

In Gebäuden bzw. Organisationen werden lokale Netzwerke (LAN) aufgebaut, an welche die einzelnen Arbeitsplatz-Computer (Clients) angeschlossen werden können. Zentrale Dienste werden auf bestimmten Rechnern (Server) durchgeführt, wobei in kleineren LAN diese Funktionen auf einem der Arbeitsplatz-Rechner quasi mit durchgeführt werden kann.

Computernetzwerke erleichtern die interne Kommunikation mithilfe von E-Mail-Systemen, aber auch die Verwaltung durch die gemeinsame Nutzung von kaufmännischen Systemen (z. B. SAP) oder Dokumentenmanagementsystemen. Insofern ist die Computervernetzung für die meisten Unternehmen ein unverzichtbarer Bestandteil der Unternehmenskommunikation. Dabei steigen natürlich auch der technische Aufwand und die Kosten zum Betrieb dieser Technologien. Insofern ist es nicht verwunderlich, dass auch hier Outsourcing als Instrument zur Kostensenkung aber auch zur Qualitätserhöhung eingesetzt wird. Beim Cloud-Computing, einer sich rasant entwickelnden Dienstleistungsform, wird ein Teil der IT-Infrastruktur durch spezialisierte Dienstleister (Application Service Provider – ASP) zur Verfügung gestellt. Die Dienstleistungen umfassen die externe Datenspeicherung, die Nutzung externer Rechnerkapazität oder die zeitweilige Nutzung von Software.

6.7.7.3 Telekommunikationssysteme

Schnittstelle zu öffentlichen Netzen

Die Telekommunikationssysteme im Gebäude werden an das öffentliche Fernsprechnetz angebunden. Diese Anbindung dient außerdem zur Versorgung mit anderen Diensten wie Internet oder Unterhaltungsmedien. Die Fernsprechnetze der öffentlichen Telekommunikationsanbieter wie z. B. die Deutsche Telekom kommen in der Regel mit Schwachstromleitungen in das Gebäude über einen Hausanschluss- bzw. Übergabepunkt.

Momentan werden durch die Telekommunikationsdienstanbieter noch vorrangig folgende Nutzungsmöglichkeiten des Telefonkabelanschlusses vorgesehen:

- Analoganschluss mit/ohne DSL
- ISDN-Anschluss mit/ohne DSL
- Anschluss ausschließlich DSL.

Der klassische Analoganschluss bezeichnet den einfachen Telefonanschluss über eine zweipolige Schwachstromleitung pro Teilnehmer. Diese Form ist aus Kostengründen heute nach wie vor im Gebrauch.

Der ISDN-Anschluss (Integrated Services Digital Network) stellt die digitale Form der öffentlichen Telefonübertragung dar. Damit sind Service-Dienste wie Rufumleitung, Übertragung von Anruferinformationen usw. anwendbar. Es gibt Anschlüsse pro Einzelleitung mit 2-Kanalbündelung (Basisanschluss, d. h. Mehrgeräteanschluss oder Anlagenanschluss) und Primärmultiplexanschlüsse (für Gewerbe), bei denen viele Kanäle über eine Leitung gebündelt werden. Der ISDN-Anschluss kann zwar höhere Datenraten übertragen als der einfache Analoganschluss, für die Internetnutzung eignen sich jedoch moderne Systeme (DSL) besser.

DSL (Digital Subscriber Line) ist die nächste Entwicklungsstufe und bezeichnet den mitgeführten Transferkanal für das Internet. Da Sprachübertragung nur bis max. 4 kHz Bandbreite benötigt, das Telefonkabel aber Frequenzen theoretisch bis 1,1 MHz übertragen kann, wird die Bandbreite der Übertragungsfrequenzen mittels Modem in mehrere Kanäle insbesondere Telefon und DSL gesplittet. Ein einziges Telefonkabel kann dadurch mehrfach genutzt werden, und zwar sowohl über einen Analog-, als auch über einen ISDN-Anschluss. Generell gilt für DSL-Leitungen: Je höher die Transferrate, desto schneller ist der Internetanschluss und auch die Übertragung nach außen. Es sind zu unterscheiden:

- S-DSL: Symmetrischer DSL-Anschluss (Transfer Download und Upload sind gleich)
- A-DSL: Asymmetrischer DSL-Anschluss (Transfer Upload ist geringer als Download).

Die Asymmetrie ist insofern sinnvoll, weil i. d. R. mehr Download-Kapazität (z. B. Daten werden aus dem Internet gezogen) als Upload-Kapazität (z. B. E-Mails verschicken) benötigt wird. Die insgesamt zur Verfügung stehende genutzte Bandbreite wird damit besser ausgenutzt. Während S-DSL vor allem für Gewerbekunden interessant ist, ist das weiter verbreitete A-DSL sowohl im Gewerbe als vor allem auch im Privathaushalt vorzufinden.

Weitere Möglichkeiten der Anbindung über das Internet bestehen zurzeit über

- Breitbandkommunikationsnetz mit Rückkanal (BK-Netz)
- Mobilfunk (GSM, UMTS)
- drahtlos über öffentliches WLAN (Wireless LAN, d. h. drahtloses, örtlich begrenztes Netzwerk) in einigen Gebieten
- Trägerfrequenzsysteme (Starkstromeinspeisung).

Während BK-Netze einer Übergabestelle in Form einer Auskopplung des Internetsignals bedürfen, sind Mobilfunk- und öffentliche WLAN-Anbindungen völlig separat und vom Gebäude unabhängig behandelbar.

6 Die FM-gerechte Gebäudegestaltung

Zu erwähnen ist noch die Übertragung von Sprache über die Datenleitung, also über IP-Protokoll (TCP/IP), bezeichnet als Voice Over IP (VoIP). Für die Außenanbindung stellt es sich so dar, dass hier auch die Sprache (Telefonie) über die DSL-Leitung mit übertragen wird. Durch diesen Entwicklungsschritt wird die Separierung des Telefonnetzes von DSL aufgehoben und die Verbindung nur noch in Breitbandform für Datenübertragung genutzt. Die Sprache wird in Datenpaketen verpackt und mit übertragen, so dass vom Telekommunikationsanbieter nur noch ein komplexe nutzbares Medium bezogen wird. Hinsichtlich der physikalischen Anbindung nach außen (Fernmeldeleitung) hat es keine Bedeutung, soweit die örtlichen Verhältnisse im öffentlichen Netz darauf ausgelegt sind.

Die Telekommunikationssysteme selbst kann man in zwei Unterkategorien einteilen:

- Anlagen für Telefonie
- Videokonferenzanlagen und Bildtelefonie.

Anlagen für Telefonie

Als Anlagen für Telefonie werden alle Anlagen zur Herstellung drahtgebundener (ferner drahtloser) Telefonie innerhalb des Hauses bezeichnet. Unter Berücksichtigung der Außenanbindung an das öffentliche Netz spricht man insgesamt von Fernsprechanlagen.

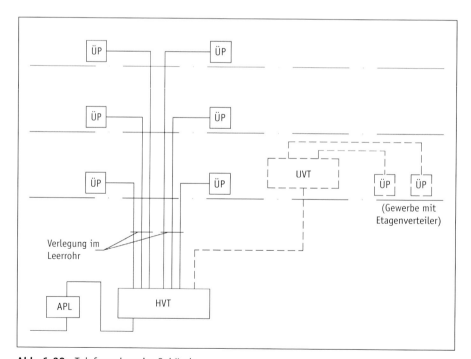

Abb. 6-28: Telefonanlage im Gebäude

Vom APL bzw. HVT erfolgt die Weiterverteilung zu den Nutzungseinheiten bzw. TK-Anlagen mittels Innenleitungen, ggf. auch über Zwischenverteiler (Abb. 6-28). In der Struktur ist sicher zu stellen, dass äußere Manipulationen nicht erfolgen können, d.h. der Zugang der Verteiler ist nur dem jeweils berechtigten Nutzer und dem externen und vertraglich gebundenen Dienstanbieter (Telekom u.a.) zu gestatten.

Neben den klassisch verkabelten Telefonen sind schnurlose Telefone nach dem DECT-Standard (DECT- Digital Enhanced Cordless Telecommunications) verbreitet.

Allgemein geht die Entwicklungstendenz in Richtung VoIP, was den Vorteil hat, dass keine separaten Netze für die Telekommunikation aufgebaut werden müssen (Abb. 6-29). Telefonie-Daten werden dann über das allgemeine Datennetz im Gebäude übertragen. Diese neuen Anlagen sind auf die Bedürfnisse der Anwender durch Programmierung/Parametrierung unter Nutzung z.B. der Verbindung mit dem Computersystem noch besser zuzuschneiden als bereits moderne klassische TK-Anlagen.

Videokonferenzanlagen und Bildtelefonie

Bildtelefonie ist einer Erweiterung der klassischen Telefonie über Mitführung von dynamischen Porträtbildern beider oder eines Anrufenden während des Telefonates. Sowohl ein Miniaturkamera als auch ein kleines Display sind direkt im Endgerät integriert. Sowohl der Anrufende als auch der Angerufene müssen über derartige Geräte verfügen und es ist eine ausreichende Übertragungsrate über das Netz erforderlich.

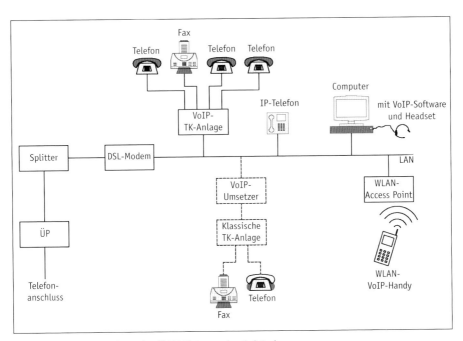

Abb. 6-29: Grundstruktur der VoIP-Nutzung im Gebäude

Videokonferenzen sind Computergestützte audiovisuelle Telekommunikationsverfahren mit i. d. R. mehr als 2 Teilnehmern an verschiedenen Orten. Man unterscheidet Peer-to-Peer Verbindungen zwischen zwei Punkten von den Gruppen-Konferenzsystemen. Generell sind je nach Anwendung mehr oder weniger hochwertige Ein- und Ausgabegeräte mit entsprechend schneller Internetanbindung erforderlich.

Weitere Möglichkeiten der Bildtelefonie bzw. des Video-Konferenzsystems bestehen in der Nutzung von VoIP, was zur massenhaften Anwendung führt. Eine aktuell verbreitete proprietäre Software dafür ist z. B. Skype.

6.7.8 Gebäudeautomationstechnik

Die Hauptaufgaben der Gebäudeautomationstechnik (GA) bestehen in der Steuerung der haustechnischen Anlagen unter Beachtung ihres Zusammenwirkens und in der Generierung, Erfassung, Darstellung und Weiterleitung von Betriebs- und Störmeldungen.

Dabei gibt es folgende Ziele:

- Optimale Fahrweise der technischen Anlagen, d. h. Realisierung eines möglichst geringen Energieverbrauchs
- Absicherung der Behaglichkeitskriterien oder Raum-Soll-Werte (Nutzungsqualität)
- Zurückdrängen von störenden Nutzereinflüssen
- Erhöhung der Verfügbarkeit durch schnelle Reaktion auf Störmeldungen.

Durch die GA sind komplexe Steuer- und Optimierungsfunktionen möglich, die bei herkömmlicher Regelung nicht (oder nur unzulänglich) realisiert werden können. Entscheidender Ausgangspunkt ist der Raum, in dem die Ziele des Gebäudebetriebes letztlich konkret zum Tragen kommen.

Ein Großteil der Prozesse, die mit Hilfe der GA zu steuern und zu leiten sind, findet im einzelnen Raum statt. Schon aus diesem Grunde haben wir es mit einem Paradigmenwechsel zu tun, der rein begrifflich seinen Ausdruck in der Verwendung des Begriffes »Gebäudeautomationstechnik« im Gegensatz zum bisher weit verbreiteten Begriff der »Gebäudeleittechnik« findet. Hauptsächlich geht es darum, Steuer- und Regelungsaufgaben mehr dezentral zu lösen [59].

Gebäudeautomationssysteme umfassen die Ebenen

- Managementebene (übergeordnete Managementfunktionen, z. B. Vorgabe von Zielen, wie Raumtemperaturen, Energieverbräuche u. ä.)
- Automationsebene (komplexe Steuerungsfunktionen)
- Feldebene (einfache lokale Aufgaben: Messen, Regeln).

Analog zu den Anlagen in 6.7.7 geht es aus Sicht des Anwenders ebenfalls um logische Strukturen. Hier werden hauptsächlich zu lösende Aufgaben und Funktionen betrachtet. Diese logischen Strukturen müssen anlagentechnisch realisiert werden und es lassen sich folgende Komplexe anführen:

- Umsetzung der Funktionen im Raum
    - Raumbediengerät
    - Aktoren, Sensoren
- Automatisationsstationen und Vernetzung
- zentrale Server (GA-Server und Kopplung mit CAFM).

Die Vernetzung erfolgt in der Regel mit BUS-Systemen. Unter einem BUS-System versteht man nach [60]:

> »Als Bussysteme in der Gebäudetechnik werden heute Systeme bezeichnet, die dezentrale Komponenten für die Aufnahmen von Befehlen oder die Ausgabe von Befehlen mittels digitaler Kommunikation (BUS-Leitung) miteinander verbinden.«

Dabei wird der jeweilige Funktionsumfang der einzelnen Komponenten durch Programmierung von entsprechenden Prozessoren festgelegt. Beim BUS selber handelt es sich um eine einfache 2-Draht-Leitung (oder andere Übertragungsmedien wie Lichtwellenleiter, Funkverbindung), mit der die Komponenten, auch als Teilnehmer bezeichnet, verbunden sind. Jeder Teilnehmer hat eine individuelle Adresse. Die Befehle werden immer mit der zugehörigen Adresse über den BUS geschickt, so dass die entsprechende Komponente erkennen kann, dass sie angesprochen ist. Der in der Abb. 6-30 dargestellte zentrale GA-Server muss nicht zwangsläufig vorhanden sein. So genannte »Ereignisgesteuerte BUS-Systeme« arbeiten aufgrund der dezentralen Logik vollkommen autark.

Für BUS-Systeme spricht,

- dass mehrere Gewerke innerhalb des Gebäudes in das System einbezogen werden können
- dass hohe Schwierigkeitsgrade und hohe Verknüpfungsdichten (z. B. Heizung und Lüftung) realisiert werden können
- dass solche Systeme hinsichtlich veränderter Nutzungsbedingungen sehr flexibel sind.

Beispiel Heizungsregelung:

- Einzelraumregelung: jeder Raum bekommt einen zeitabhängigen Soll-Wert für die Raumtemperatur
- In Nutzungszeiten z. B. 20 °C, in Nichtnutzungszeiten wird die Temperatur abgesenkt um Energie zu sparen
- Der Wärmeerzeuger wird nicht mehr in Abhängigkeit der Außentemperatur gefahren, sondern entsprechend der benötigten Leistung (Einhaltung der Soll-Werte in allen Räumen), d. h. regelungstechnische Kopplung Abnehmer-Erzeuger (in 6.7.2.4 als Leistungsregelung bezeichnet).

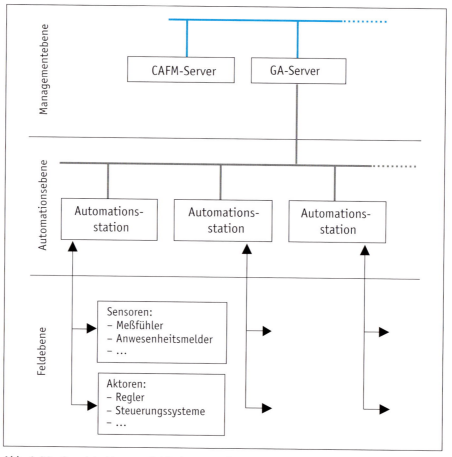

Abb. 6-30: Grundstruktur von Gebäudeautomationssystemen

Beispiel Beleuchtungssteuerung:

- Lichtbänder im Raum können in Abhängigkeit der Außenhelligkeit zu- oder abgeschaltet oder gedimmt werden
- Überlagert wird eine zeitabhängige Zu- und Abschaltung: z. B. der gesamten Beleuchtung in Bürogebäuden am Abend, oder in Schulen der Gangbeleuchtung in den Stunden.

Die Planung von Systemen der GA sollte auf der Basis der VDI 3814 erfolgen.

Wichtig ist die Verbindung, d. h. der Informationsaustausch zwischen der GA und dem CAFM-System. Folgende Aspekte sind zu bedenken:

- GA ist zentrales Steuer- und Regelsystem
  - Aufgabe: Steuerung der technischen Systeme

- CAFM ist ein Gebäudeinformationssystem (Datenbank mit Programmfunktionen)
    - Aufgabe: Steuerung des Gebäudebetriebes, d.h. des der Technik übergeordneten Systems »Gebäude«
    - Im CAFM geht es um die durchgehende Abbildung von FM-Prozessen, d.h. beginnend im technischen System bis hin zur Schnittstelle Nutzer/Betreiber.

Das soll am Beispiel des Störungsmanagements verdeutlicht werden (Abb. 6-31):

- Störungsmeldung wird in GA generiert und an CAFM übergeben
- Im CAFM: Abarbeitung Workflow
    - Bewertung der Meldung
    - Weiterleitung an Service
    - Quittierung Störungsbehebung
    - Kostenerfassung, -zuordnung
    - Dokumentation.

Die attraktiven Möglichkeiten, welche durch die konsequente Vernetzung aller haustechnischen Systeme und übergeordneter Informationssysteme (CAFM-System u.ä.) möglich werden, zeigt das Beispiel in [61]. Die Zielvorgaben für die gebäudetechni-

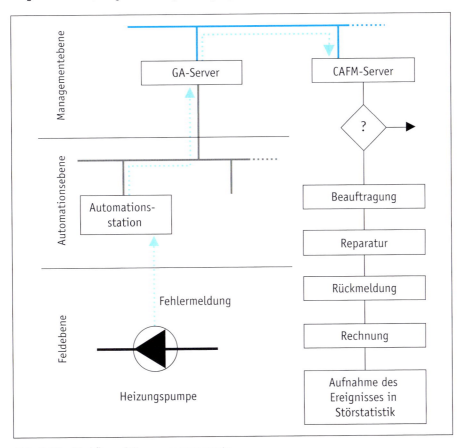

Abb. 6-31: Workflow »Störungsmanagement«

schen Systeme, also wann ein Raum beheizt werden soll, wann die Beleuchtung verfügbar sein soll u. ä., werden durch übergeordnete Systeme der Raumplanung vorgegeben. So kann über das Intranet eine Besprechung geplant werden, u. a. indem

- geprüft wird, ob die Teilnehmer an der Besprechung teilnehmen können
- ein freier Konferenzraum im Gebäude gefunden und gebucht wird
- automatisch das notwendige Raumklima erzeugt wird (und nach der Sitzung wieder zum Absenkbetrieb übergegangen wird)
- der Cateringservice entsprechend beauftragt wird.

6.7.9 Sicherheitstechnik

Durch die Sicherheitstechnik wird zwar nicht der Energieverbrauch des Gebäudes, durchaus aber die späteren Nutzungs- oder Dienstleistungskosten beeinflusst. Außerdem ergeben sich Auswirkungen auf die Sachversicherungskosten. So ist beispielsweise der Einsatz von Einbruchmelde- oder Alarmanlagen immer in Zusammenhang mit dem späteren Konzept für Sicherheits- und Zugangsdienste zu sehen. In [62] werden folgende Anhaltszahlen für Rabatte bei den Versicherungsprämien der Sachversicherung für die Installation entsprechender Sicherheitstechnik genannt:

- Brandmeldeanlagen 2–20 %
- Sprinkleranlagen bis zu 60 %
- VdS-anerkannte RWA-Anlagen 4 %.

Allgemein zählen folgende Komponenten zur Sicherheitstechnik:

- Einbruchmeldeanlage
- Brandmeldeanlage
- Zugangskontrollanlage
- Sicherheits- und Notstromversorgung (siehe 6.7.5.1)
- Sicherheitsbeleuchtung.

Weiterhin gehören zur Sicherheitstechnik die Anlagen zur Brandbekämpfung, dargestellt in 6.7.9.3 und 6.7.9.4.

6.7.9.1 Einbruchmeldeanlagen (EMA)

Durch eine EMA können verschiedene Bereiche überwacht werden:

- Freigeländeüberwachung
  - Sensoren Zaunanlage
  - Bewegungsmelder
- Außenhautüberwachung
  - Kontaktmelder (Fenster, Türen)
  - Glasbruchmelder
  - Durchbruchmelder für Wände (Alarmdrahttapeten, Körperschallmelder)
- Innenraumüberwachung

- Infrarot-Bewegungsmelder (Veränderung der Wärmestrahlung)
  - Ultraschall-Bewegungsmelder (Dopplereffekt)
  - Mikrowellenbewegungsmelder (ähnlich Ultraschall, aber im Radarwellenbereich)
- Objektüberwachung (Bilder, Vitrinen in Museen, Ausstellungen).

Die Meldung des Einbruchs geschieht über drei Alarmarten:

- externer Alarm (Sirene und Blinkleuchte)
- interner Alarm (dem externen Alarm vorgeschaltet, um Fehlbedienungen zu vermeiden)
- stiller Alarm (Weiterleitung an Dritte).

6.7.9.2 Brandmeldeanlagen (BMA)

Den gebäudetechnischen Brandschutz kann man zunächst in zwei Hauptkomplexe unterteilen:

- In den passiven Brandschutz, welcher durch die brandschutzgerechte Bemessung von Wänden, Decken, Stützen usw. realisiert wird. Die brandschutztechnische Güte von Bauteilen wird dabei mit Hilfe des Feuerwiderstands klassifiziert. Außerdem gehören zu diesem Bereich die Einteilung in Brandabschnitte, die Gestaltung von Flucht- und Rettungswegen u. a.
- In den aktiven Brandschutz, welcher mit Hilfe entsprechender technischer Systeme bewerkstelligt wird, was im Folgenden zu beschreiben ist.

Die technischen Systeme unterteilen sich wiederum in die Bereiche

- Brandmelde- bzw. allgemein Branderkennungsanlagen
- Brandbekämpfungstechnik.

Die frühzeitige Erkennung und die möglichst rasche Bekämpfung eines entstandenen Brandes sind die Grundvoraussetzung für den Schutz menschlichen Lebens und materieller Güter im Gebäude. Das ergibt sich aus dem zeitlichen Verlauf eines Brandes, welcher durch vier Phasen nach Abb. 6-32 gekennzeichnet ist:

- Brandentstehung
- Feuersprung
- vollausgebildeter Brand
- Abklingen des Brandes.

Zunächst steigt die Temperatur langsam im Bereich des Brandherdes. Durch die zunehmende Temperatur werden vor allem flüchtige, brennbare Bestandteile der Einrichtungsgegenstände frei. Ab einer bestimmten Konzentration zünden diese und es kommt zum sog. Feuersprung, d. h. einer erheblichen und sprunghaften Ausbreitung des Brandes. Eine erfolgreiche Brandverhinderung kann nur bis zur Phase des Feuersprungs realisiert werden. In der Phase des voll ausgebildeten Brandes kann nur noch ein Übergreifen des Brandes auf andere Bereiche verhindert werden.

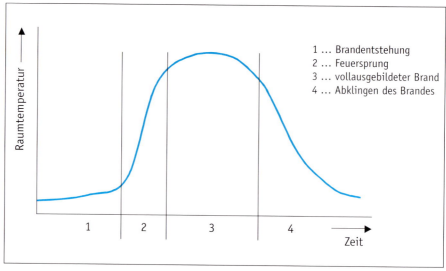

Abb. 6-32: Zeitlicher Verlauf eines Brandes

Diese Brandmeldeanlagen haben folgende Aufgaben:

- Früherkennung von Feuer und Rauch
- Alarmierung Pförtner, Feuerwehr
- Auslösung von Brandschutz und Feuerlöscheinrichtungen
    - Schließen von rauchdichten Flurtüren
    - Schließen von Brandschutzklappen in Lüftungsanlagen
    - automatisches Schließen von Feuerschutztüren
    - Auslösung von Sprinkleranlagen.

Die Identifikation eines Brandfalls erfolgt über Melder:

- Ionisationsmelder – die am häufigsten verwendeten Melder, reagieren schon auf kleinste Mengen von Rauch
- Flammenmelder – meist in Kombination mit Ionisationsmeldern
- optische Rauchmelder – sichtbarer Rauch, weniger empfindlich als Ionisationsmelder
- Wärmemelder – sprechen bei Grenztemperatur oder bestimmten Temperaturgradienten an, Auslösung von Sprinkleranlagen, Gäranlagen, Silos
- Druckknopfmelder – Handauslösung.

6.7.9.3 Anlagen und Einrichtungen zur manuellen Brandbekämpfung

Zu diesem Komplex gehören:

- Kleinfeuerlöschgeräte
- Hydrantenanlagen einschließlich der zugehörigen Löschwasserleitungen.

Üblich sind hauptsächlich:

- Handfeuerlöscher
    - Nasslöscher (Wasser mit Frostschutzmittel, allgemeine Räume)
    - Trockenlöscher (Löschpulver für elektrische Anlagen)
    - Kohlensäurelöscher (Kohlendioxid: Vorsicht, in tief liegenden Räumen besteht Erstickungsgefahr)
    - Halonlöscher (halogenisierte Kohlenwasserstoffe, möglichst nur im Freien verwenden)
- Feuerlöschdecken (DIN 14155, für Laborräume)
- Sicherheitsbrausen (in Labors muss grundsätzlich im Zugangsbereich eine TW-gespeiste Brause vorhanden sein).

Die Hydrantenanlagen sind Löschwasserentnahmestellen zur Brandbekämpfung auf Grundstücken und in Gebäuden. Sie umfassen die Komponenten:

- Ausrüstung zur Brandbekämpfung: Kupplungen, Schläuche, Strahlrohre
- Hydranten
    - Unterflurhydranten (unter Straßenkappe)
    - Überflurhydranten (oberirdisch, 2 Abgänge)
    - Wandhydranten
- Löschwasserleitungssystem im Gebäude.

Es gibt drei grundlegende Löschwasserleitungssysteme:

- Nass-Löschwasserleitungen, hier steht das gesamte Leitungssystem unter Druck, d. h. die Leitungen sind bis zu den Entnahmestellen im Gebäude gefüllt.
  Vorteil: sofortige Brandbekämpfung noch vor Eintreffen der Feuerwehr möglich.
  Nachteil: Verlegung nur im frostfreien Bereich möglich.
- Trocken-Löschwasserleitungen, hier ist das Leitungsnetz nicht gefüllt.
  Vorteil: günstige Verlegung auch in ungeschützten Bereichen.
  Nachteil: Brandbekämpfung erst mit Eintreffen der Feuerwehr möglich, diese speist das Löschwasser in das System ein.
- Nass-Trocken-Löschwasserleitungen: Im Normalfall ist das System nicht mit Wasser gefüllt, jedoch mit dem Trinkwassernetz verbunden. Im Brandfall wird durch Fernbetätigung entsprechender Armaturen das System mit Wasser gefüllt. Dadurch Kombination der Vorteile der vorgenannten Systeme.

6.7.9.4 Anlagen zur automatischen Brandbekämpfung

Hierbei handelt es sich um folgende Anlagen:

- Sprinkleranlagen
- Anlagen mit offenen Düsen
- CO_2-Anlagen.

Sprinkleranlagen sind selbsttätig wirkende, ständig betriebsbereite Feuerlöscheinrichtungen, die über ein Netz fest verlegter Rohrleitungen zu schützende Gefahrenbereiche unmittelbar mit Löschwasser versorgen. Ihre Auslegung richtet sich nach [63]. Es gibt vier Hauptkomponenten:

- Sprinkler: Wasserdüsen, welche durch thermische Auslösung aktiviert, d. h. geöffnet werden
- Rohrleitungssystem
- Wasserversorgung, welche meistens mehrere voneinander unabhängige Wasserquellen umfasst
- Energieversorgung zum Antrieb der Sprinklerpumpen, welche mehrere voneinander unabhängige Energiequellen umfasst.

In der Abb. 6-33 sind die ersten drei Hauptkomponente dargestellt. Die Sprinkleranlage muss im Regelfall mit mindestens zwei unabhängigen Wasserquellen ausgestattet seoin. Die Abb. 6-34 zeigt unterschiedliche Ausführungen mit Sprinklerköpfen. Durch die Temperatureinwirkung wird das Glasfass oder Schmelzlot zerstört und die Wasserzufuhr freigegeben [65].

Sprinkleranlagen teilt man analog den Löschwasserleitungen in verschiedene Anlagentypen ein:

- Nassanlagen: Das System ist immer mit Wasser gefüllt, dadurch ist nur eine Verlegung im frostfreien Bereich möglich
- Trockenanlagen: Das System ist mit Druckluft gefüllt, im Brandfall löst der Sprinkler aus und Löschwasser strömt nach
- Tandemanlagen: Hierbei handelt es sich um eine Kombination der vorgenannten Anlagen
- Trockenschnellanlagen: Trockenanlage, bei der das Öffnen der Alarmventilstation durch eine Brandmeldeanlage ausgelöst wird.

Bei Anlagen mit offenen Düsen ist zu unterscheiden zwischen

- Sprühwasserlöschanlagen
- Schaumlöschanlagen.

Sprühwasserlöschanlagen sind vergleichbar mit Sprinkleranlagen, allerdings gibt es hier keine Sprinkler. sondern direkt offene Düsen. Demzufolge ist das System nicht mit Wasser gefüllt. Im Brandfall wird der gesamte durch die Anlage bestrichene Bereich mit Wasser besprüht. Diese Anlagen werden dort angewendet, wo mit einer schnellen Brandausbreitung zu rechnen ist, beispielsweise in den Bühnenbereichen von Theatergebäuden. Eine Sonderform sind Wasserschleieranlagen, die den Bühnenbereich gegenüber dem Zuschauerraum durch einen Wasserschleier abschirmen.

Schaumlöschanlagen sind vom Prinzip her ebenfalls Sprühwasseranlagen, jedoch wird dem Löschwasser Schaum zugemischt und je nach Art und Konzentration des Zusatzes ergeben sich verschiedene Löscheffekte.

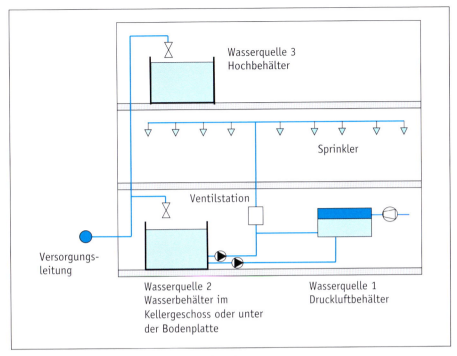

Abb. 6-33: Funktionsschema einer Sprinkleranlage

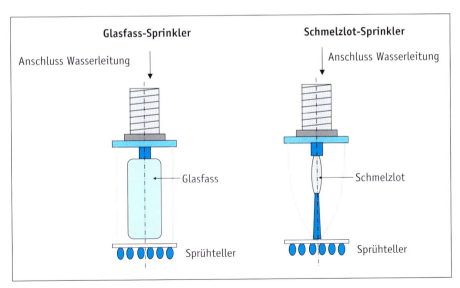

Abb. 6-34: Glasfass- und Schmelzlotsprinkler

Die CO_2-Anlagen werden dort eingesetzt, wo durch den Löschwassereinsatz ein unverhältnismäßig hoher Schaden angerichtet werden würde, z. B. in Museen, Galerien, Rechenzentren und Schaltanlagen. Diese Anlagen setzen sich zusammen aus Düsen, Rohrleitungssystem und CO_2-Behältern.

Das CO_2 wird in flüssiger Form gelagert und geht beim Ausströmen aus dem Behälter in den gasförmigen Zustand über. Wichtig ist bei diesen Anlagen ein entsprechendes Alarmierungssystem, da CO_2 schwerer als Luft ist und sich demzufolge in tiefliegenden Zonen anreichern kann, wodurch Erstickungsgefahr besteht.

6.8 Nachhaltige Gebäude

Der Begriff der Nachhaltigkeit geht auf Hans Carl von Carlowitz (1648–1714) zurück. Von Carlowitz, ein hoher kursächsischer Bergbaubeamter und damit verantwortlich für die Forstwirtschaft, veröffentlichte 1713 die Schrift »*Sylvicultura Oeconomica, oder haußwirthliche Nachricht und Naturmäßige Anweisung zur Wilden Baum-Zucht*«, in welcher er u. a. folgenden Satz schrieb: »*Wird derhalben die größte Kunst, Wissenschaft, Fleiß, und Einrichtung hiesiger Lande darinnen beruhen, wie eine sothane Conservation und Anbau des Holzes anzustellen, daß es eine continuirliche beständige und nachhaltende Nutzung gebe, weiln es eine unentbehrliche Sache ist, ohnewelche das Land in seinem Esse nicht bleiben mag.*« Demzufolge wird der Begriff der Nachhaltigkeit seit fast genau 300 Jahren in seiner heutigen Bedeutung verwendet. Vom nachhaltigen Bauen spricht man dagegen in Europa explizit seit ca. 25 Jahren (erste Anwendung des BREEAM-Zertifikates im Jahre 1990) und in Deutschland erst seit ca. 15 Jahren (BMVBS-Leitfaden Nachhaltiges Bauen im Jahre 2001). Gleichwohl das nachhaltige Bauen noch sehr jung ist, haben nachhaltige Gebäude, sogenannte Green Buildings, bereits eine viel größere allgemeine Popularität erreicht als speziell energieeffiziente Gebäude, welche eher im Mittelpunkt der Fachdiskussionen von Architekten und Ingenieuren stehen. In der Immobilienwirtschaft sind nachhaltige Gebäude ein ausgesprochenes Topthema, was vor allem durch die wachsende Nachfrage nach solchen Gebäuden am Markt geprägt ist.

Nach heutigem Verständnis spricht man von einem nachhaltigen Produkt, Prozess oder eben Gebäude, wenn es einem dreifachen Anforderungskomplex möglichst ausgewogen entspricht. Dabei geht es um die folgenden Kategorien:

- Ökologische Anforderungen
- ökonomische Anforderungen
- soziokulturelle Anforderungen.

Die ökologischen Anforderungen zielen auf einen möglichst geringen Verbrauch an fossilen Primärenergieträgern, geringe Schadstoffemissionen und einen geringen Verbrauch an sonstigen Ressourcen ab. Bei Gebäuden spielt dabei vor allem der Energieverbrauch in der Nutzungsphase eine Rolle, aber auch jener für die Herstellung von Baumaterialien.

Bei den ökonomischen Anforderungen geht es um Fragen der Wirtschaftlichkeit. Bei Gebäuden kann dabei das Kriterium der Lebenszykluskosten (vgl. Abschnitt 3.4.4) als Bewertungsmaßstab verwendet werden. Dabei wird die Wirtschaftlichkeit einer bestimmten Entwurfslösung für das Gebäude als gleichwertige Eigenschaft neben anderen wie der Energieeffizienz, der Behaglichkeit, der Schadstoffemission u.a. bewertet. Das erreicht man im System durch die Abbildung der Einzelkriterien auf einer einheitlichen Punktskala (0–100 Punkte pro Kriterium), was dem Prinzip der Nutzwertanalyse (vgl. Abschnitt 7.2) entspricht.

Die soziokulturellen Anforderungen umfassen Themen wie die thermische Behaglichkeit, die Luftqualität oder die Schadstoffbelastung – aber auch Fragen wie der Barrierefreiheit oder des Fahrradkomforts im Gebäude.

Das Thema der Nachhaltigen Gebäude hat einen sehr engen Bezug zum Facility Management, da sich beide Themengebiete stringent am Lebenszyklus des Gebäudes orientieren. Pointiert ausgedrückt: Nachhaltige Gebäude und das Facility Management sind ohne den Lebenszyklusansatz nicht denkbar. In beiden Fällen wird die Gebäudegestaltung sehr stark aus Sicht der Nutzungsphase geprägt. Einen hohen Stellenwert bei der Gestaltung Nachhaltiger Gebäude besitzt die energetische Gebäudegestaltung (vgl. Abschnitt 6.5), da durch sie sowohl der Primärenergiebedarf als auch die Lebenszykluskosten signifikant beeinflusst werden. Aktuelle Herausforderungen und innovative Lösungsansätze im Bereich der Gebäudeenergietechnik werden in [66] diskutiert.

Die Nachfrage am Immobilienmarkt nach Nachhaltigen Gebäuden wächst ständig, bieten diese Gebäude doch für Eigentümer und/oder Nutzer praktische Vorteile wie höhere Verkaufspreise, höhere Mieteinnahmen, aber auch signifikant geringere Betriebskosten und bessere Nutzungsbedingungen. Für den Handel mit Nachhaltigen Gebäuden benötigt man entsprechende Bewertungssysteme an Hand derer Käufer bzw. Verkäufer die erwarteten Eigenschaften zweifelsfrei und objektiv beurteilen können. Weltweit wurden dafür mittlerweile eine Reihe sogenannter Zertifizierungssysteme entwickelt. Die Entwicklung und Verbreitung der Zertifizierungssysteme wird durch den World-Green-Building-Council, einer Nonprofit-Organisation, koordiniert und begleitet. Ungeachtet der vorhandenen Vielzahl lassen sich drei Zertifizierungssysteme aufgrund ihrer internationalen bzw. nationalen Bedeutung herausstellen:

- LEED, entwickelt in den USA
- BREEAM, entwickelt in Großbritannien
- DGNB bzw. BNB, entwickelt in Deutschland.

Das LEED-System (Leadership in Energy and Environmental Design, eingeführt 1998) ist gegenwärtig das bekannteste System und hat vor allem für den internationalen Handel Bedeutung. Das BREEAM-System (Building Research Establishment Environmental Assessment Method, eingeführt 1990) ist das mittlerweile älteste System, nach welchem auch die meisten Gebäude bisher zertifiziert wurden. Es besitzt vor allem Bedeutung für Handelsimmobilien gleichermaßen für den Fall, wenn diese für internationale Transaktionen interessant sind.

In Deutschland wurde 2008 von der Deutschen Gesellschaft für Nachhaltiges Bauen (DGNB) ein eigenes Zertifizierungssystem auf den Markt gebracht. Mittlerweile gibt es dieses Zertifizierungssystem in zwei Ausprägungen:

- DGNB-System
- BNB-System.

Beide Systeme sind derzeit inhaltlich noch weitestgehend identisch, was sich in der Zukunft aufgrund der unterschiedlichen Trägerinstitutionen sicher ändern wird. Das DGNB-System wird von der DGNB geführt und steht nur Mitgliedern bzw. speziell ausgebildeten Auditoren sowie den Bauherrn, welche ihr Gebäude nach dem System zertifizieren lassen wollen, zur Verfügung. Das BNB-System dagegen ist frei verfügbar und wird vom Bundesbauministerium administriert (siehe www.nachhaltigesbauen.de). Es soll im Folgenden kurz dargestellt werden.

Das BNB-System bewertet die oben genannten Anforderungskomplexe, ergänzt um drei weitere mit Gewichtungen entsprechend der Tab. 6.14. Die Standortqualität wird zwar mitbewertet, geht aber nicht explizit in das Zertifizierungsergebnis ein.

Anforderungskomplex	Gewichtung im System
Ökonomische Qualität	22,5 %
Ökologische Qualität	22,5 %
Soziokulturelle und funktionale Qualität	22,5 %
Technische Qualität	22,5 %
Prozessqualität	10,0 %
Standortmerkmale	–

Tab. 6.14: Grundstruktur des BNB-Bewertungssystems

Die Bewertung des Gebäudes erfolgt auf der Basis von 56 Steckbriefen, welche den einzelnen Anforderungskomplexen zugeordnet sind. Die Steckbriefe beschreiben für jedes Einzelkriterium die genaue Bewertungsvorschrift. Im Ergebnis werden pro Steckbrief maximal 100 Punkte vergeben. In Abhängigkeit der erreichten Punktzahl bzw. des Mindesterfüllungsgrades wird das Zertifikat in Gold, Silber oder Bronze vergeben, siehe Tab. 6.15.

Zertifikat in:	Mindesterfüllungsgrad
Gold	80 %
Silber	65 %
Bronze	50 %

Tab. 6.15: Grundstruktur des BNB-Bewertungssystems

Die Anwendung des Systems setzt eine entsprechende Planung etwa in der Stufe der Entwurfsplanung voraus. Zwingend erforderlich ist das Prinzip der integralen Planung, weil die Anforderungen der einzelnen Steckbriefe miteinander verknüpft sind. So führt z. B. eine Erhöhung der ökologischen Qualität möglicherweise auf erhöhte Lebenszykluskosten und vieles andere mehr. Logischerweise ist die Forderung nach integraler Planung selbst ein einzelnes Bewertungskriterium.

Das Prinzip der Lebenszykluskostenanalyse als eines der Kernstücke des BNB-Zertifizierungssystems wird im Abschnitt 7.3.2.1 demonstriert.

Neben der Ausgangsversion für die Neuerrichtung von Bürogebäuden wurden mittlerweile verschiedene weitere Versionen des BNB-Zertifizierungssystems entwickelt. Es wird unterschieden nach:

- der Nutzungsart des Gebäudes (Bürogebäude, Unterrichtsgebäude, Laborgebäude)
- der Errichtungsart (Neubau, Modernisierung)
- der Lebenszyklusphase (Neubau/ Modernisierung, Nutzen und Betreiben)

Das BNB-Bewertungssystem für das Nutzen und Betreiben, welches den Bereich des Facility Managements direkt tangiert, gliedert sich in zwei Hauptkomplexe (Tab. 6-16):

- Bewertung der Realqualitäten des Gebäudes
- Bewertung der Prozessqualität des Nutzen und Betreibens

Nr.	Steckbrief	Gewichtung
Realqualitäten		
1.1.1	THG-Emissionen infolge Heiz- und Elektroenergieverbrauch	0,00 %
1.2.1	Heiz- und Elektroenergieverbrauch	0,00 %
1.2.3	Trinkwasserverbrauch	0,00 %
3.1.1	Tatsächlicher Komfort im Winter	0,00 %
3.1.2	Tatsächlicher Komfort im Sommer	0,00 %
3.1.3	Tatsächliche Innenraumhygiene	0,00 %
3.1.9	Tatsächliche Nutzerzufriedenheit	0,00 %
Prozessqualität des Nutzen und Betreibens		
5.3.1	Nutzerzufriedenheitsmanagement	15,79 %
5.3.2	Management der Energie- und Wasserverbräuche	15,79 %
5.3.3	Nutzungskostencontrolling	15,79 %
5.3.4	Inspektion, Wartung und Verkehrssicherung	10,53 %
5.3.5	Umwelt- und gesundheitsverträgliche Reinigung	10,53 %
5.3.6	Technische Betriebsführung und Qualifikation des Betriebspersonals	10,53 %
5.3.7	Lebenszyklusbegleitende Objektdokumentation	10,53 %
5.3.8	Information und Motivation der Nutzer	10,53 %

Tab. 6.16: Steckbriefe des BNB-Systems Nutzen und Betreiben

Die Realqualitäten, welche entweder durch Messungen oder durch Berechnungen auf der Basis der Gegebenheiten des fertig gestellten Gebäudes bestimmt werden, gehen nicht direkt in die Bewertung ein (deshalb Gewichtung jeweils 0 %), sie werden aber in den einzelnen Nebenbedingungen mit berücksichtigt. Im Kern der Bewertung steht die Prozessqualität des Nutzen und Betreibens, d. h. des Gebäudemanagements.

Die Bewertung erfolgt wiederum in drei Zertifikatsstufen, die hier jedoch als Qualitätslevel Q1 bis Q3 bezeichnet werden, siehe Tab. 6-17. Außerdem gibt es auch hier diverse Nebenkriterien, welche man der Systemdokumentation unter www.nachhaltigesbauen.de entnehmen kann.

Zertifikat:	Mindesterfüllungsgrad
Q3	80 %
Q2	65 %
Q1	50 %

Tab. 6.17: Mindesterfüllungsgrade für BNB-BB

Durch die GEFMA (Deutsche Gesellschaft für Facility Management, siehe www.gefma.de) wurde ein eigenes Zertifizierungssystem zur Bewertung der Nachhaltigkeit im FM entwickelt und vor kurzem auf den Markt gebracht. Die Grundlagen findet man in der GEFMA 160: »Nachhaltigkeit im Facility Management. Grundlagen und Konzeption.« (Ausgabe Oktober 2014). Dieses System ist nicht deckungsgleich mit dem BNB-BB-System, weist aber viele Ähnlichkeiten auf. Es besteht aus fünf Komplexen:

- Ökologische Qualität
- ökonomische Qualität
- soziokulturell-funktionale Qualität
- Qualität der FM-Organisation
- Details der Services.

Das GEFMA-Bewertungssystem fokussiert ebenfalls ausschließlich auf die Prozessqualität des Nutzen und Betreibens und betrachtet keine Gebäudequalitäten, obwohl man das angesichts der Benennung der Bewertungskomplexe zunächst vermuten könnte.

6.9 Verwendete Quellen

[1] Kalusche, W.: Gebäudeplanung und Betrieb. Einfluß der Gebäudeplanung auf die Wirtschaftlichkeit von Betrieben. Heidelberg: Springer 1991, S. 147
[2] Friedrichs, K.: Integrale Gebäudeplanung. In: Schulte, K.-W.; Pierschke, B. (Hrsg.): Facilities Management. Köln: Immobilien Informationsverlag Rudolf Müller 2000, S. 67
[3] Krimmling, J.; Oelschlegel, J.; Höschele, V.: Technisches Gebäudemanagement – Instrumente zur Kostensenkung in Unternehmen und Behörden. Renningen: expertverlag 2002, S. 52–54
[4] Daniels, K.: Trends und Entwicklungen in der Gebäudetechnik. In: Schulte, K.-W.; Pierschke, B. (Hrsg.): Facilities Management. Köln: Immobilien Informationsverlag Rudolf Müller 2000, S. 113
[5] Krimmling, J.; Strauss, R.: Die Gestaltung von Gebäuden aus Sicht des Facility Managements. HLH Heizung Lüftung/Klima Haustechnik 54 (2003), Nr. 3, S. 75
[6] GIRA (Hrsg.): Das GIRA-Funkbussystem. Die neue Freiheit der Elektroinstallation. Eine Information für den Fachvertrieb. Radevormwald: Gira Giersiepen GmbH & Co. KG 1999
[7] Schmelmer, B.: Doppelböden als Verlegeuntergrund. Raumausstatter Zeitschrift (2001), Nr. 6–7, S. 68
[8] Gralle, H.; Usemann, K.-W.: Planen und Entwerfen unter gebäudereinigungsspezifischen Aspekten. Umweltorientierung – Kostenoptimierung – Objektschonung. BUNDESBAUBLATT 50 (2001), Nr. 3, S. 45–48
[9] Lutz, W. (Hrsg.): Handbuch Facility Management. Band 2. Landsberg: Ecomed Verlagsgesellschaft 1999, Kapitel IV-4 Gebäudereinigung
[10] Daniels, K.: Gebäudetechnik. Ein Leitfaden für Architekten und Ingenieure. 2. Aufl. München: Oldenbourg 1996, S. 687
[11] Fachinformationszentrum Karlsruhe (Hrsg.): Fabrik nach Passivhauskonzept. BINE-Informationsdienst Projektinfo (2001), Nr. 10
[12] Recknagel, H.; Sprenger, E.; Schramek, E.-R. (Hrsg.): Taschenbuch für Heizung und Klimatechnik 2001/2002, einschließlich Warmwassererzeugung und Kältetechnik. 70. Aufl. München: Oldenbourg Industrieverlag 2001, S. 84–86
[13] Krimmling, J.: Die EnEV erfordert neuen Gebäudeentwurfsprozess – integrale Planung. HLH Heizung Lüftung/Klima Haustechnik 54 (2003), Nr. 11, S. 79–82
[14] Daniels, K.: Trends und Entwicklungen in der Gebäudetechnik. In: Schulte, K.-W.; Pierschke, B. (Hrsg.): Facilities Management. Köln: Immobilien Informationsverlag Rudolf Müller 2000, S. 100
[15] Schmoigl, R.: Energie- und Umweltmanagement von Gebäuden. In: Schulte, K.-W.; Schäfers, W. (Hrsg.): Handbuch Corporate Real Estate Management. Köln: Immobilien Informationsverlag Rudolf Müller 1998, S. 356
[16] Lindauer, E. u.a.: Erste Erfahrungen mit einer hybriden Speichergrundheizung mit transparenter Wärmedämmung und einem Erdreich/Luft-Wärmeübertrager. Wissenschaftliche Berichte der Hochschule Zittau/Görlitz (1997), Nr. 52, S. 25 (Ber.-Nr. 1622)
[17] Ruscheweyh, H.; Ziller, C.; Thiel, D.: Natürliche Be- und Entlüftung von Räumen durch Doppelfassaden. Ki Luft- und Kältetechnik 31 (1995), Nr. 9, S. 415–418
[18] Hausladen, G.; Kippenberg, K.; Langer, L.; Saldanha, M. de: Solare Doppelfassaden: Energetische und raumklimatische Auswirkung. Ki Luft- und Kältetechnik 34 (1998), Nr. 11, S. 524–529
[19] Heye, H.-G.: Witterung steuert Glasfassade. GEBÄUDE-MANAGEMENT (2002), Nr. 4, S. 43
[20] Daniels, K.: Gebäudetechnik. Ein Leitfaden für Architekten und Ingenieure. 2. Aufl. München: Oldenbourg 1996, S. 627ff
[21] Wittwer, V.: Lichtregelnde Fenster- und Fassadenelemente: Intelligente Schattenspender. das bauzentrum 46 (1998), Nr. 3, S. 120–124

[22] Recknagel, H.; Sprenger, E.; Schramek, E.-R. (Hrsg.): Taschenbuch für Heizung und Klimatechnik 2001/2002, einschließlich Warmwassererzeugung und Kältetechnik. 70. Aufl. München: Oldenbourg Industrieverlag 2001, S. 1049

[23] VDI 2067 Blatt 7, Ausgabe: 1988-12 Berechnung der Kosten von Wärmeversorgungsanlagen; Blockheizkraftwerke, S. 6

[24] Recknagel, H.; Sprenger, E.; Schramek, E.-R. (Hrsg.): Taschenbuch für Heizung und Klimatechnik 2001/2002, einschließlich Warmwassererzeugung und Kältetechnik. 70. Aufl. München: Oldenbourg Industrieverlag 2001, S. 234

[25] VDI 2067 Blatt 6, Ausgabe:1989-09 Berechnung der Kosten von Wärmeversorgungsanlagen; Wärmepumpen, S. 6

[26] Schmidt, M.: Regenerative Energien in der Praxis. Berlin: Verlag Bauwesen 2002, S. 46–110

[27] Wellpott, E.: Technischer Ausbau von Gebäuden. 4. Aufl. Stuttgart: Kohlhammer 1991, S. 9–23 und S. 211–216

[28] Pistohl, W.: Handbuch der Gebäudetechnik. Planungsgrundlagen und Beispiele. Band 2. Heizung, Lüftung, Energiesparen. 4., neubearb. u. erw. Aufl. Düsseldorf: Werner-Verlag 2003, H107–H118

[29] DIN V 4701-10, Ausgabe: 2001-02 Energetische Bewertung heiz- und raumlufttechnischer Anlagen, Tabelle C3-1, S. 117 (nur Auszug)

[30] Recknagel, H.; Sprenger, E.; Schramek, E.-R. (Hrsg.): Taschenbuch für Heizung und Klimatechnik 2001/2002, einschließlich Warmwassererzeugung und Kältetechnik. 70. Aufl. München: Oldenbourg Industrieverlag 2001, S. 1039 ff

[31] Recknagel, H.; Sprenger, E.; Schramek, E.-R. (Hrsg.): Taschenbuch für Heizung und Klimatechnik 2001/2002, einschließlich Warmwassererzeugung und Kältetechnik. 70. Aufl. München: Oldenbourg Industrieverlag 2001, S. 14

[32] Recknagel, H.; Sprenger, E.; Schramek, E.-R. (Hrsg.): Taschenbuch für Heizung und Klimatechnik 2001/2002, einschließlich Warmwassererzeugung und Kältetechnik. 70. Aufl. München: Oldenbourg Industrieverlag 2001, S. 1041

[33] Recknagel, H.; Sprenger, E.; Schramek, E.-R. (Hrsg.): Taschenbuch für Heizung und Klimatechnik 2001/2002, einschließlich Warmwassererzeugung und Kältetechnik. 70. Aufl. München: Oldenbourg Industrieverlag 2001, S. 1042

[34] NORD/LB – Das Konzept der Transparenz und Natürlichkeit. Teil 1 – Gebäudetechnik. Hot & Cool, Magazin für Architektur Technik Sport (2001), Nr. 4, S. 12–13

[35] Pistohl, W.: Handbuch der Gebäudetechnik. Planungsgrundlagen und Beispiele. Band 2. Heizung, Lüftung, Energiesparen. 4., neubearb. u. erw. Aufl. Düsseldorf: Werner-Verlag 2003, S. L97–L98

[36] Knabe, G.: Gebäudeautomation. Berlin: Verlag Bauwesen 1992, S.258

[37] Krimmling, J.; Oelschlegel, J.; Höschele, V.: Technisches Gebäudemanagement – Instrumente zur Kostensenkung in Unternehmen und Behörden. Renningen: expert-verlag 2002, S. 52–53

[38] Gebrüder Trox GmbH (Hrsg.): Projektinformation Post-Tower. Dezentrale Unterflurgeräte, Serie Zuluft. Neukirchen-Vluyn: Gebrüder Trox GmbH 2002

[39] Pistohl, W.: Handbuch der Gebäudetechnik. Planungsgrundlagen und Beispiele. Band 2. Heizung, Lüftung, Energiesparen. 4., neubearb. u. erw. Aufl. Düsseldorf: Werner-Verlag 2003, S. L21

[40] Recknagel, H.; Sprenger, E.; Schramek, E.-R. (Hrsg.): Taschenbuch für Heizung und Klimatechnik 2001/2002, einschließlich Warmwassererzeugung und Kältetechnik. 70. Aufl. München: Oldenbourg Industrieverlag 2001, S. 477

[41] Recknagel, H.; Sprenger, E.; Schramek, E.-R. (Hrsg.): Taschenbuch für Heizung und Klimatechnik 2001/2002, einschließlich Warmwassererzeugung und Kältetechnik. 70. Aufl. München: Oldenbourg Industrieverlag 2001, S. 15

[42] Recknagel, H.; Sprenger, E.; Schramek, E.-R. (Hrsg.): Taschenbuch für Heizung und Klimatechnik 2001/2002, einschließlich Warmwassererzeugung und Kältetechnik. 70. Aufl. München: Oldenbourg Industrieverlag 2001, S. 17
[43] Recknagel, H.; Sprenger, E.; Schramek, E.-R. (Hrsg.): Taschenbuch für Heizung und Klimatechnik 2001/2002, einschließlich Warmwassererzeugung und Kältetechnik. 70. Aufl. München: Oldenbourg Industrieverlag 2001, S. 1127
[44] Recknagel, H.; Sprenger, E.; Schramek, E.-R. (Hrsg.): Taschenbuch für Heizung und Klimatechnik 2001/2002, einschließlich Warmwassererzeugung und Kältetechnik. 70. Aufl. München: Oldenbourg Industrieverlag 2001, S. 18
[45] Feurich, H.: Sanitärtechnik. Grundlagen der Sanitärtechnik, Sanitärräume, Krankenhauseinrichtungen, Physikalische Therapie-Einrichtungen, Wasserversorgung, Wasserentsorgung, Warmwasserversorgung, Schwimmbadwasseraufbereitung, Entwässerungsanlagen, Installationsplanung, Rohrnetzberechnung. 6., erw. Aufl. Düsseldorf: Krammer-Verlag 1993, S. 1169
[46] Schmidt, M.: Regenerative Energien in der Praxis. Berlin: Verlag Bauwesen 2002, S. 126–154
[47] Kramer, H.; Lom, W. von: Licht – Bauen mit Licht. Köln: Verlagsgesellschaft Rudolf Müller 2002, S. 97
[48] Kramer, H.; Lom, W. von: Licht – Bauen mit Licht. Köln: Verlagsgesellschaft Rudolf Müller 2002, S. 130 ff
[49] TRILUX-Lenze GmbH + Co. KG (Hrsg.): Beleuchtungsplanung. Lichttechnik, Elektrotrechnik. Arnsberg: TRILUX-LENZE GmbH 1997, S. 36–39
[50] Baer, R.: Praktische Beleuchtungstechnik. Berlin: Verlag Technik 1999, S. 124
[51] Ris, H.-R.: Beleuchtungstechnik für Praktiker. Grundlagen, Lampen, Leuchten, Planung, Messung. Berlin: VDE-Verlag 1992, S. 293
[52] Laasch, E.; Volger, K.: Haustechnik. Grundlagen – Planung – Ausführung. 8., neubearb. Aufl. Stuttgart: B.G. Teubner 1989, S.427
[53] Jones Lang LaSalle (Hrsg.): Office Service Charge Analysis Report – Oscar 2002. Düsseldorf: Jones Lang LaSalle GmbH 2002, S. 4
[54] Pistohl, W.: Handbuch der Gebäudetechnik. Planungsgrundlagen und Beispiele. Band 1. Sanitär, Elektro, Förderanlagen. 4., neubearb. u. erw. Aufl. Düsseldorf: Werner-Verlag 2002, S. G28
[55] Barth, H.: Moderne Telekommunikation. Poing: Franzis-Verlag 1992, S. 33
[56] Lück, F.: Hoher Spareffekt durch Virtuelle Netze. VDI-Nachrichten (2002), Nr. 46, S. 23
[57] Siegmund, G.: xDSL-Techniken. In: Berres, A.; Bullinger, H. J. (Hrsg.): Innovative Unternehmenskommunikation – Vorsprung im Wettbewerb durch neue Technologien. Band 2. Berlin: Springer, 1999, Kapitel 11.02
[58] Dürr, J.-E.: Digitales und interaktives Fernsehen. In: Berres, A.; Bullinger, H. J. (Hrsg.): Innovative Unternehmenskommunikation – Vorsprung im Wettbewerb durch neue Technologien. Band 2. Berlin: Springer, 1999, Kapitel 11.09
[59] Gebäude Netzwerk Institut GNI (Hrsg.): GNI-Handbuch der Raumautomation. Gebäudetechnik mit Standardsystemen. Berlin: VDE-Verlag 1999
[60] Gebäude Netzwerk Institut GNI (Hrsg.): GNI-Handbuch der Raumautomation. Gebäudetechnik mit Standardsystemen. Berlin: VDE-Verlag 1999, S. 84
[61] VDI (Hrsg.): Schöne neue Bürowelt. VDI-Nachrichten (2002), Nr. 11
[62] Friedl, W. J.: Wie man mit Sicherheitstechnik Prämien sparen kann. Versicherungsprämien für gewerbliche Liegenschaften. FACILITY MANAGEMENT 7 (2001), Nr. 5, S. 58–62
[63] VdS (Hrsg.): VdS 2092, Ausgabe: 1999-08 Sprinkleranlagen, Richtlinien für Planung und Einbau. Köln: VdS Schadenverhütung 1999
[64] Verordnung über energiesparenden Wärmeschutz und energiesparende Anlagentechnik bei Gebäuden (Energieeinsparverordnung)

[65] Krimmling, J. u. a.: Atlas Gebäudetechnik. Verlag Rudolf Müller. Köln 2008
[66] Köster, H.: Tageslichtnutzung zur Optimierung der visuellen und thermischen Behaglichkeit am Arbeitsplatz und verbesserten Wirtschaftlichkeit von Fenster und Fassade. In: 4. Energietechnisches Symposium. Nachhaltige Gebäude-Herausforderungen in der Gebäudeenergietechnik. Tagungsband, Stuttgart 2011.
[67] Krimmling, J. und B. Landgraf (Hrsg.): 4. Energietechnisches Symposium. Nachhaltige Gebäude-Herausforderungen in der Gebäudeenergietechnik. Steinbeis-Edition Stuttgart 2011.

7 Entscheidungen im strategischen Bereich

7.1 Analyse von Entscheidungsprozessen

Auf der strategischen Ebene des FM sind z. B. folgende Entscheidungen zu treffen:

- Entscheidung zwischen verschiedenen Architekturentwürfen
- Entscheidung zwischen verschiedenen Technikvarianten
  - Lohnt sich die Anschaffung eines Brennwertkessels?
  - Lohnt sich die Anschaffung einer Wärmerückgewinnungsanlage?
  - Lohnt sich die Anschaffung einer Solarenergieanlage?
  - Ist die Fernwärmeversorgung sinnvoller oder die Eigenversorgung?
- Auswahl eines geeigneten CAFM-Systems.

Die Konsequenzen dieser Entscheidungen sind zumeist weit reichend und es bedarf einer systematischen Entscheidungsfindung. Allgemein kann der Lebens- und Arbeitsprozess eines Individuums auch als Kette von Entscheidungen, die der Einzelne zu treffen hat, definiert werden. Dabei ist zu konstatieren, dass in einer immer komplexer werdenden Welt dem Prozess der Entscheidungsfindung zunehmende Bedeutung zukommt. Für den Einzelnen kann es geschehen, dass ihm die Wahl zwischen gleich anmutenden Handlungsalternativen schwer fällt. Möglicherweise geht es ihm dann wie Buridans Esel [1], der zwischen zwei gleich großen und gleich weit entfernten Heuhaufen verhungern musste, weil er sich nicht entscheiden konnte.

Barret [2] befasst sich mit dem Entscheidungsfindungsprozess als Bestandteil eines allgemeinen Problemlösungsprozesses innerhalb des FM (Abb. 7-1). Zum Problemlösungsprozess gehören auch die Phasen der Umsetzung und der Kontrolle der Umsetzung hinsichtlich der eingangs formulierten Ziele, was mit dem im Abschnitt 2.1 dargestellten Managementprozess korrespondiert.

Der Entscheidungsprozess selbst ist durch verschiedene Kategorien gekennzeichnet:

- Entscheider ist derjenige, der die Entscheidung trifft. Obwohl dies auf der Hand liegt, ist die Frage in größeren Organisationen, wer eine bestimmte Entscheidungen beispielsweise über eine durchzuführende Investition zu treffen hat, aus Sicht von Beratern und Dienstleistern oftmals sehr schwer zu beantworten (vgl. [3]).
- Handlungsalternativen; jede Entscheidung setzt Handlungsalternativen voraus.
- Prognosen sind Voraussagen, welche Konsequenzen das Handeln nach der einen oder anderen Alternative in der Zukunft haben wird. Da niemand die Zukunft voraussehen kann, muss das Ergebnis vorausberechnet, qualifiziert abgeschätzt oder geraten werden. Hier liegt die Verantwortung des Entscheiders, er muss sich der Qualität seiner Prognose, auf deren Basis er eine Alternative ausgewählt hat, bewusst sein und diese offen legen!
- Wertsystem des Entscheiders, d. h. unter welchen Gesichtspunkten, aufgrund welcher Wertungen entschieden wird.

- Entscheidungsregel, die aus dem Wertsystem abgeleitet wird und in welcher die oft mehrfach vorhandenen Entscheidungskriterien zusammengefasst werden. Solche Regeln können z. B. sein:
  ○ Wähle die Alternative mit dem größten Gewinn aus
  ○ Wähle die Alternative, die den geringsten Schaden verursacht
  ○ Suche die Alternative mit dem höchsten Nutzwert aus.

In der Praxis ist oft noch ein so genannter Entscheidungsvorbereiter in den Entscheidungsprozess integriert. Hierbei handelt es sich um einen internen oder externen Berater (i. d. R. ein Spezialist), der dem Entscheider die notwendigen Informationen beschafft und aufbereitet, er ist oft wesentlich an der Entscheidung beteiligt und muss sich seiner Verantwortung bewusst sein.

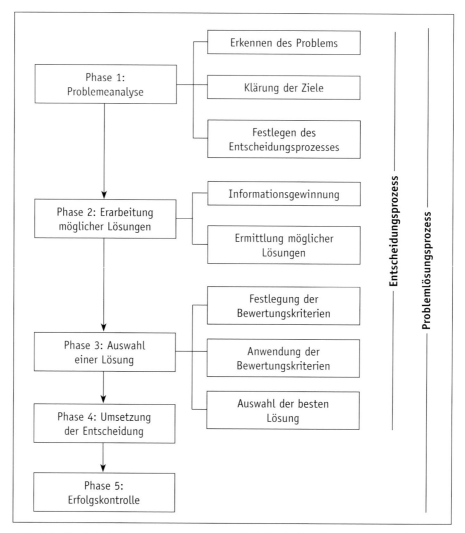

Abb. 7-1: Der Entscheidungsprozess als Bestandteil des Problemlösungsprozesses (in Anlehnung an [4])

Prinzipiell unterscheidet man zwei Arten von Entscheidungen:

- einkriterielle Entscheidungen (nur ein Kriterium)
- mehrkriterielle Entscheidungen (mehrere Kriterien).

Komplizierter zu handhaben sind ohne Zweifel mehrkriterielle Entscheidungen, weil die Auswirkungen von Alternativen bezüglich der Kriterien oft nicht mehr ohne weiteres überschaubar sind. Entscheidungskriterien können dabei sein:

- betriebswirtschaftliche Kriterien (auch als monetäre Kriterien bezeichnet)
- Verfügbarkeitskriterien (Terminketten, Genehmigungsfähigkeit)
- technische Machbarkeit (ist das mit dem Gesamtkonzept vereinbar)
- Akzeptanzkriterien, d.h. wird das gewählte Konzept vom Kunden/Mitarbeiter oder den übrigen Betroffenen (Anwohner) akzeptiert
- übergeordnete Kriterien, z.B. unternehmerische Kriterien, politische Vorgaben.

Oftmals werden mehrkriterielle Entscheidungen auf einkriterielle und dann zumeist auf betriebswirtschaftliche Entscheidungen reduziert. In vielen Fällen ist das durchaus sinnvoll, nur kann so nicht grundsätzlich vorgegangen werden. In vielen Fällen beeinflussen beispielsweise Akzeptanzkriterien die Annahme von Entscheidungen durch Mitarbeiter oder Kunden.

So besteht das Problem bei einer Entscheidung, die einerseits nach dem Kriterium »Kosten« und andererseits nach dem Kriterium »Akzeptanz« getroffen werden soll, darin, dass die Ausprägung der Alternativen hinsichtlich der beiden Kriterien nicht einfach aufsummiert werden kann, da sie verschiedene Einheiten haben. Das kann dann auf eine in der Tab. 7-1 dargestellte Patt-Situation führen.

Alternative 1	Alternative 2
Kosten hoch	Kosten gering
Akzeptanz hoch	Akzeptanz gering

Tab. 7-1: Beispiel einer mehrkriteriellen Entscheidung

Das Verfahren, mit dessen Hilfe eine rationale Entscheidung trotzdem gelingen kann, ist die Nutzwertanalyse, welche im Folgenden dargestellt werden soll.

7.2 Die Nutzwertanalyse

Bechmann [5] entwickelt ein auf Zangemeister zurückgehendes Schema für die einfache Nutzwertanalyse, welches hier als Arbeitsgrundlage verwendet werden soll. Dazu werden folgende Größen benötigt (die Notation folgt der Darstellung von Bechmann, siehe Tab. 7-2):

$K_1, K_2, \ldots, K_n$	Die n Kriterien, bezüglich derer bewertet werden soll
$A_1, A_2, \ldots, A_m$	Die m verschiedenen Alternativen, die bewertet werden sollen
$g_1, g_2, \ldots, g_n$	Gewichte der Kriterien (Wichtungsfaktoren)
k_{ij} $i = 1, \ldots, n$ $j = 1, \ldots, m$	Zielertrag des i-ten Kriteriums bezüglich der j-ten Alternative
e_{ij} $i = 1, \ldots, n$ $j = 1, \ldots, m$	Zielerfüllungsgrad des i-ten Kriteriums bezüglich der j-ten Alternative
N_{ij} $i = 1, \ldots, n$ $j = 1, \ldots, m$	Teilnutzwert des i-ten Kriteriums bezüglich der j-ten Alternative
N_j $j = 1, \ldots, m$ mit $N_{ij} = g_i \cdot e_{ij}$ $N_j = N_{1j} + N_{2j} + \ldots + N_{nj} = \sum_{i=1}^{n} N_{ij}$	Nutzwert der j-ten Alternative

Tab. 7-2: Rechengrößen der Nutzwertanalyse

Der Rechengang lässt sich zunächst formal an einem Beispiel mit zwei Alternativen darstellen:

Kriterium	Gewicht	Zielertrag	Zielerfüllung	Teilnutzwert	Zielertrag	Zielerfüllungsgrad	Teilnutzwert
K_1	g_1	k_{11}	e_{11}	$N_{11}=g_1e_{11}$	k_{12}	e_{12}	$N_{12}=g_1e_{12}$
K_2	g_2	k_{21}	e_{21}	$N_{21}=g_2e_{21}$	k_{22}	e_{22}	$N_{22}=g_2e_{22}$
K_3	g_3	k_{31}	e_{31}	$N_{31}=g_3e_{31}$	k_{32}	e_{32}	$N_{32}=g_3e_{32}$
	$g_1+g_2+g_3$ =1	Nutzwert von A_1:		$N_1=$ $N_{11}+N_{21}+N_{31}$	Nutzwert von A_2:		$N_2=$ $N_{12}+N_{22}+N_{32}$

Tab. 7-3: Berechnung des Nutzwertes für eine Entscheidungssituation mit zwei Alternativen.

Entscheidend ist im ersten Schritt die Auswahl und Festlegung der Entscheidungskriterien. Sinnvoll ist das Aufstellen einer Kriterienmatrix entsprechend der Abb. 7-2.

Beispiel

Die Nutzwertanalyse soll am Beispiel der Entscheidung für einen bestimmten Gebäudeentwurf dargestellt werden. Ein Unternehmen möchte eine neue Firmenzentrale errichten. Im Vorfeld der Entscheidung wurden die Kriterien laut der Tab. 7-4 aufgestellt. Außerdem wurden für die einzelnen Kriterien Wichtungsfaktoren festgelegt.

Ein Architekturbüro wurde mit der Erarbeitung von verschiedenen Entwürfen beauftragt. Im Ergebnis lagen drei Varianten zur Beurteilung vor. Die Entscheidungsregel lautete: Wähle die Variante aus, die den größten Nutzwert hat. Die Nutzwertanalyse ergab für diesen Fall, dass die Variante A_2 mit dem höchsten Nutzwert von $N_2 = 4$ auszuwählen ist (Tab. 7-5).

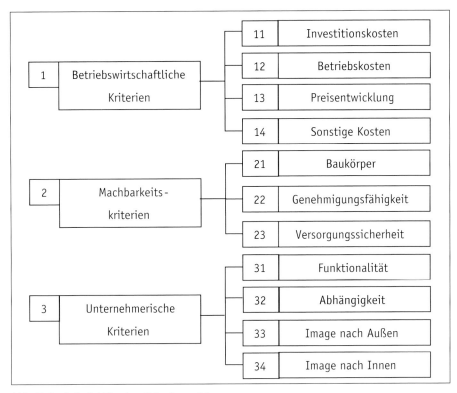

Abb. 7-2: Beispiel für eine Kriterienmatrix

Sicher bleibt die Frage, inwieweit das mit Hilfe der Nutzwertanalyse erreichte Ergebnis wirklich objektiv ist. Schwachstellen sind:

- die Festlegung der Wichtungsfaktoren
- das Aufstellen der Verbalskala
- die Auswahl oder Definition der Entscheidungskriterien.

Trotz dieser Vorbehalte und einem hohen Aufwand für die Durchführung liegt ein wichtiges Argument für die Nutzwertanalyse darin, dass die Entscheidungssituation transparenter gemacht wird.

7.3 Monetäre Bewertungsverfahren

Das Ziel besteht darin, Investitionen im Immobilienbereich oder Immobilien als solche zu bewerten. Die Bewertung wird mit Hilfe von Bewertungsverfahren durchgeführt. Die Wahl des Verfahrens richtet sich nach dem Zweck der Bewertung, d. h. in welchem Zusammenhang sind Entscheidungen zu treffen. Es ist zu unterscheiden zwischen

- Verfahren der Immobilienbewertungslehre
- betriebswirtschaftlichen Investitionsbewertungsverfahren.

Kriterien	Bedeutung	Verbalskala Zielertrag k_{ij}	Zielerfüllungsgrad e_{ij}
K_1	Nutzung	sehr gut	5
		gut	4
		mittel	3
		schlecht	2
		ungeeignet	1
K_2	Betriebswirtschaft	GK geringer als Zielwert	5
		GK-Budget erreicht	4
		GK 10% überschritten	3
		GK 20% überschritten	2
		GK 30% überschritten	1
K_3	terminliche Realisierbarkeit	eher verfügbar	5
		zum Plantermin verfügbar	4
		1 Monat später	3
		2 Monate später	2
		3 Monate später	1
K_4	Mitarbeiterakzeptanz	von mehr als 95% akzeptiert	5
		von mehr als 80% akzeptiert	4
		von mehr als 70% akzeptiert	3
		von mehr als 60% akzeptiert	2
		von mehr als 50% akzeptiert	1

Tab. 7-4: Kriterien, Verbalskala und zugehörige Zielerfüllungsgrade (GK ... Gesamtkosten oder Lebenszykluskosten)

Alternativen		A_1			A_2			A_3		
	Wichtungsfaktor	k_{ij}	e_{ij}	N_{ij}	k_{ij}	e_{ij}	N_{ij}	k_{ij}	e_{ij}	N_{ij}
K_1	40%	sehr gut	5	2	gut	4	1,6	mittel	3	1,2
K_2	20%	GK 30%	1	0,2	Budget	4	0,8	geringer	5	1
K_3	20%	1 Monat	3	0,6	1 Monat	3	0,6	eher	5	1
K_4	20%	MA 80%	4	0,8	MA 95%	5	1	MA 70%	3	0,6
			N_1	3,6		N_2	4		N_3	3,8

Tab. 7-5: Ergebnis der Nutzwertanalyse

Der Anwendungsbereich der Verfahren muss genau abgegrenzt werden. Prinzipiell ist es nicht sinnvoll, ausschließlich klassische Wertermittlungsverfahren für Investitionsentscheidungen heranzuziehen. Möglicherweise ist in bestimmten Fällen eine Kombination der Verfahren erforderlich.

7.3.1 Verfahren der Immobilienbewertungslehre

Diese Verfahren werden z. B. bei

- Kauf oder Verkauf von Immobilien
- Kreditannahme/Beleihung von Immobilien

- Bilanzbewertung
- steuerrelevanten Entscheidungen

angewandt. Die entsprechenden Entscheidungen werden als wertorientierte Entscheidungen bezeichnet. Ziel dieser Verfahren ist die Ermittlung eines konkreten Immobilienwertes und man unterscheidet zwischen (vgl. [6, 7]):

- Ertragswertverfahren
- Sachwertverfahren
- Vergleichswertverfahren
- Liquidationswertverfahren

Paul zeigt in [8] an einem einfachen Beispiel, wie mit Hilfe des Ertragswertverfahrens die durch FM reduzierten Bewirtschaftungskosten den Ertragswert eines Objektes steigern. Das Verfahren ist überschlägiger Natur und berücksichtigt beispielsweise nicht den Umstand, dass ein Teil der Bewirtschaftungskosten auf den Mieter umgelegt werden kann und beim Eigentümer somit nur als durchlaufende Posten registriert wird. Jedoch kann am Markt bei gesenkten Nebenkosten eine höhere Kaltmiete erzielt werden, was wiederum ein wichtiges Argument für FM in Immobilienunternehmen ist.

7.3.2 Betriebswirtschaftliche Investitionsbewertungsverfahren

Unterstellt man einen reinen betriebswirtschaftlichen Bilanzkreis, so lassen sich die eingangs des Abschnitts 7.1 angeführten Entscheidungsfälle auf Investitionsentscheidungen zurückführen. Nach Bitz [9] sind »*Gegenstand einer Investitionsentscheidung stets Wahlentscheidungen über alternative Investitionsprojekte oder ganze Investitionsprogramme, d.h. Entscheidungen, durch die die Struktur oder Höhe des Unternehmensvermögens nachhaltig beeinflusst werden.*« Zur Entscheidungsfindung sind im Rahmen dieses Modellansatzes die Verfahren der Investitionsbewertung anzuwenden (Abb. 7-3).
Dabei gibt es drei Standardfälle:

- Wirtschaftlichkeitsproblem (Ist eine einzelne Investition sinnvoll?)
- Wahlproblem (Vergleich verschiedener Investitionsvarianten untereinander)
- Ersatzproblem (Entscheidung, ob eine vorhandene Anlage [Immobilie] durch eine neue ersetzt werden soll und zu welchem Zeitpunkt der Ersatz sinnvoll ist).

Die einzelnen Bewertungsverfahren werden detailliert in [10, 11, 12, 13] beschrieben. Nachfolgend soll die Anwendung einiger Verfahren anhand von Beispielen dargestellt werden. Die Konzentration erfolgt auf dynamische Verfahren, da die hier zu betrachtenden Investitionsprobleme oft langfristig orientiert sind, d.h. von über den Investitionszeitraum konstanten Bedingungen in aller Regel nicht ausgegangen werden kann.

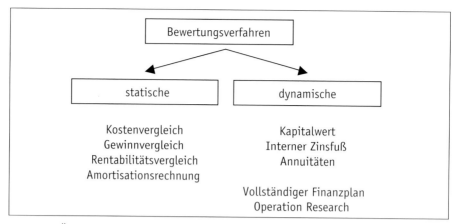

Abb. 7-3: Übersicht Bewertungsverfahren

7.3.2.1 Kapitalwertmethode

Der Kapitalwert einer Investition ist die Summe der auf den Anfangszeitpunkt diskontierten Ein- und Auszahlungen. Er berechnet sich wie folgt:

$$C_T = -I_0 + \sum_{t=1}^{T}(E_T - A_t)\frac{1}{(1+i)^t}$$

mit:

C_T Kapitalwert für den Betrachtungszeitraum T (in €)
I_0 Anfangsinvestition (in €)
T Betrachtungszeitraum (in a)
t einzelne Periode
E_t Einzahlungen (Einnahmen) in der Periode t
A_t Auszahlungen (Kosten) in der Periode t
i Kalkulationszins

Ein Knackpunkt des Verfahrens ist die Bestimmung des Kalkulationszinses i. Walther [15] definiert i als die »*gewünschte Mindestverzinsung des Investors, welche dem Zinssatz entspricht, zu dem der Investor Kapital beschaffen kann.*« Die angeschriebene Formel unterstellt zunächst, dass Soll- und Habenzinsen im Zusammenhang mit dem Investitionsprojekt gleich groß sind und dass der Zinssatz über die Betrachtungszeit konstant bleibt (Prämisse des vollkommen Kapitalmarktes). Letzteres Problem lässt sich durch einen zinsdynamischen Ansatz nach [16] lösen. Blitz u. a. [9] weisen darauf hin, dass sich je nach Höhe des Kalkulationszinses unterschiedliche Rangfolgen bei Investitionsalternativen ergeben können.

Für die drei verschiedenen Ergebniskonstellationen lassen sich die folgenden Entscheidungsregeln ableiten:

- $C_T > 0$: Die Verzinsung des eingesetzten Kapitals ist größer als der Kalkulationszins. Die Investition ist demzufolge sinnvoll.
- $C_T = 0$: Die Verzinsung entspricht genau dem Kalkulationszins, d.h. die Investition bringt bei Einsatz von Eigenkapital keinen Vorteil gegenüber einer einfachen Anlage zum Kalkulationszins. Der Einsatz von Fremdkapital wäre ebenfalls nicht gerechtfertigt.
- $C_T < 0$: Die Investition ist nicht sinnvoll, da sie weniger bringt als eine Anlage zum Kalkulationszins.

Entscheidungsregeln:

- bei nur einer Alternative: Realisiere die Investition nur dann, wenn der Kapitalwert positiv ist.
- bei mehreren Alternativen: Realisiere die Investitionsalternative, die den größten Kapitalwert bringt.

Beispiel

Es soll ein Bürogebäude mit folgenden Ausgangsparametern untersucht werden, d.h. es stellt sich die Frage, lohnt sich eine solche Investition?

Die Rechnung in Tab. 7-6 und die Abb. 7-4 zeigen, dass der Kapitalwert nach einer Zeit von knapp 10 Jahren positiv wird, die Kapitalrückflussdauer also in dieser Größenordnung liegt. Die Investition ist wirtschaftlich, da der Kapitalwert im 20. Jahr positiv ist.

Barwertmethode im Rahmen des BNB-Bewertungssystems

Bei der Berechnung der Lebenszykluskosten im Rahmen des BNB-Bewertungssystems für Nachhaltige Gebäude (siehe Abschnitt 6.8) ist die Barwertmethode anzuwenden. Diese basiert auf der gleichen finanzmathematischen Grundoperation des Abzinsens wie die Kapitalwertmethode. Allerdings werden nur Kosten betrachtet und man kann schreiben:

$$B = \sum_{t=0}^{T} \frac{\sum A_t}{(1+i)^t}$$

B Barwert aller Kosten
A_t Auszahlungen (Kosten) in der Periode t

7 Entscheidungen im strategischen Bereich

Kalkulationszins	5 %
Bruttogrundrissfläche BGF	10.000 m²
spezifische Baukosten pro BGF	2.000 €/m²
vermietete Fläche	6.000 m²
Errichtungskosten ($\hat{=} I_0$)	20.000.000 €
Miete	30 €/m²
Mieteinnahmen pro Jahr	2.160.000 €/a
Mietsteigerung pro Jahr	6 %/a
Preis Verwaltungskosten	10 €/m²
Verwaltungskosten pro Jahr	60.000 €/a
Steigerung der Verwaltungskosten pro Jahr	3 %/a

Jahr	Investitionen	Einzahlungen	Auszahlungen	Saldo Z	b	Z × b	Kapitalwert in €
0	20.000.000	0	0	−20.000.000	1,0	−20.000.000	−20.000.000
1		2.160.000	60.000	2.100.000	0,952	2.000.000	−18.000.000
2		2.289.000	61.800	2.227.800	0,907	2.020.680	−15.979.320
3		2.426.976	63.654	2.363.322	0,864	2.041.526	−13.937.793
4		2.572.595	65.564	2.507.031	0,823	2.062.541	−11.875.253
5		2.726.950	67.531	2.659.420	0,784	2.083.725	−9.791.528
6		2.890.567	69.556	2.821.011	0,746	2.105.082	−7.686.446
7		3.064.001	71.643	2.992.358	0,711	2.126.613	−5.559.833
8		3.247.841	73.792	3.174.049	0,677	2.148.321	−3.411.512
9		3.442.712	76.006	3.366.706	0,645	2.170.028	−1.241.303
10		3.649.275	78.286	3.570.988	0,614	2.192.277	950.974
11		3.868.231	80.635	3.786.596	0,585	2.214.529	3.165.503
12		4.100.325	83.054	4.017.271	0,557	2.236.967	5.402.469
13		4.346.344	85.546	4.260.799	0,530	2.259.593	7.662.062
14		4.607.125	88.112	4.519.013	0,505	2.282.409	9.944.470
15		4.883.553	90.755	4.792.797	0,481	2.305.417	12.249.888
16		5.176.566	93.478	5.083.088	0,458	2.328.621	14.578.509
17		5.487.160	96.282	5.390.877	0,436	2.352.022	16.930.531
18		5.816.389	99.171	5.717.218	0,416	2.375.622	19.306.153
19		6.165.373	102.146	6.063.227	0,396	2.399.425	21.705.578
20		6.535.295	105.210	6.430.085	0,377	2.423.431	**24.129.009**

Tab. 7-6: Berechnungsergebnisse nach dem Kapitalwertverfahren

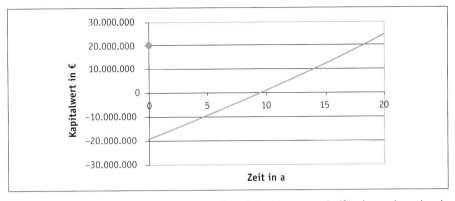

Abb. 7-4: Entwicklung des Kapitalwertes während der Nutzungszeit (für das vorhergehende Beispiel)

Entsprechend dem Steckbrief 2.1.1 »Gebäudebezogene Kosten im Lebenszykluskosten« sind ausgewählte Herstellkosten und ausgewählte Nutzungskosten zu berücksichtigen:

Herstellkosten: ausgewählte Untergruppen der KG 300 und 400 lt. DIN 276
Nutzungskosten: ausgewählte Untergruppen nach DIN 18960:

    KG 311   Wasserversorgung
    KG 312–316   Energie
    KG 321   Abwasser
    KG 331   Unterhaltsreinigung
    KG 332   Glasreinigung
    KG 333   Fassadenreinigung
    KG 352   Inspektion/Wartung der Baukonstruktion
    KG 353   Inspektion/Wartung der TGA
    KG 410   Instandsetzung der Baukonstruktion
    KG 420   Instandsetzung der TGA

Beispielhaft wird das Ergebnis der Lebenszykluskostenberechnung für ein Bürogebäude mit folgenden Daten demonstriert:

Daten zur Gebäudegeometrie	Einheit	Wert
Bruttorauminhalt	m³	80.500
Bruttogrundfläche	m²	23.000
Konstruktionsgrundfläche	m²	3.000
Netto-Raumfläche	m²	20.000
Beheizte Netto-Raumfläche	m²	19.000
Verkehrsfläche	m²	4.000
Funktionsfläche	m²	1.000
Nutzungsfläche	m²	15.000

Tab. 7-7: Basisdaten des Beispiels

Folgende zusammengefasste Kostenansätze gingen in die Berechnung ein:

Regelmäßige Kosten	absolute Kosten
Wartung/Inspektion	75.025,07 €
regelmäßige Instandsetzung	39.743,70 €
Wasser/Abwasser	24.520,89 €
Energie	275.353,79 €
Reinigung	136.405,08 €
Unregelmäßige Kosten	**absolute Kosten**
Herstellkosten	18.296.009,27 €
im 21. Jahr	333.442,50 €
im 26. Jahr	3.652.795,50 €
im 36. Jahr	6.260.577,40 €
im 41. Jahr	6.245.526,17 €

Tab. 7-8: Kostenstruktur des Beispiels

Die Abb. 7-5 zeigt die prozentuale Zusammensetzung der Barwerte für das Beispiel. Es wird deutlich, dass die Herstellkosten ein gewichtiger Bestandteil der Lebenszykluskosten sind, obwohl dies allgemein anders erwartet wird.

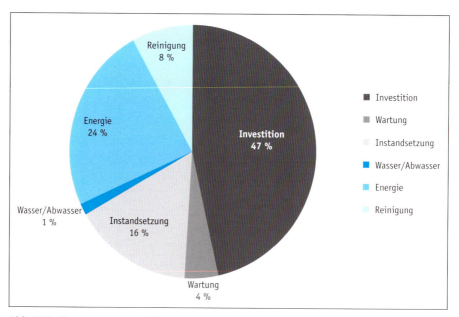

Abb. 7-5: Zusammensetzung der Barwerte der Lebenszykluskosten für das Beispiel

7.3.2.2 Annuitätenmethode

Während der Kapitalwert eine Aussage über das Ergebnis einer Investition innerhalb eines bestimmten Zeitraums liefert, wird bei der Annuitätenmethode das Ergebnis auf ein repräsentatives Jahr umgerechnet. Somit liefert diese Methode eine Aussage zum so genannten Periodenerfolg, was in der Praxis oft besser interpretierbar ist.

Die Berechnungsformel lautet:

$A = C_T \cdot a$

$a = \dfrac{(1+i)^T \cdot i}{(1+i)^T - 1}$

A Annuität in €/a
a Annuitäts- oder Wiedergewinnungsfaktor, tabelliert in [17]

Formt man die obige Kapitalwertformel unter der Voraussetzung um, dass die jährlichen Ein- und Auszahlungen, konstant sind, so erhält man:

$C_T = -I_0 + (E_t - A_t) \cdot \dfrac{(1+i)^T - 1}{(1+i)^T \cdot i}$

Dies in die Formel für die Annuität eingesetzt, ergibt:

$A = -I_0 \cdot a + E_t - A_t$

Hier lautet die Entscheidungsregel entsprechend:

- bei nur einer Alternative: Realisiere die Investition nur dann, wenn die Annuität positiv ist
- bei mehreren Alternativen: Realisiere die Investitionsalternative, die die größte Annuität aufweist.

Die zuletzt geschriebene Formel für die Annuität ist Grundlage des Verfahrens nach VDI 2067-1, welches für Entscheidungsprobleme im Bereich der gesamten Gebäudetechnik eingesetzt werden kann. Unter der Vereinfachung, dass alle Anlagenkomponenten die gleiche Nutzungsdauer haben, kann die Aussage getroffen werden [18]:

$A_N = A_{N,E} - (A_{N,K} + A_{N,V} + A_{N,B} + A_{N,S})$
$A_{N,K} = I_0 \cdot a$
$A_{N,V} = A_{V1} \cdot b_{aV}$
$A_{N,B} = A_{B1} \cdot b_{aB}$
$A_{N,S} = A_{S1} \cdot b_{aS}$

(Alle anderen Größen siehe Tab. 7-7.)

Der angegebene Formelsatz entspricht der vorgenannten Beziehung für die Annuität, wenn man die kapitalgebundenen Auszahlungen entsprechend aufspaltet.

Bezeichnung in VDI 2067-1		Interpretation
A_N	Annuität der Jahresgesamtzahlungen	Saldo von Einnahmen und Ausgaben
$A_{N,E}$	Annuität der Einzahlungen	jährliche Einnahmen
$A_{N,K}$	Annuität der kapitalgebundenen Auszahlungen	Kapitaldienst (oder Abschreibungen + Zinsen) + Kosten für Instandsetzung
$A_{N,V}$	Annuität der verbrauchsgebundenen Auszahlungen	verbrauchsgebundene Kosten (Energiekosten, Hilfsenergie, Betriebsstoffe)
$A_{N,B}$	Annuität der betriebsgebundenen Auszahlungen	betriebsgebundene Kosten (Anlagenbetrieb, Wartung, Grundkosten)
$A_{N,S}$	Annuität der sonstigen Auszahlungen	sonstige Kosten (Versicherung, Abrechnung, Verwaltung)
A_{V1}	verbrauchsgebundene Zahlungen im ersten Jahr	
A_{B1}	betriebsgebundene Zahlungen im ersten Jahr	
A_{S1}	sonstige Zahlungen im ersten Jahr	
b_{aV}	preisdynamischer Annuitätsfaktor für verbrauchsgebundene Auszahlungen	enthält die Preisänderung der verbrauchsgebundenen Auszahlungen
b_{aB}	preisdynamischer Annuitätsfaktor für betriebsgebundene Auszahlungen	enthält die Preisänderung der betriebsgebundenen Auszahlungen
b_{aS}	preisdynamischer Annuitätsfaktor für sonstige Auszahlungen	enthält die Preisänderung der sonstigen Auszahlungen

Tab. 7-9: Bezeichnungen nach VDI 2067-1

Beispiel

Für das im Abschnitt 6.7.2.6 bereits verwendete Beispiel eines Bürogebäudes ist zu prüfen, ob ein Brennwertkessel günstiger als ein Niedertemperaturkessel ist. Im Beispiel wurde auf eine Berücksichtigung von Preissteigerungseffekten verzichtet. Im Ergebnis zeigen sich leichte Vorteile für den Brennwertkessel. Exakterweise müssten außerdem die zusätzlichen Kosten für größere Heizflächen berücksichtigt werden (siehe [19]), wo dies am Beispiel eines Einfamilienhauses getan wurde.

		Niedertempe-raturkessel	Brennwertkessel
Investition I_0	€	33.000	41.000
Heizwärmebedarf $Q_{a,Nutz}$	kWh/a	241.871	241.871
Jahresnutzungsgrad η_a	-	0,92	0,99
Brennstoffbedarf $Q_{a,Br}$	kWh/a	262.904	244.315
Brennstoffpreis k_{Br}	Cent/kWh	5,00	5,00
Kapitalgebundene Auszahlungen	€/a	3.775	4.690
Verbrauchsgebundene Auszahlungen	€/a	13.145	12.216
Betriebsgebundene Auszahlungen	€/a	500	500
Sonstige Auszahlungen	€/a	0,00	0,00
Annuität		17.420,39	17.406,13

Tab. 7-10: Ergebnisse des Variantenvergleiches mit der Annuitätenmethode

7.3.2.3 Vollständige Finanzpläne (VoFi)

Während die bisher beschriebenen Verfahren auf relativ engen Modellvorstellungen beruhen, wird mit Hilfe der Methode der vollständigen Finanzpläne versucht, das mit einer Investition im Zusammenhang stehende vollständige Zahlungsgeschehen abzubilden. Man definiert einen VoFi wie folgt (vgl. [20]):

> Ein vollständiger Finanzplan ist als die vollständige und periodengerechte Aufstellung aller Ein- und Auszahlungen zu verstehen.

Man unterscheidet dabei zwischen

- originären Zahlungsvorgängen, welche durch das Investitionsobjekt direkt verursacht werden
  - Anschaffungs- und Herstellkosten
  - Mieteinnahmen oder interne Verrechnungsansätze
  - Bewirtschaftungskosten
  - Verkaufserlöse
- derivativen Zahlungsvorhängen, d.h. abgeleitete Zahlungen
  - Steuern
  - Finanzierungszahlungen.

Beispiel

Wiederum soll die Investition in ein Bürogebäude betrachtet werden, wobei folgende Ausgangswerte gelten:

Objekt	
vermietete Fläche	14.000 m²
Grundstückskosten	7.000 T€
Baukosten	8.000 T€
jährliche Mieteinnahmen	1.680 T€/a
Steigerungsrate Mieteinnahmen	2 %
Steigerungsbeginn Mieteinnahmen	3. Jahr
Verwaltungskosten	100 T€/a
Steigerungsrate Verwaltungskosten	1 %
Steigerungsbeginn Verwaltungskosten	2. Jahr
AfA im 1. bis 8. Jahr	5,0 %
AfA im 9. bis 20. Jahr	2,5 %
Finanzierung	
Eigenkapital	5.000 T€
Fremdkapital	10.000 T€
Darlehnszins Fremdkapital	5 %
Anfangstilgung	2 %
Verzinsung Guthaben	3 %
Sonstige Daten	
Steuersatz	54 %

Tab. 7-11: Ausgangswerte für VoFi (T€ = 1.000 €)

Die in der Tab. 7-12 verdeutlichten Ergebnisse enthalten den Vermögensendwert des VoFi im 20. Jahr, d.h. die Differenz aus

- Bestand der Finanzanlage
- Restschuld Fremdkapital.

Dem wäre jetzt noch der Vermögensendwert für eine alternative Anlage des Eigenkapitals gegenüberzustellen.

Zeit	Mieteinnahmen	Verwaltungskosten	Zinserträge aus Bestand Finanzanlage	Darlehnszinsen für Fremdkapital	Tilgung	Restschuld Fremdkapital	Auszahlung, gesamt	Saldo	AfA	Steuern	Zuführung Finanzanlage	Bestand Finanzanlage	Vermögensendwert
0	0					10.000	-5.000	-5.000	0	0	0	0	-10.000
1	1.680	100	0	500	200	9.800	-800	880	400	367	513	513	-9.287
2	1.680	101	15	490	210	9.590	-801	894	400	380	514	1.027	-8.563
3	1.714	102	31	480	221	9.370	-802	942	400	412	530	1.557	-7.812
4	1.748	103	47	468	232	9.138	-803	992	400	444	547	2.104	-7.034
5	1.783	104	63	457	243	8.895	-804	1.042	400	478	564	2.668	-6.227
6	1.818	105	80	445	255	8.640	-805	1.093	400	512	581	3.249	-5.390
7	1.855	106	97	432	268	8.372	-806	1.146	400	548	599	3.848	-4.524
8	1.892	107	115	419	281	8.090	-807	1.200	400	584	616	4.464	-3.626
9	1.930	108	134	405	295	7.795	-808	1.255	200	729	526	4.990	-2.805
10	1.968	109	150	390	310	7.484	-809	1.309	200	766	542	5.533	-1.952
11	2.008	110	166	374	326	7.159	-810	1.363	200	804	559	6.092	-1.067
12	2.048	112	183	358	342	6.817	-812	1.419	200	843	576	6.668	-149
13	2.089	113	200	341	359	6.457	-813	1.476	200	883	593	7.261	803
14	2.131	114	218	323	377	6.080	-814	1.535	200	924	610	7.871	1.791
15	2.173	115	236	304	396	5.684	-815	1.594	200	967	628	8.499	2.814
16	2.217	116	255	284	416	5.269	-816	1.656	200	1.011	645	9.144	3.875
17	2.261	117	274	263	437	4.832	-817	1.718	200	1.056	663	9.806	4.974
18	2.306	118	294	242	458	4.374	-818	1.782	200	1.102	680	10.487	6.113
19	2.352	120	315	219	481	3.892	-820	1.847	200	1.150	698	11.184	7.292
20	2.399	121	336	195	505	3.387	-821	1.914	200	1.199	716	11.900	8.513

Tab. 7-12: Berechnungsergebnisse für VoFi (alle Werte in T€)

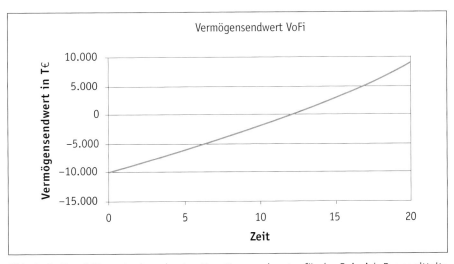

Abb. 7-6: Entwicklung des berechneten Vermögensendwertes für das Beispiel. Der ermittelte Vermögensendwert muss nun noch mit dem der Unterlassensalternative verglichen werden.

7.4 Verwendete Quellen

[1] Bertelsmann Lexikon in 15 Bänden. Gütersloh: Bertelsmann 1991. Band 3, S. 74
[2] Barrett, P.: Facility Management. Optimierung der Gebäude- und Anlagenverwaltung. Wiesbaden: Bauverlag 1998, S. 213 ff.
[3] Barrett, P.: Facility Management. Optimierung der Gebäude- und Anlagenverwaltung. Wiesbaden: Bauverlag 1998, S. 224 ff.
[4] Barrett, P.: Facility Management. Optimierung der Gebäude- und Anlagenverwaltung. Wiesbaden: Bauverlag 1998, S. 216
[5] Bechmann, A.: Nutzwertanalyse, Bewertungstheorie und Planung. Stuttgart: Haupt 1978, S. 24
[6] Paul, E.: Immobilienbewertung im Blickwinkel des Facilities Managements. In: Schulte, K.-W.; Pierschke, B. (Hrsg.): Facilities Management. Köln: Immobilien Informationsverlag Rudolf Müller 2000, S. 332 ff.
[7] Pfnür, A.: Modernes Immobilienmanagement. Facility Management und Corporate Real Estate Management. Berlin: Springer 2002, S. 27 ff.
[8] Paul, E.: Immobilienbewertung im Blickwinkel des Facilities Managements. In: Schulte, K.-W.; Pierschke, B. (Hrsg.): Facilities Management. Köln: Immobilien Informationsverlag Rudolf Müller 2000, S. 340–341
[9] Bitz, M.; Ewert, J.; Terstege, U.: Investition. Multimediale Einführung in finanzmathematische Entscheidungskonzepte. Wiesbaden: Gabler 2002, S. 6
[10] Walther, A.; Rollwage, N.: Investitionsrechnung. Mit Übungsaufgaben und Lösungen. Köln: WRW-Verlag 2001
[11] Eschen, H. J.: Schnellkurs Investition und Finanzierung. Würzburg: Lexika-Verlag 1999
[12] Breuer, W.: Investition I. Entscheidungen bei Sicherheit. Band 1. 2. Aufl. Wiesbaden: Gabler 2000
[13] Bitz, M.; Ewert, J.; Terstege, U.: Investition. Multimediale Einführung in finanzmathematische Entscheidungskonzepte. Wiesbaden: Gabler 2002
[14] Recknagel, H.; Sprenger, E.; Schramek, E.-R. (Hrsg.): Taschenbuch für Heizung und Klimatechnik 2001/2002, einschließlich Warmwassererzeugung und Kältetechnik. 70. Aufl. München: Oldenbourg Industrieverlag 2001, S. 425
[15] Walther, A.; Rollwage, N.: Investitionsrechnung. Mit Übungsaufgaben und Lösungen. Köln: WRW-Verlag 2001, S. 20
[16] VDI 6025, Ausgabe: 1996-11 Betriebswirtschaftliche Berechnungen für Investitionsgüter und Anlagen, S. 16
[17] Recknagel, H.; Sprenger, E.; Schramek, E.-R. (Hrsg.): Taschenbuch für Heizung und Klimatechnik 2001/2002, einschließlich Warmwassererzeugung und Kältetechnik. 70. Aufl. München: Oldenbourg Industrieverlag 2001, S. 426
[18] VDI 2067 Blatt 1, Ausgabe September 2012: Wirtschaftlichkeit gebäudetechnischer Anlagen – Grundlagen und Kostenberechnung
[19] Krimmling, J.: Die EnEV erfordert neuen Gebäudeentwurfsprozess – integrale Planung. HLH Heizung Lüftung/Klima Haustechnik 54 (2003), Nr. 11, S. 79–82
[20] Pfnür, A.: Modernes Immobilienmanagement. Facility Management und Corporate Real Estate Management. Berlin: Springer 2002, S. 239

8 Betreiberkonzepte

Nachdem in den vorangegangenen Kapiteln den beiden Fragen

- was ist zu tun? (Inhalte der operativen und der strategischen Ebene)
- wie ist es zu tun? (Methodische Instrumente in den beiden Ebenen)

nachgegangen wurde, soll nun die Frage

- wer soll es tun?

erörtert werden. Dabei spielen neben organisatorischen Strukturen vor allem die Themen Outsourcing und Contracting eine Rolle.

8.1 Integration des FM in Unternehmensstrukturen

Zu klären ist, welche Stellung das FM innerhalb der Organisationsstruktur des Unternehmens einnehmen soll. Zunächst ist der Begriff der Organisation zu klären. Wöhe [1] definiert diesen in zweifacher Hinsicht:

> »Unter Organisation verstehen wir einerseits den Prozess der Entwicklung der Ordnung aller betrieblichen Tätigkeiten (Strukturierung) und andererseits das Ergebnis dieses gestalterischen Prozesses, d.h. die Gesamtheit aller Regelungen, deren sich die Betriebsleistung und die ihr untergeordneten Organe bedienen, um die durch Planung entworfene Ordnung aller betrieblichen Prozesse und Erscheinungen zu realisieren.«

Man unterscheidet zwischen

- Aufbauorganisation
- Ablauforganisation (siehe Abschnitt 2.3.2).

Die kleinste Gliederungskategorie der Aufbauorganisation ist die »Aufgabe«. Davon ausgehend ergibt sich die Aufbauorganisation durch Zergliederung der Gesamtaufgabe des Betriebes in einzelne Teilaufgaben und deren anschließende Zusammenfassung zu »Stellen«. Die strukturierte Zusammenfassung der Stellen ergibt Abteilungen, welche wiederum in übergeordnete Struktureinheiten (Bereiche o.ä.) zusammengefasst werden können. Die Verknüpfung erfolgt in sogenannten Liniensystemen. Hinsichtlich der Einordnung der immobilienbezogenen Aufgaben gibt es zwei Parameter [2].

- Die horizontale Einbindung, d.h. die Zusammenfassung in einem eigenen Bereich oder deren Aufteilung auf mehrere Abteilungen (Diffusion)
- Die vertikale Einbindung, mit welcher die hierarchische Einordnung innerhalb der Unternehmensstruktur beschrieben wird

8 Betreiberkonzepte

Nach Pierschke [3] gibt es folgende Möglichkeiten der Einbindung des betrieblichen Immobilienmanagements (Abb. 8-1):

- innerhalb von funktional organisierten Unternehmen
  - als Stabsstelle
  - als eigenständiger Funktionsbereich
- innerhalb von divisional organisierten Unternehmen
  - dezentral auf Divisionsebene
  - als Zentralbereich
  - als eigenständige Division d. h.
    - Cost-Center
    - Profit-Center
    - rechtlich eigenständiges Unternehmen.

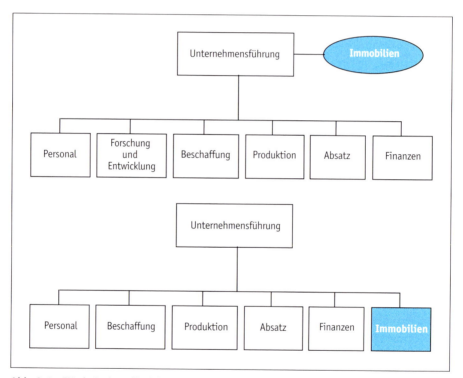

Abb. 8-1: FM als Stabsstelle (oben) und als eigenständiger Organisationsbereich (unten) [4]

Beispielsweise wurden innerhalb des Siemens-Konzerns (divisional organisiertes Unternehmen) sämtliche Immobilienaktivitäten auf die rechtlich eigenständige Tochtergesellschaft Siemens Immobilien Management GmbH & Co. OHG (SIM) übertragen, welche mittlerweile auch Eigentümer des gesamten Immobilienbesitzes der Siemens AG ist. Der Geschäftsauftrag der SIM besteht aus [5]:

- ertragsorientierter Führung und Entwicklung des Immobilienvermögens von Siemens zur Steigerung der Ertragskraft des Unternehmens

Integration des FM in Unternehmensstrukturen 8.1

- Senkung des in Immobilien gebundenen Kapitals
- Sicherung eines Renditebeitrages aus der Immobilie
- marktkonforme Preis-/Leistungsgestaltung
- Reduzierung der Flächenkosten durch optimale Flächennutzung
- Bereitstellung innovativer und marktgerechter Flächen und Services »rund um die Immobilie«
- Verwertung nicht betriebsnotwendiger Immobilien

Ebenso hat die Deutsche Telekom AG ihre Immobilienaktivitäten in eine eigene Gesellschaft, die DeTeImmobilien GmbH ausgelagert, wie Schmahl [6] berichtet. Interessant ist hier, dass sich zwischen Immobilientochter und dem Mutterkonzern echte Marktbeziehungen herausgebildet haben. Die Konzernkunden haben das Recht, am Markt Vergleichsangebote anderer Immobilienanbieter einzuholen, was eine wichtige Grundvoraussetzung für Kostentransparenz und Bewirtschaftungsoptimierungen ist. Die DeTeImmobilien bewirtschaftet mittlerweile 35.000 Objekte mit einer Fläche von ca. 64 Mio. m² und arbeitet auch für Kunden außerhalb des Telekom-Konzerns [7].

Bei der Deutschen Post wurden die Immobilienaktivitäten in zwei Schwerpunkteinheiten zusammengefasst [8, 9]:

- Zum einen in den sogenannten Zentralbereich Konzernimmobilien, welcher für die strategischen Immobilienziele im Konzern verantwortlich ist.
- Zum anderen in vier GmbHs
  - Deutsche Post Immobilienservice GmbH
  - Deutsche Post Bauen GmbH
  - Deutsche Post Immobilienentwicklung GmbH
  - Deutsche Post Wohnen GmbH

die das aus Sicht des Konzerns operative Immobiliengeschäft betreiben.

Barret [10] unterscheidet für den angelsächsischen Raum folgende fünf Organisationsmodelle für die FM-Aktivitäten, allerdings differenziert nach Standort oder territorialer Lage der Immobilien im Konzern (im Gegensatz zu Pierschke, die als Unterscheidungskriterium die organisatorische Einbindung in die Konzernstruktur verwendet).

- Office Manager-Modell (etwa wie Stabsstelle in Abb. 8-1):
  - für kleine Unternehmen, für welche sich keine separate FM-Abteilung lohnt
  - die FM-Aktivitäten werden von einer Führungskraft (Office Manager – technischer Leiter oder Büroleiter) als ein Teilaufgabenbereich neben anderen Managementaufgaben gesteuert
  - die Leistungen selbst einschließlich notwendiger Beratungsleistungen werden fremdvergeben
- Single Site-Modell
  - zumeist Unternehmen an einem Standort
  - FM-Aktivitäten in separatem Zentralbereich (siehe Abb. 8-1)

- o Leistungen werden zum Teil selbst erbracht oder extern vergeben
- Localised Sites-Modell
  - o zumeist Unternehmen mit mehreren Standorten
  - o Zentralbereich mit dezentralen Elementen bei den Niederlassungen
  - o mit wachsender Dezentralisierung wächst der Anteil externer Dienstleister
- Multiple Sites-Modell
  - o für größere Unternehmen geeignet
  - o in der Firmenzentrale strategische Führung der FM-Aktivitäten
  - o in den dezentralen Strukturen das operative FM-Geschäft
- International-Modell
  - o gleicht dem Multiple Sites-Modell, jedoch mit internationaler Ausdehnung.

8.2 Outsourcing

Outsourcing ist ein zentrales Thema des FM. Allgemein wird der Begriff heute zumeist auf die Auslagerung von Leistungen, welche bislang im Unternehmen selbst erbracht wurden, angewendet.

Es sind folgende Fragen zu beantworten:

- Welche Leistungen können an externe Dienstleister vergeben werden?
- Was bringt das Outsourcing für Effekte?
- Wie ist im Einzelnen vorzugehen?

8.2.1 Gegenstand und Umfang

Die erste Frage kann zunächst ganz einfach beantwortet werden, da theoretisch das gesamte Facility Management jeweils als einzelne Leistung oder im Paket extern vergeben werden kann.

Viering [11] unterscheidet zwischen

- Ausgliederung, d.h. der Vergabe von Vermögen und Funktionen an ein anderes Unternehmen
- Auslagerung, d.h. der externen Vergabe nur von Funktionen oder Leistungen.

Außerdem verweist er auf die synonyme Verwendung der Begriffe

- internes Outsourcing (entspricht der Ausgliederung) mit den drei Unterformen
  - o Tochterunternehmen (siehe hierzu den vorangegangenen Abschnitt)
  - o Gemeinschaftsunternehmen
  - o Beteiligungsunternehmen
- externes Outsourcing (entspricht Auslagerung).

Generell ist der Trend von der Einzelvergabe bestimmter Dienstleistungen zur Paketvergabe zu beobachten (vgl. [12]). Verschiedene Vergabestrategien werden in [13] angeführt, wobei als Unterscheidungsmerkmal die Einbeziehung externer Dienstleister im Bereich der Steuerung der FM-Leistungen gewählt wurde

- Autonomie-Strategie – alle Leistungen werden durch die FM-Abteilung des Unternehmens gesteuert
- Kooperationsstrategie – ein Teil der Leistungen werden im Paket an einen Systemanbieter vergeben
- Beauftragungsstrategie – die FM-Leistungen werden komplett an einen Systemanbieter vergeben.

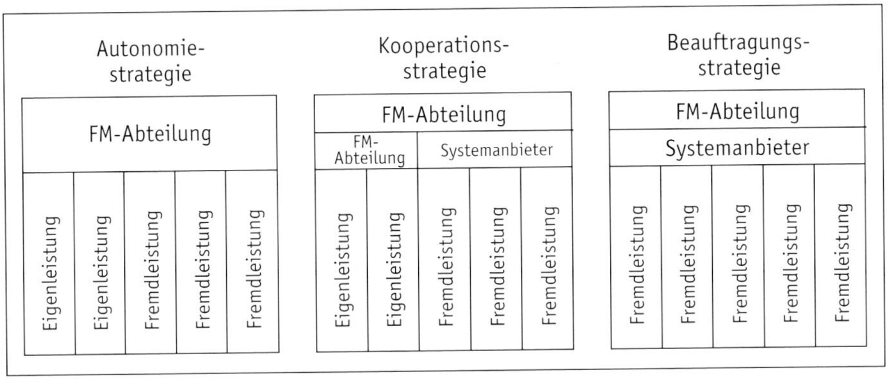

Abb. 8-2: Vergabestrategien für FM-Leistungen [13]

Im Rahmen einer Studie [14] wurde untersucht, wie derzeit FM-Leistungen in Deutschland fremdvergeben werden. Im Bereich des technischen Gebäudemanagements werden sehr häufig fremdvergeben:

- Überwachung und Betrieb von Aufzügen und Fahrtreppen (79 %)
- Brandschutz (59 %)
- Instandhaltung (48 %)
- Betreiben der HLK-Anlagen (44 %)
- Betreiben der Sanitärtechnik (43 %)
- Betreiben der Überwachungs- und Sicherheitstechnik (33 %).

Dagegen werden selten vergeben:

- Energiemanagement (23 %)
- Beleuchtungssysteme (28 %).

Folgende Leistungen im infrastrukturellen Bereich wurden am häufigsten extern vergeben:

- Gebäudereinigung (72 %)
- Brandschutz (51 %)
- Außenanlagenpflege (45 %)
- Entsorgung, Umweltschutz (44 %)
- Winterdienste (41 %)

- Bewachung, Objektschutz (39 %)
- Catering (30 %).

Sehr selten werden folgende Leistungen an externe Dienstleister vergeben:

- Hausmeisterdienste (13 %)
- Umzugsmanagement (13 %)
- Botendienste, Poststellen (15 %).

Im Bereich des kaufmännischen Gebäudemanagements dominiert grundsätzlich die interne Leistung. Lediglich die

- Betreuung von Versicherungsleistungen (27 %)
- Kaufmännisches Fuhrparkmanagement (18 %)
- Finanzierung (12 %)
- Personalkostenabrechnung (Lohnbuchhaltung 9 %)

bringen es auf signifikante Outsourcing-Quoten.

8.2.2 Vor- und Nachteile

Nach Staudt u.a. [15] werden durch ein Outsourcing von FM-Leistungen folgende Vorteile wirksam:

- *»Senkung der immobilienbezogenen Kosten (Personal, Betrieb-, Wartungskosten etc.) um bis zu 30 %*
- *Wertsteigerung der Gebäude und Liegenschaften um 5–10 %*
- *Einsparung der genutzten Fläche von ca. 10–30 %«*

Köllgen [16] verweist darauf, dass sich durch die Komplettvergabe an einen FM-Dienstleister die *»Komplexität und Anzahl der zu steuernden Außenbeziehungen«* drastisch verringert (Abb. 8-3). Allerdings birgt die Komplettvergabe die Gefahr eines Know-how-Verlusts im Unternehmen. In [17] wird betont, dass *»bei der kompletten Vergabe aller Dienstleistungen an Fremdfirmen der Aufbau des FM-Controllings im Unternehmen unumgänglich ist. Ein komplettes Outsourcen ohne Aufbau einer FM-Controllinginstanz führt dazu, dass der Kernprozess aufgrund von Informations- und Know-how-Verlusten beeinträchtigt wird.«*

8.2.3 Herangehensweise

Im Abschnitt 5.4.1 wurden die Prozessschritte beim Einkauf von Lieferungen und Leistungen dargestellt, die auch hier gelten (vgl. [19]).

Wolf [20] beschäftigt sich mit der Auswahl des richtigen Partners. Bei der Vergabeentscheidung sind zunächst folgende Punkte zu berücksichtigen:

- inhaltliche Kompetenz
- nachgewiesene Erfahrungen und Referenzen von Kunden
- Flexibilität des Anbieters

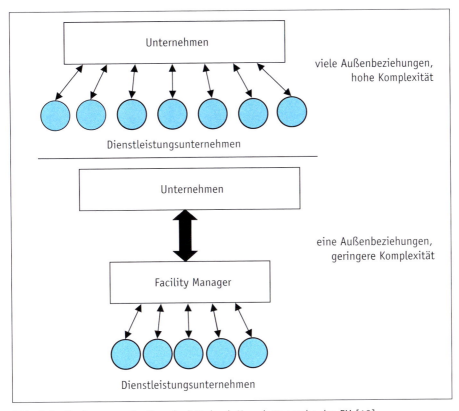

Abb. 8-3: Verringerung der Komplexität durch Komplettvergabe des FM [18]

- wirtschaftliche Leistungsfähigkeit, Geschäftsmodell des Anbieters, Wachstumspotential
- Preis-Leistungs-Verhältnis
- transparentes Abrechnungssystem.

Folgende Fehler müssen vermieden werden [21]:

- Überfrachtung der Bieterauswahl, d.h. zu große Anzahl angefragter Anbieter
- fehlende Unterstützung des Top-Managements
- zu langsame Bearbeitung des Gesamtprojektes.

8.3 Contracting

Contracting ist eine Sonderform des Outsourcings, welche speziell in versorgungstechnischen Bereichen praktiziert wird. Das Besondere am Contracting besteht darin, dass neben den eigentlichen Dienstleistungen beispielsweise auch Kauf und Finanzierungen der erforderlichen Technik mit enthalten sind. Nach den Abschätzungen in [22] sind derzeit etwa 400 Anbieter am Markt vertreten; in [23] werden 500 Anbieter genannt. Insgesamt wird von einem wachsenden Marktvolumen ausgegangen, repräsentiert durch ca. 1,4 Millionen möglicher Anlagen, von denen erst ca. 5 % für das Contracting erschlossen sind.

Allgemein unterscheidet man zwischen Anlagencontracting (auch bezeichnet als Energieliefercontracting) und Einsparcontracting.

Contracting ist vor allem im Energielieferungsbereich anzutreffen, wobei auch eine Ausdehnung auf andere Bereiche wie das Betreiben von gebäudeinternen Informations- und Kommunikationsnetzen, Beleuchtungs- oder Druckluftanlage u. ä. zu beobachten ist. In [24] wird über Building Service Provider (BSP) berichtet, welche die kompletten IT-Systeme von Büro- und Gewerbeimmobilien betreiben.

Zunächst sind zwei Begriffe zu definieren:

- Contractingnehmer, Auftraggeber oder Kunde der Energiedienstleistung:
  - öffentliche Struktureinheiten
  - Industrie-, Gewerbe- und Handwerksunternehmen
  - Gebäudeeigentümer
- Contractinggeber (auch als Contractor oder als Auftragnehmer bezeichnet), Unternehmen, welches die Energiedienstleistung anbietet oder realisiert:
  - Wärmeversorger
  - Energieversorger oder Stadtwerke
  - Brennstofflieferanten
  - Handwerksfirmen der Gebäudetechnikbranche
  - Anlagenbauer
  - Ingenieurbüros
  - Beratungsunternehmen
  - Energieagenturen.

8.3.1 Anlagencontracting

Beim Anlagencontracting übernimmt der Anbieter folgende Leistungen:

- Finanzierung
- Planung
- Errichtung
- Betreibung
- Instandhaltung

einer Energieversorgungsanlage. Das können sein:

- die komplette Kesselanlage
  - zur Versorgung eines Gebäudes
  - zur Versorgung eines Wohngebietes
- ein Blockheizkraftwerk (BHKW)
- eine Wärmepumpe.

Nach [22] liegen beim Anlagencontracting die Schwerpunkte in den Bereichen (Abb. 8-4):

- Wärmeversorgung
- KWK-Anlagen (hauptsächlich BHKW-Anlagen)
- Kälteversorgung.

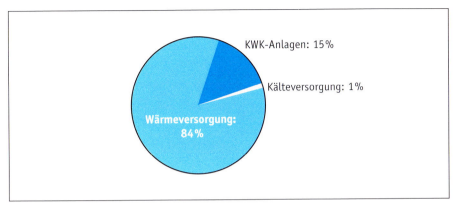

Abb. 8-4: Marktstruktur beim Anlagencontracting (nach [25])

Grundlage eines solchen Geschäftes ist der Contracting- oder Energielieferungsvertrag, welcher im Kern eine Vereinbarung über die sogenannte Contractinggebühr zumeist in Form eines Energiepreises enthält. In diesem Preis sind alle Aufwendungen des Contractinggebers sowie sein Gewinn enthalten. Der Preis ist in der Regel in Grundpreis und Arbeitspreis unterteilt (vgl. 4.4.2.3.).

Der Grundpreis enthält die verbrauchsunabhängigen Aufwendungen (Kapitaldienst, Instandhaltung, Betrieb) und der Arbeitspreis die verbrauchsabhängigen Aufwendungen (Energiekosten). Im Wärmeversorgungsbereich gilt als Erfahrungswert, dass Grundkosten und Arbeitskosten jeweils etwa 50 % der Gesamtkosten ausmachen. Allerdings trifft dies nicht automatisch zu und ist Gegenstand der Vertragsverhandlungen. Der Contractingnehmer sollte darauf achten, dass der Grundkostenanteil nicht zu hoch ist, da ansonsten spätere Verbrauchseinsparungen aufgrund des geringen Arbeitspreises nur geringe Auswirkungen auf die Gesamtkosten haben. Üblicherweise werden Preisgleitklauseln in die Preisgestaltung einbezogen. Dort sichert sich der Contractinggeber gegen den Anstieg von Energiepreisen beispielsweise für Öl oder Gas oder gegen entsprechende Lohnindexsteigerungen ab. Als Contractingnehmer sollte man darauf achten, dass die Bezugsgrößen in den Preisgleitklauseln realitätsnah gewählt werden und sich nicht schon bei Vertragsbeginn erste Preiserhöhungen ergeben.

Das Anlagencontracting wird sowohl bei der Neuerrichtung als auch beim sanierungsbedingten Austausch angewendet. Der Vorteil für den Contractingnehmer liegt darin, dass er für die Versorgungsaufgabe erforderliche Investitionsmittel nicht aufwenden muss und sie somit für sein Kerngeschäft einsetzen kann. Aus diesem Grunde ist das Anlagencontracting auch im Bereich der öffentlichen Hand sehr beliebt, allerdings wird das allzu häufige Eingehen solcher Geschäfte durch die entsprechenden Aufsichtsbehörden mit dem Verweis auf den kreditähnlichen Geschäftscharakter beschränkt.

Beispiel

In [26] wird das Beispiel des Wärme-Contractings für eine Schule dargestellt:

- Leistungsbedarf $\dot{Q}$ 1.100 kW
- Jahreswärmebedarf $Q_{a,Nutz}$ 1.800 MWh/a
- Grundpreis k_L 32,11 €/kW a
- Arbeitspreis k_A 25,97 €/MWh
- Vertragslaufzeit   10 Jahre

Damit ergeben sich die jährlichen Energiekosten $K_{Ges,a}$ für die Schule:

$$K_{Ges,a} = K_L + K_A$$
$$K_L = \dot{Q} \cdot k_L$$
$$K_A = Q_{a,Nutz} \cdot k_A$$
$$K_{Ges,a} = 1.100 \text{ kW} \cdot 32,11 \text{ €/kW a} + 1.800 \text{ MWh/€} \cdot 25,97/\text{MWh}$$
$$K_{Ges,a} = 82.067 \text{ €/a}$$

8.3.2 Einsparcontracting

Beim Einsparcontracting handelt es sich um eine Energiedienstleistung, bei welcher es um eine Rationalisierungsinvestitionen geht. Das Ziel besteht darin, die Energiekosten beim Contractingnehmer zu verringern. Die erforderlichen Investitionen werden durch den Contractinggeber realisiert, wobei die Refinanzierung aus den entsprechenden Einsparungen erfolgen soll. Im Contracting-Leitfaden des Landes Hessen [26] werden zwei Modelle für das Einsparcontracting unterschieden:

- Laufzeitmodell, bei welchem die eingesparten Kosten über die gesamte Vertragslaufzeit dem Contractinggeber zustehen. Der Contractingnehmer profitiert dann nach Vertragsende von verringerten Energiekosten.
- Beteiligungsmodell, bei dem Contractingnehmer und -geber sich die Einsparungen in einem vertraglich vereinbarten Verhältnis teilen. Hier profitiert der Kunde also sofort von den verringerten Energiekosten.

Gegenstand des Einsparcontractings können sein

- technische Einzelmaßnahmen, wie die
  - Installation eines Einzelraumregelungssystems beispielsweise in einer Schule,
  - Installation eines Lastmanagementsystems in einem gewerblichen Unternehmen
  - Installation einer Wärmerückgewinnungsanlage in einer Lüftungsanlage oder einer Industrieanlage (z. B. in der Textilindustrie)

- Installation eines Brennwertkessels für ein Gebäude
- Installation von Drehzahlregelungen bei elektrischen Antrieben
- Installation wasserloser Urinale in öffentlichen Toilettenanlagen, Finanzierung über eingesparte Wasserkosten
• Komplexmaßnahmen (Rationalisierungsinvestitionen + Energiemanagement, siehe Abschnitt 4.4.2), die die Erschließung des gesamten Einsparpotentials zum Gegenstand haben, beispielsweise für
  - ein Industrieunternehmen
  - ein Krankenhaus
  - eine öffentliche Struktureinheit.

Entscheidend ist die Festlegung der Bezugsbasis, von welcher aus dann die Einsparungen berechnet werden. In der Regel wird der Verbrauch des letzten abgeschlossenen Jahres zugrundegelegt. Beachtet werden müssen

- die Witterungsbereinigung der Bezugsdaten
- die Tarifstruktur für den gegenwärtigen Bezug, d.h. Preisgleitklauseln, Tarifänderungen
- die mögliche Veränderung der Nutzungsstruktur (wenn z.B. in einer Schule zusätzliche Veranstaltungen am Nachmittag und/oder Abend durchgeführt werden)
- eventuell während der Vertragslaufzeit durchgeführte Baumaßnahmen, durch welche der Verbrauch beeinflusst wurde.

Mittlerweile haben sich am Markt Sonderformen dieser Energiedienstleistung entwickelt. So bieten z.B. Firmen die Durchführung des Energiecontrollings als Contractingprojekte an (siehe [27]).

8.3.3 Intracting

Diese Wortneuschöpfung bezeichnet ein Projekt, welches man besser internes Einsparcontracting nennen sollte. Das Grundprinzip besteht darin, dass der Contractinggeber nicht ein externes Unternehmen, sondern eine eigene Struktureinheit innerhalb der betreffenden Verwaltung ist. Selbstverständlich muss das benötigte Investitionskapital für ein solches Projekt verfügbar sein. Nach [28] haben Intracting-Modelle Vorteile

- *»bei kleineren Vorhaben, für die eine externe Contracting-Finanzierung zu aufwendig wäre*
- *wenn kein Einkauf externen Know-hows notwendig erscheint, da Wagnis- und Gewinnzuschläge entfallen und damit die finanzielle Belastung geringer ist.*
- *Wenn der interne Informationsvorsprung (zum Beispiel der städtischen Ämter) genutzt werden kann*
- *um »Rosinenpicken« auszuschließen*
- *um unerwünschten Personalabbau und den damit verbundenen Verlusten an Know-how zu verhindern.«*

8.4 Verwendete Quellen

[1] Wöhe, G.; Döring, U.: Einführung in die Allgemeine Betriebswirtschaftslehre. 17., überarb. u. erw. Aufl. München: Verlag Franz Vahlen 1990, S. 177
[2] Pierschke, B.: Die organisatorische Gestaltung des Immobilienmanagements. Köln: Immobilien Informationsverlag Rudolf Müller 2001, S. 86–87
[3] Pierschke, B.: Die organisatorische Gestaltung des Immobilienmanagements. Köln: Immobilien Informationsverlag Rudolf Müller 2001, S. 96 ff.
[4] Pierschke, B.: Die organisatorische Gestaltung des Immobilienmanagements. Köln: Immobilien Informationsverlag Rudolf Müller 2001, S. 97 und S. 100
[5] Briese, D.: Immobilienpraxis im Technologiekonzern Siemens AG. In: Moslener, W. J. F.; Rondeau, E. P. (Hrsg.): Facility Management 2. Verfahren, Praxis, Potentiale. Berlin: Springer 2001, S. 116
[6] Schmahl, W.: Immobilienpraxis im Kommunikationskonzern Deutsche Telekom AG. In: Moslener, W. J. F.; Rondeau, E. P. (Hrsg.): Facility Management 2. Verfahren, Praxis, Potentiale. Berlin: Springer 2001, S. 190
[7] DeTeImmobilien GmbH: www.deteimmobilien.de (10.9.2003)
[8] Meyer, G.: Immobilienpraxis im Logistikkonzern Deutsche Post World Net AG. In: Moslener, W. J. F.; Rondeau, E. P. (Hrsg.): Facility Management 2. Verfahren, Praxis, Potentiale. Berlin: Springer 2001, S. 240
[9] Deutsche Post AG: www.deutschepost.de/immobilien (September 2003)
[10] Barrett, P.: Facility Management. Optimierung der Gebäude- und Anlagenverwaltung. Wiesbaden: Bauverlag 1998, S. 18–21
[11] Viering, M.G.: Probleme und Gestaltungsmöglichkeiten des Outsourcing. In: Schulte, K.-W.; Pierschke, B. (Hrsg.): Facilities Management. Köln: Immobilien Informationsverlag Rudolf Müller 2000, S. 429–431
[12] Barrett, P.: Facility Management. Optimierung der Gebäude- und Anlagenverwaltung. Wiesbaden: Bauverlag 1998, S. 137
[13] Mehlis, J.: Was ist Facility Management? Beitrag beim Fachkongress für Stadtentwicklung und Facility Management im Rahmen der Veranstaltung IMMOSPEZIAL am 17./18. Oktober 2002 in Chemnitz
[14] Gebäudemanagement (Hrsg.): Gebäudemanagement – Outsourcing von Dienstleistungen. Frankfurt am Main 1998
[15] Staudt, E.; Kriegesmann, B.; Thomzik, M.: Facility Management – Der Kampf um Marktanteile beginnt. Frankfurt am Main: Verlag der Frankfurter Allgemeinen Zeitung 1999, S. 87
[16] Köllgen, R.: Kernkompetenzen, Outsourcing und Allianzenbildung. In: Lochmann, H. D.; Köllgen, R. (Hrsg.): Facility Management – Strategisches Immobilienmanagement in der Praxis. Wiesbaden: Gabler 1998, S. 60–64
[17] Krimmling, J.; Oelschlegel, J.; Höschele, V.: Technisches Gebäudemanagement – Instrumente zur Kostensenkung in Unternehmen und Behörden. Renningen: expert-verlag 2002, S. 40
[18] Köllgen, R.: Kernkompetenzen, Outsourcing und Allianzenbildung. In: Lochmann, H. D.; Köllgen, R. (Hrsg.): Facility Management – Strategisches Immobilienmanagement in der Praxis. Wiesbaden: Gabler 1998, S. 63
[19] Viering, M.G.: Probleme und Gestaltungsmöglichkeiten des Outsourcing. In: Schulte, K.-W.; Pierschke, B. (Hrsg.): Facilities Management. Köln: Immobilien Informationsverlag Rudolf Müller 2000, S. 438
[20] Wolf, C. H.: Auswahl des richtigen Partners. In: Lochmann, H. D.; Köllgen, R. (Hrsg.): Facility Management – Strategisches Immobilienmanagement in der Praxis. Wiesbaden: Gabler 1998, S. 139

[21] Wolf, C. H.: Auswahl des richtigen Partners. In: Lochmann, H. D.; Köllgen, R. (Hrsg.): Facility Management – Strategisches Immobilienmanagement in der Praxis. Wiesbaden: Gabler 1998, S. 141–142

[22] Ministerium für Bauen und Wohnen des Landes Nordrhein-Westfalen (MBW), Referat für Presse- und Öffentlichkeitsarbeit (Hrsg.): Einspar-Contracting für Fortgeschrittene. Düsseldorf: Selbstverlag 1999

[23] Pabsch, M.: Der Markt für Contracting in Deutschland bis 2010. BWK Das Energie Fachmagazin 55 (2003), Nr. 6, S. 6–9

[24] Zillich, C.: IT-Gebäudemanagement für Gewerbeimmobilien im Kommen. Beratende Ingenieure 31 (2001), Nr. 10, S. 52–55

[25] Ministerium für Bauen und Wohnen des Landes Nordrhein-Westfalen (MBW), Referat für Presse- und Öffentlichkeitsarbeit (Hrsg.): Einspar-Contracting für Fortgeschrittene. Düsseldorf: Selbstverlag 1999, S. 8

[26] Hessisches Ministerium für Umwelt, Energie, Jugend Familie und Gesundheit (Hrsg.): Contracting-Leitfaden für öffentliche Liegenschaften. Wiesbaden: Selbstverlag 1998

[27] GA-tec Gebäude- und Anlagentechnik GmbH (Hrsg.): Firmenprospekt: Energie-Controlling. Kosteneinsparung, Verbrauchssenkung, Anlagenoptimierung, Umweltentlastung. Urbach: GA-tec

[28] Ministerium für Bauen und Wohnen des Landes Nordrhein-Westfalen (MBW), Referat für Presse- und Öffentlichkeitsarbeit (Hrsg.): Einspar-Contracting für Fortgeschrittene. Düsseldorf: Selbstverlag 1999, S. 29

9 FM in Lehre und Wissenschaft

9.1 Ausbildung in Deutschland

9.1.1 Allgemeine Anforderungen an die Ausbildung

Fragt man nach den Ausbildungszielen, so lassen sich folgende Grundanforderungen an Facility Manager (FMr) formulieren:

- FMr müssen Generalisten sein, d.h. das gesamte in diesem Buch dargestellte Fachgebiet überblicken können. Dazu gehören bautechnische, gebäudetechnische und betriebswirtschaftliche Kenntnisse und Überblickswissen. Ebenso sollten FMr mit den wichtigsten juristischen Grundlagen vertraut sein (Verträge, Betreiberpflichten, Arbeitssicherheit u.a.). Unter Überblickswissen ist ein Wissensstand zu verstehen, der es ermöglicht, Entscheidungen zu treffen und sich mit Spezialisten der betreffenden Fachgebiete zu verständigen.
- FMr müssen befähigt sein, ein FM-Leistungsprofil für ein Gebäude oder einen Kunden zu erarbeiten.
- FMr müssen in der Lage sein, fundierte Entscheidungen zu treffen. Dazu müssen sie sich der gängigen Methoden bedienen können, wie z.B. der Nutzwertanalyse und Investitionsbewertungsverfahren.
- FMr benötigen soziale Kompetenz und insbesondere Führungseigenschaften. Das schließt die Anwendung von Managementsystemen ein.
- FMr müssen anwendungsbereite Grundkenntnisse in Informatik haben, d.h. sie müssen CAFM-Systeme konfigurieren und bedienen können. Außerdem sollten sie Kenntnisse zu Standard-Datenbank- und Tabellenkalkulationssystemen haben und Abfragen und Berichte programmieren können.

Die GEFMA-Richtlinien 610 und 620 enthalten wichtige Informationen zu Berufsbildern im FM (siehe Tab. 9-1).

9.1.2 Ausbildungsangebote

FM ist in Deutschland mittlerweile zunehmend Bestandteil der Lehre an Fach- und Hochschulen. In einer Reihe von Studiengängen wird FM als mehr oder weniger ausgedehnte Fachveranstaltung im Rahmen von ingenieurtechnischen oder betriebswirtschaftlichen Studiengängen angeboten, ([1, 2, 3] und eigene Recherchen):

- Georg-Simon-Ohm Fachhochschule Nürnberg
- Universität Gesamthochschule Kassel
- Universität Karlsruhe
- Fachhochschule Münster
- Fachhochschule Albstadt-Sigmaringen
- Fachhochschule für Technik und Wirtschaft Berlin
- Technische Fachhochschule Berlin
- ebs European Business School Oestrich-Winkel

Nr./Titel	Ziele/Inhalte/Umfang
610: FM-Studiengänge Januar 2005	Anforderungen an Studiengänge, u. a. werden folgende Globalziele angeführt: • »Kenntnisse der für die Fachdisziplin relevanten Gesetze, Rechtsverordnungen, Normen und Richtlinien • Überblick über die Verfahren und Prozesse im Rahmen des Umweltschutzes • Fertigkeit, ein ganzheitliches Qualitätsmanagementsystem aufzubauen und die für die Fachdisziplin wichtigen Prozesse zu integrieren • Fähigkeit, alle relevanten Informationen zu sammeln, zu verteilen, aufzubereiten und zu bewerten und in die integrierte und vollständige Dokumentation einzubauen • Verständnis für kostengerechtes Handeln • Einsicht in die Kundenorientierung von FM • Fähigkeit im Umgang mit Menschen • Strategisches Denken in immobilienstrategischen Fragen.«
620: Ausbildung zum Fachwirt für FM (GEFMA)	Aus- und Weiterbildung zum Fachwirt für FM; versteht sich als Aufstiegsfortbildung

Tab. 9-1: Übersicht über die GEFMA-Richtlinien zu Berufsbildern im FM

- Fachhochschule Erfurt
- Fachhochschule Konstanz
- Fachhochschule Hildesheim
- Hochschule Anhalt (FH)
- Technische Fachhochschule Wildau
- Hochschule Zittau/Görlitz.

Eine Besonderheit in der Fachhochschulausbildung stellte der Studiengang »Technisches Gebäudemanagement« an der Hochschule Zittau/Görlitz [4] dar. Es handelt sich um ein zweiteiliges Studium mit den Abschlüssen Bachelor nach 6 Semestern und Master nach weiteren 4 Semestern. Leider wurde der Studiengang eingestellt.

Der Bachelor-Teil richtete sich an Erststudenten, welche das Abitur und wenn möglich eine Berufsausbildung haben. Er endete mit einem bereits berufsbefähigenden Abschluss als Bachelor. Der zweite Studienkomplex war sowohl als Fortsetzung des Bachelorstudiums als auch als Weiterqualifizierung für Absolventen mit Ingenieurabschluss vorgesehen. Hier erhielt man den international anerkannten Titel eines Masters of Engineering. Der inhaltliche Schwerpunkt des Studiums lag im Bereich des technischen Gebäudemanagements. Das Besondere des Zittauer Studiums bestand in einer hochschulübergreifenden Kooperation mehrer sächsischer Fachhochschulen. Dabei wurden im 3. Semester des Masterteils drei sogenannte Blockseminare über jeweils 5 Wochen an der

- Fachhochschule Mittweida
- Fachhochschule Zwickau
- Hochschule Zittau/Görlitz

abgehalten. Durch diese Kooperation stand den Studenten die Fachkompetenz mehrer Hochschulen unmittelbar zur Verfügung, welche sonst nicht ohne weiteres nutzbar gewesen wäre.

Die Auflistung zeigt, dass FM eindeutig eine Domäne der Fachhochschulen ist, obwohl auch an verschiedenen Universitäten FM zum Ausbildungsprogramm gehört. Neben diesen Hochschulaktivitäten gibt es eine Reihe von Weiterbildungsangeboten im FM. Die Palette reicht vom reinen Fernstudiumsangebot ohne Präsenzphase wie z. B. [5] bis hin zu ausgefeilten postgradualen Studiengängen mit Präsenzphasen, wie sie vom Europäischen Institut für postgraduale Bildung (EIPOS) in Dresden auf hohem fachlichem Niveau angeboten werden [6]:

- Master of Science Real Estate
- Master of Science Facility Management, letzterer mit Studienkursen zu den Themen
  - Unternehmensorganisation und Kommunikation
  - Immobilienprojektentwicklung
  - Facilitäre Konzeption
  - Projektmanagement
  - Flächen- und Vermietungsmanagement
  - Technisches Gebäudemanagement
  - Infrastrukturelles Gebäudemanagement
  - Personalmanagement
  - Informationsmanagement.

9.2 FM als Wissenschaftsdisziplin

FM ist als Wissenschaftsdisziplin an sich noch nicht etabliert, was nicht verwunderlich ist, da der Begriff des FM erst Mitte der siebziger Jahre in den USA geprägt wurde. Die erste Fachkonferenz über die Wirkung der Facilities auf die Produktivität wurde 1978 in den USA abgehalten. Im deutschsprachigen Raum begann sich seit Ende der achtziger Jahre eine wissenschaftliche Szene herauszubilden [7].

Zunächst steht die Frage, warum es für eine bislang auf rein praktische Erfordernisse ausgerichtete Disziplin überhaupt einer wissenschaftlichen Durchdringung bedarf. Darauf antwortet Holzamer wie folgt (zitiert nach [8]): »*Das Ziel jeder Wissenschaft ist ein ›System‹ im Sinne von Kant, also ein nach Prinzipien geordnetes Ganzes der Erkenntnis oder anders formuliert die einheitliche, nach einem Prinzip durchgeführte Anordnung einer Mannigfaltigkeit von Erkenntnissen zu einem Wissensganzen, zu einem in sich gegliederten, innerlichlogisch verbundenen Lehrgebäude.*« Diesen Gedanken des Systems als wissenschaftliches Fundament vertritt auch Kahlen mit seinem Modell des »Integralen Facility Managements« [9].

FM ist als Schnittmenge zwischen den Fachgebieten

- Architektur
- Bauingenieurwesen
- Technikwissenschaften insbesondere Gebäude- und Automatisierungstechnik
- Betriebswirtschaftslehre
- Systemtheorie
- Informatik
- Sozialwissenschaften

zu verstehen.

Innerhalb der Betriebswirtschaftslehre gibt es Verbindungen zu den Schwerpunkten

- Organisationslehre
- Managementtheorien
- betriebliches Rechnungswesen
- Investitionsbewertung.

Aus Sicht des Autors lassen sich, ohne dass eine solche Liste den Anspruch der Vollständigkeit erhebt, folgende Forschungsschwerpunkte formulieren:

- Erforschung der Auswirkungen dynamischer Wandlungsprozesse in Wirtschafts- und Arbeitswelt auf die Gestaltung von Gebäuden und das Bauen allgemein.
- Untersuchungen zur Technikakzeptanz in Gebäuden, d. h. wie kommen Nutzer mit moderner Gebäudetechnik zurecht, bis hin zu Strategien zur Zurückdrängung unerwünschter Nutzereinflüsse, insbesondere in Nichtwohngebäuden.
- Entwicklung von Konzepten für lebenszyklusübergreifendes FM, insbesondere für integrale Planungsprozesse bis hin zur Erarbeitung neuer HOAI-Leistungsbilder[1].
- Entwicklung lebenszyklusübergreifender Informationsstrategien für das FM, wobei insbesondere die Schnittstelle zwischen Erstellungsprozess und Nutzungsprozess betrachtet werden muss. Es geht um sinnvolle Integrations- oder Kombinationsstrategien der vorhandenen Systeme in beiden Phasen.
- Entwicklung von Schnittstellen zwischen Gebäudeautomationssystemen und CAFM-Systemen.
- Entwicklung von Datenstrukturkonzepten (welche Daten werden wann für welche Prozesse benötigt) in Hinblick auf eine effiziente Datenersterfassung und -pflege.
- Entwicklung erfahrungs- oder wissensbasierter Systeme (Expertensysteme) zum optimalen Betrieb von Gebäuden bzw. Facilities.
- Weiterentwicklung von Methoden der systematischen Entscheidungsfindung insbesondere der Nutzwertanalyse. Hierzu gehört beispielsweise auch die Entwicklung von messbaren Qualitätsgrößen, ebenso Prognosemodelle für Energieeinsparungen u. ä.
- Entwicklung von Verfahren zur Prognose von Nutzungskosten insbesondere unter dem Aspekt verschiedener Qualitätslevel.

---

1 HOAI: Honoraranordnung für Architekten und Ingenieure.

- Entwicklung von Facility-Management-Systemen auf der Basis der Systematik der EN 9000-Normen, einschließlich der Einbeziehung von Systemen des Umwelt- und Sicherheitsmanagements.
- Entwicklung eines FM-Bildungskonzeptes, d. h. was benötigen FMr und was benötigen die prozessbeteiligten Spezialisten. Erarbeitung eines Mindestanforderungsprofils aus Sicht der Wirtschaft für die Berufsbezeichnung FMr.

An der Technischen Universität Dresden wurde ein vom BMBF gefördertes Forschungsprojekt mit dem Titel »Wissensintensive Dienstleistungen: Erhöhung des Dienstleistungsanteils beim Facility Management durch ein integriertes System für die direkte Betriebskostenbeeinflussung« durchgeführt. [10]

Der Autor selbst war an einem von der Arbeitsgemeinschaft industrieller Forschung gefördertem Projekt beteiligt, bei welchem es um die Prognose der Energieeinsparungen beim Einsatz von Einzelraumregelungssystemen ERS (Abschnitt 6.7.2.4) ging. [11] Forschungspartner war die Technische Universität Dresden. Die Untersuchungen wurden mit Hilfe der dynamischen Gebäudesimulation auf der Basis des Programms TRNSYS [12] am Beispiel von Schulgebäuden durchgeführt. Die Ergebnisse dienen direkt als Eingangsgröße für Investitionsbewertungsverfahren (siehe Abschnitt 7.3.2). Prinzipiell erhofften sich die Beteiligten durch das Projekt einen vermehrten Einsatz von ERS in dafür geeigneten Gebäuden. Ergebnisse des Projektes wurden in [13] veröffentlicht.

In einem weiteren Projekt wurde das erste Geschäftshaus in Passivhausbauweise in Sachsen umfassend über einen Zeitraum von zwei Jahren messtechnisch analysiert und optimiert. Insbesondere sollen die energetische Qualität des Gebäudes evaluiert und Hinweise für künftige Objekte abgeleitet werden. Demzufolge war zu untersuchen, ob die o. g. Passivhauskriterien eingehalten werden.

Beim Untersuchungsobjekt (Abb. 9-1) handelt sich um ein Geschäftshaus mit einer Bruttogrundfläche von 2.040 m^2, welches durch eine hoch gedämmte Bauweise die konstruktiven Anforderungen den Passivhausstandards erfüllt. Die Energieversorgung erfolgt durch eine Erdwärmepumpe mit 10 Sonden zu je 100 m. Die Kälteerzeugung wird mit Hilfe der Erdsonden realisiert. In den Verkaufsräumen ist eine Betonkernaktivierung installiert, über welche geheizt und gekühlt wird. Zusätzlich gibt es eine mechanische Lüftung mit Wärmerückgewinnung, mit der der hygienische Luftwechsel realisiert wird. Ergänzt wird das Energiekonzept durch eine Photovoltaikanlage. In den Verkaufsräumen gibt es nutzungsbedingt sehr hohe Beleuchtungsstärken (ca. 990 lx), welche hohe thermische Lasten verursachen. Im Objekt dominiert deshalb der Kühlbetrieb, wodurch sich das Objekt wesentlich von Passivhaus-Wohngebäuden unterscheidet, bei welchen der Heizbetrieb die entscheidende Rolle spielt.

Für Bauherren ist es in erster Linie interessant zu wissen, ob die Passivhausbauweise bei Nichtwohngebäuden wirtschaftlich ist. Gegenüber der EnEV-Bauweise ergeben

FM als Wissenschaftsdisziplin 9.2

Abb. 9-1: Geschäftshaus in Passivhausbauweise

sich Mehrkosten und es steht die Frage, in welchem Zeitraum sich diese amortisieren. Deshalb wurde im Projekt u. a. eine Wirtschaftlichkeitsbewertung mit Hilfe des Kapitalwertverfahrens durchgeführt. Das Ergebnis in der Abb. 9-2 zeigt die Amortisationsdauer (Schnittpunkt der jeweiligen Kapitalwertfunktion mit der x-Achse), welche zwischen 12 Jahren (im Vergleich zum Baustandard nach EnEV 2007) und 15 Jahren (im Vergleich zum Baustandard nach EnEV 2009) liegt und gemessen an der Gebäudelebensdauer durchaus akzeptabel ist.

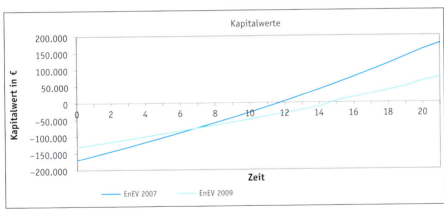

Abb. 9-2: Kapitalwertverlauf der Mehrkosten der Passivhausbauweise gegenüber der Bauweise nach EnEV 2007 bzw. EnEV 2009

Weitere Ergebnisse sind ausführlich in [14] dargestellt.

9.3 Verwendete Quellen

[1] Runge, F.: Ausbildungen und Berufsabschlüsse im Facility Management. Karlsfeld: IFMA
[2] GEFMA (Hrsg.): GEFMA 600 Berufsbilder im Facility Management. Bestandsaufnahme der Aus- und Weiterbildungsmöglichkeiten. Bonn: GEFMA e.V. 1996 (Diese Richtlinie wurde zurückgezogen. Ein neuer Entwurf liegt noch nicht vor.)
[3] Ausbildung und Berufsabschlüsse im Facility Management. www.facility-manager.de (20.9.2003)
[4] Hochschule Zittau/Görlitz (FH): www.hs-zigr.de (September 2003)
[5] Schriftlicher Management Lehrgang Facility Management. Düsseldorf: Euroforum-Verlag 2003
[6] Europäisches Institut für postgraduale Bildung der TU Dresden e.V. (EIPOS): Broschüren »Master Real Estate« und »Master Facility Management«. Dresden: EIPOS 2003
[7] Nävy, J.: Facility Management. Grundlagen, Computerunterstützung, Einführungsstrategie, Praxisbeispiele. 2., aktual. u. erw. Aufl. Berlin: Springer 2000, S. 45
[8] Wöhe, G.; Döring, U.: Einführung in die Allgemeine Betriebswirtschaftslehre. 17., überarb. u. erw. Aufl. München: Verlag Franz Vahlen 1990, S. 23
[9] Facility Management Institut GmbH (Hrsg.); Kahlen, H.: Facility Management 1. Entstehung, Konzeptionen, Perspektiven. Berlin: Springer 2001, S. 260 ff.
[10] Technische Universität Dresden, Institut für Baubetriebswesen: www.tu-dresden.de/biwibb (4.10.2003)
[11] FuE-Verbundprojekt im Rahmen PRO INNO, Expertensystem zur energetischen Gebäudediagnose, Informationen über: FWU Ingenieurbüro GmbH Dresden, (Ber.-Nr. KF 0329101 KM1)
[12] Transsolar Energietechnik GmbH: TRNSYS universelles Werkzeug zur Energieplanung. www.transsolar.com (4.10.2003)
[13] Knorr, M., J. Krimmling, A. Preuß: Einzelraumregelungssysteme an Schulen. Technik am Bau. 2/2005. S. 58 ff.
[14] Krimmling, J. und J. Grötzschel: Passivhausbauweise bei Nichtwohngebäuden. HLH Bd. 62 (2011) Nr. 1 – Januar. S. 48–52

10 Weiterführende Literatur

10.1 Bücher

Mit Hilfe der folgenden Übersichtswerke kann man allgemein sein Wissen über Facility Management vertiefen. Die getroffene Auswahl stellt keine Wertung der umfangreichen Literatur dar, sondern versucht, auf wichtige Titel für das ergänzende Selbststudium hinzuweisen.

Bernhold, T. u. a.	Handbuch Facility Management. ecomed-Storck GmbH. Jeweils neueste Auflage.
May, M.	IT im Facility Management erfolgreich einsetzen. Das CAFM-Handbuch. Springer-Verlag. Berlin Heidelberg 2013.
Nävy, J.	Facility Management: Grundlagen, Computerunterstützung, Einführungsstrategie, Praxisbeispiele. Springer-Verlag, Berlin Heidelberg 2012.
Kahlen, H.	Facility Management. Entstehung, Konzeptionen, Perspektiven. Springer-Verlag, Berlin Heidelberg 2001.
Moslener, W. J. F. Rondeau, E. P.	Facility Management 2. Verfahren, Praxis, Potenziale. Springer-Verlag, Berlin Heidelberg 2001.
Schneider, H.	Facility Management planen – einführen – nutzen. Schäffer-Poeschel Verlag. Stuttgart 2001.
Schulte, K.-W. Pierschke, B.	Facilities Management. Immobilien Informationsverlag Rudolf Müller GmbH & Co. KG, Köln 2000.
Krimmling, J.	Energiemanagement. Facility Management Praxis 13/2008. Bauverlag BV GmbH, Gütersloh.
Krimmling, J.	Instandhaltungsmanagement für technische Anlagen. Facility Management Praxis 14/2008. Bauverlag BV GmbH, Gütersloh.

10 Weiterführende Literatur

Zur Vertiefung von Kenntnissen im bau- und gebäudetechnischen Bereich werden folgende Werke empfohlen:

Krimmling, J. u. a.	Atlas Gebäudetechnik. Rud. Müller Verlag. Köln 2014
Pistohl, W.	Handbuch der Gebäudetechnik. Band 1 und 2. Wernerverlag. Jeweils neueste Auflage.
Schramek, E.-R.	Taschenbuch für Heizung und Klimatechnik. Oldenbourg Industrieverlag. Jeweils neueste Auflage.
Feurich, H.	Sanitärtechnik. Krammer Verlag. Düsseldorf 1993
Krimmling, J.	Energieeffiziente Gebäude. Grundwissen und Arbeitsinstrumente für den Energieberater. Fraunhofer IRB Verlag. 3. aktualisierte Auflage 2010.
Krimmling, J.	Erneuerbare Energien. Einsatzmöglichkeiten – Technologien – Wirtschaftlichkeit Rud. Müller Verlag. Köln 2009
Gottschalk, O. u. a.	Verwaltungsbauten. Flexibel – kommunikativ – nutzerorientiert. Bauverlag, Wiesbaden 1994.
Wagner, A. u. a.	Nutzerzufriedenheit in Bürogebäuden: Empfehlungen für Planung und Betrieb. Fraunhofer IRB Verlag. Stuttgart 2015

10.2 DIN und VDI-Richtlinien

Aus dem recht umfangreichen Fundus wird das Studium der folgenden Normen und Richtlinien empfohlen:

DIN 18960	Nutzungskosten im Hochbau. Februar 2008.
DIN 276-1	Kosten im Bauwesen. Teil 1: Hochbau. Dezember 2008.
DIN 277-1	Grundflächen und Rauminhalte im Bauwesen. Teil 1: Begriffe, Ermittlungsgrundlagen. Januar 2016.
DIN 277-3	Grundflächen und Rauminhalte von Bauwerken im Hochbau. Teil 3: Mengen und Bezugseinheiten. April 2005.
DIN 31051	Grundlagen der Instandhaltung. September 2012.
DIN 32736	Gebäudemanagement. Begriffe und Leistungen. August 2000.
DIN 4543-1	Büroarbeitsplätze. Teil 1: Flächen für die Aufstellung und Benutzung von Büromöbeln. Sicherheitstechnische Anforderungen, Prüfung. September 1994.
DIN EN ISO 7730	Ergonomie der thermischen Umgebung. Analytische Bestimmung und Interpretation der thermischen Behaglichkeit. Durch Berechnung des PMV und des PPD-Indexes und Kriterien der lokalen thermischen Behaglichkeit. Mai 2006.
DIN EN ISO 9000	Qualitätsmanagementsysteme. Grundlagen und Begriffe. November 2015.
DIN EN ISO 9001	Qualitätsmanagementsysteme. Anforderungen. November 2015.
DIN EN ISO 9004	Leiten und Lenken für den nachhaltigen Erfolg einer Organisation – Ein Qualitätsmanagementansatz. Dezember 2009.
DIN EN ISO 14001	Umweltmanagementsysteme – Anforderungen mit Anleitung zur Anwendung. November 2009.
DIN EN ISO 50001	Energiemanagementsysteme – Anforderungen mit Anleitung zur Anwendung. Dezember 2011.
DIN EN 15221	Facility Management. Teil 1: Begriffe. Januar 2007. Teil 2: Leitfaden zur Ausarbeitung von Facilty Management-Vereinbarungen. Januar 2007. Teil 3: Leitfaden für Qualität im Facility Management. Dezember 2011. Teil 4: Taxonomie, Klassifikation und Strukturen im Facility Management. Dezember 2011. Teil 5: Leitfaden für Facility Management Prozesse. Dezember 2011. Teil 6: Flächenbemessung im Facility Management. Dezember 2011. Teil 7: Leistungs-Benchmarking. Januar 2013.

DIN 77400	Reinigungsdienstleistungen. Schulgebäude. Anforderungen an die Reinigung. September 2015.
VDI 2067	Blatt 1: Wirtschaftlichkeit gebäudetechnischer Anlagen. Grundlagen und Kostenberechnung. September 2012.
VDI 3808	Energetische Bewertung von Gebäuden und der Gebäudetechnik – Anwendung bestehender Verfahren. Oktober 2011.
VDI 3810	Blatt 1: Betreiben und Instandhalten von gebäudetechnischen Anlagen – Grundlage. Mai 2012. Blatt 2: Betreiben und Instandhalten von gebäudetechnischen Anlagen – Sanitärtechnische Anlagen. Mai 2010. Blatt 4: Betreiben und Instandhalten von gebäudetechnischen Anlagen – Raumlufttechnische Anlagen. Dezember 2013. Blatt 6: Betreiben und Instandhalten von gebäudetechnischen Anlagen – Aufzüge. November 2006.
VDI 4661	Energiekennwerte. Definitionen, Begriffe, Methodik. August 2014.
VDI 6009	Blatt 1: Facility Management. Anwendungsbeispiele aus dem Gebäudemanagement. Oktober 2002. Blatt 2: Einführung von Gebäudemanagement für mehrere Liegenschaften. Dezember 2003. Blatt 3: Einführung eines Computer Aided Facility Management-Systems (CAFM). Dezember 2003.
VDI 6025	Betriebswirtschaftliche Berechnungen für Investitionsgüter und Anlagen. November 2012.

10.3 GEFMA-Richtlinien

Die deutsche Gesellschaft für Facility Management (GEFMA: siehe www.gefma.de) betreibt seit Jahren eine umfangreiche und systematische Richtlinienarbeit für das Facility Management. Die nachfolgende Tabelle gibt einen Überblick über das Richtlinienwerk:

Gruppe 100	Begriffe und Leistungsbilder
GEFMA 100-1	Facility Management; Grundlagen
GEFMA 100-2	Facility Management; Leistungsspektrum
GEFMA 124-1	Energiemanagement; Grundlagen und Leistungsbild
GEFMA 124-2	Energiemanagement; Methoden
GEFMA 124-3	Energiemanagement; Strukturen, Tätigkeitsschwerpunkte, Vergabe von DL
GEFMA 124-4	Energiemanagement; Anforderungen Aus- und Weiterbildungsinhalte
GEFMA 124-5	Energiemanagement; Empfehlung zur Umsetzung der Energetischen Inspektion nach § 12 EnEV
GEFMA 124-6	Energiemanagement; IT-Unterstützung im Energiemanagement
GEFMA 126	Inspektion und Wartung im FM; Definitionen, Leistungskatalog
GEFMA 130-1	Flächenmanagement; Grundlagen
GEFMA 160	Nachhaltigkeit im FM; Grundlagen und Konzeption
GEFMA 190	Betreiberverantwortung im FM
GEFMA 192	Risikomanagement im FM
GEFMA 198-1	Dokumentation im FM; Begriffsabgrenzung, Vorgehensweise, Gliederung und Instrumente
GEFMA 198-2	Dokumentation im FM; Einzeldokumente (Dokumentenliste)
Gruppe 200	Kosten, Kostenrechnung, Kostengliederung, Kostenerfassung
GEFMA 200	Kosten im Facility Management; Kostengliederungsstruktur zur GEFMA 100
GEFMA/ gif 210	Betriebs- und Nebenkosten bei gewerblichem Raum
GEFMA 220-1	Lebenszykluskostenrechnung im FM; Einführung und Grundlagen
GEFMA 220-2	Lebenszykluskostenrechnung im FM; Anwendungsbeispiel
GEFMA 230	Prozesskostenrechnung im FM; Grundlagen
GEFMA 240	Prozessnummernsystem im FM; Grundlagen, Aufbau und Verwendung
GEFMA 250	Benchmarking in der Immobilienwirtschaft
GEFMA 260-1	Risikomanagement im FM
Gruppe 300	FM-Recht

GEFMA 300	FM-Recht; Rechtsfragen im FM
GEFMA 310	Umgang mit Vorschriften und Technikklauseln im FM
GEFMA 320	Mängelansprüche (Gewährleistung) im FM
GEFMA 330	Haftung und Versicherung im FM
GEFMA 330-1	Haftung und Versicherung im FM
Gruppe 400	**CAFM Computer Aided Facility Management**
GEFMA 400	Computer Aided Facility Management CAFM; Begriffsbestimmung, Leistungsmerkmale
GEFMA 410	Schnittstellen zur IT-Integration von CAFM-Software
GEFMA 420	Einführung eines CAFM-Systems
GEFMA 430	Datenbasis und Datenmanagement in CAFM-Systemen
GEFMA 440	Ausschreibung und Vergabe von Lieferungen und Leistungen im CAFM
GEFMA 444	Zertifizierung von CAFM-Softwareprodukten
GEFMA 460	Wirtschaftlichkeit von CAFM-Systemen
Gruppe 500	**Ausschreibung und Vertragsgestaltung bei Fremdvergabe von Dienstleistungen**
GEFMA 510	Mustervertrag Gebäudemanagement (GM)
GEFMA 511	Systemdienstleistungs(SDL)-spezifische Ergänzungen zum Mustervertrag Facility Services 3.0
GEFMA 520	Muster-Leistungsverzeichnis GM
GEFMA 530	Paket: Mustervertrag und Muster-LV GM
GEFMA 540	Energie-Contracting; Erfolgsfaktoren und Umsetzungshilfen
Gruppe 600	**Berufsbilder, Aus- und Weiterbildung im FM**
GEFMA 600	Berufsbild Facility Manager
GEFMA 604	Zertifizierungsverfahren in Übereinstimmung mit den Richtlinien 620 und 630
GEFMA 610	FM-Studiengänge
GEFMA 616	FM-Zertifikatsstudiengänge
GEFMA 620	Ausbildung zum Fachwirt FM (GEFMA)
GEFMA 622	Fachwirt FM; Prüfungsordnung
GEFMA 630	Ausbildung zum Facility Management Agent (GEFMA)
Gruppe 700	**Qualitätsaspekte im FM**
GEFMA 700	FM-Exellence; Grundlagen für ein branchenspezifisches Qualitätsprogramm
GEFMA 702	FM-Excellence; Zulassung von Zertifizierungsstellen und Auditoren
GEFMA 710	Systematische Verbesserung der Rechtskonformität von Organisationen im FM

GEFMA 720	Facility Managementsysteme; Grundlagen und Anforderungen
GEFMA 730	ipv® – die Qualitätsmarke für die System-Dienstleistungen in der GEFMA-Qualitätsoffensive; Durchführung der Zertifizierung
GEFMA 734	ipv® Integrale Prozess Verantwortung im FM; Befähigungsnachweis für FM-Berater
Gruppe 800	**Branchenspezifische Richtlinien**
GEFMA 812	Gliederungsstruktur für FM-Kosten im Gesundheitswesen
Gruppe 900	**Verzeichnisse, Marktübersichten, Sonstiges**
GEFMA 900	Gesetze, Verordnungen, UVVorschriften im FM
GEFMA 910	Normen und Richtlinien im FM
GEFMA 912-1	FM-Glossar; nach FM-Prozessen
GEFMA 912-2	FM-Glossar; alphabetisch
GEFMA 912-4	Glossar FM; Betriebsbeauftragte, befähigte und verantwortliche Personen im FM
GEFMA 912.xls	GEFMA 912 als editierbares Excel-Arbeitsblatt
GEFMA 914-1	Pflichten im FM in LzPh. 0.100: Übergreifende Unternehmerpflichten
GEFMA 914-3	Pflichten im FM in LzPh. 6.200-6.500: Betreiberpflichten (am Beispiel Schule in Ffm.)
GEFMA 918	Bußgeldkatalog Facility Management
GEFMA 922-1	Dokumente im FM; Gesamtverzeichnis
GEFMA 922-3	Dokumente im FM; Gesetzlich geforderte Dokumente
GEFMA 922-4	Dokumente im FM; Dokumente der HOAI (1996)
GEFMA 922-5	Dokumente im FM; Dokumente der VOB/C (2002)
GEFMA 940	Marktübersicht CAFM-Software
GEFMA 945	CAFM-Trendreport 2015
GEFMA 950	FM Benchmarking Bericht 2015
GEFMA 962	Leitfaden für die Ausschreibung komplexer FM-Dienstleistungen als Integrale Prozess Verantwortung ipv®
GEFMA 980	FM Branchenreport 2014
VDI/GEFMA 3814 Blatt 3.1	Gebäudeautomation (GA); Hinweise für das Gebäudemanagement, Planung, Betrieb und Instandhaltung, Schnittstelle zum FM

Die Richtlinien können direkt über die oben angegebene Internetadresse der GEFMA bezogen werden. Bitte informieren Sie sich über den jeweils aktuellen Stand des Richtlinienverzeichnisses unter www.gefma.de/bestellformular.html

10.4 Dokumente anderer FM-Verbände

Der IFMA Deutschland e.V. gibt verschiedene Leitfäden für das Facility Management heraus. Bisher erschienen:

- Leitfaden »FM-gerechte Planung und Realisierung«
- Leitfaden »Betrieb und Instandhaltung Liegenschaften«
- Leitfaden »Vergabe von Reinigungsdienstleistungen«

Die Leitfäden können unter www.ifma-deutschland.de bestellt werden. Außerdem wird durch die IFMA-Deutschland ein jährliches Benchmarking durchgeführt. Der Report kann ebenfalls über die angegebene Internetseite bezogen werden.

Im Jahre 2006 wurde der RealFM e.V. als eigenständiger Berufsverband gegründet. Dieser Verein hat u.a. ein Dokument mit dem Titel »Das Berufsbild des Facility Managers in Deutschland« herausgegeben. Es kann bezogen werden unter: www.realfm.de.

Die Gesellschaft für immobilienwirtschaftliche Forschungen gibt Arbeitspapiere, Empfehlungen und Richtlinien heraus, von denen ein Teil direkten Bezug zum Facility Management haben. So erschienen u.a.:

- Mietflächenrichtlinie MF-G: Richtlinie zur Berechnung der Mietfläche für gewerblichen Raum
- Richtlinie GEFMA/gif 210 (gemeinsam mit GEFMA): Betriebs- und Nebenkosten.

Die Dokumente können unter www.gif-ev.de bestellt werden.

Sachregister

A

Ablauforganisation 174
Abnutzungsverlauf 100
Abnutzungsvorrat 99
Absenkbetrieb 111
Anlagenoptimierung 115
Annuität 269
Arbeitspreis 116, 283
Assetmanagement 40
Aufbauorganisation 173
Aufzugsarten 230
Automationsebene 238

B

Balanced Scorecard 142
Barwert 265
Bauendreinigung 122
Baukörper 189
Baunutzungskosten 65
Bauprozess 27
Behaglichkeit 56
Belegungsgrad 77
Beleuchtungskonzept 225
Beleuchtungssteuerung 240
Benchmarking 72
Benchmark-Kennzahl 145
Beteiligungsmodell 284
Betriebskostenabrechnung 131
Betriebskostenverordnung 131
Betriebskostenvorauszahlung 131
Betriebssicherheitsverordnung 151
BHKW 201
Bildtelefonie 237
BNB 249
BREEAM 249
Brennstoffzelle 202
Brennwertkessel 199
Building Information Modeling 171
Bürokonzept 52

C

Cloud-Computing 171
Contractinggebühr 283
Controlling 72, 114
Corporate Real Estate Management 40
CREM 40

D

3D-Modell 172
DGNB 249
Doppelboden 182
Doppelfassade 194

E

Ebene, strategische 30
Einzelraumregelung 239
Energiecontracting 117
Energiemanagementsystem 137
Entscheidungsfindungsprozess 257
Erneuerbare-Energien-Wärme-Gesetz (EEWärmeG) 199
Errichtungskosten 27

F

5D-Modell 172
Fachhochschulausbildung 289
Facility-Management-Markt 14
Fassade 189
Fassadenbefahranlage 188
Fassadenreinigung 126
Feldebene 238
Flächeneffizienz 76
Flächenmanagement 69
Flächensystematik 74
Flexibilität 180
Forschungsschwerpunkte 291
Funktionalität 56

G

Gebäudemanagement 40
Gebäudemanagement, infrastrukturelles 69
Gebäudemanagement, technisches 69
Gebäudemodell, digitales 171
Gemeinkosten 80
Gesamtbelegungsgrad 77
Glasreinigung 126
Großraumbüro 52
Grundpflege 122
Grundpreis 283
Grundreinigung 122
Gruppenbüro 52

H

Heizkostenverordnung 132
Hohlraumboden 182

I

IFC-Datenmodell 172
Image 56
Immobilienkosten 34
Immobilienmanagement 40
Inspektion 99
Instandhaltungsstatistik 162
Instandhaltungsstrategie 102
Instandsetzung 99
Investitionsentscheidungen 263

303

J
Jahresarbeitszahl 204
Jahresheizzahl 204
Jahresnutzungsgrad 109, 200

K
Kalkulationszins 264
Kälteerzeugung 213
Kapitalwert 264
Kennzeichnungssystem 162
Kernprozess 23
Kombibüro 52
Komfort 56
Kontenrahmen 80
Kostenart 80
Kostenaspekt 43
Kostenstelle 80
Kostenträger 80
Kraft-Wärme-Kopplung 200
Kühlung, passive 214
Kundenzufriedenheit 64

L
Laufzeitmodell 284
Lebenszyklus 16, 26
Lebenszykluskostenanalyse 251
LEED 249
Leistungspreis 115
Lichtsteuerung 227
Löschwasserleitungssystem 245

M
Management 18
Managementebene 238
Managementprozess 35
Mietfläche 78

N
Nachhaltigkeit 248
Nachtkühlung 192
Nebenkosten 34, 65
Nebenkostenabrechnung 128
Neubaumietenverordnung 131
Notstromversorgung 224
Nutzerverhalten 110
Nutzungsflächen-Systematik 73, 75
Nutzungsflexibilität 205
Nutzungskosten 27

O
operative Ebene 30
Outsourcing 25, 117

P
Pflichtenübertragung 174
Photovoltaik 223
Portfoliomanagement 40

Primärenergie 190
Prozess 35
Prozessbasis 36, 114
Prozessgestaltung 38
Prozesskostenverrechnungseinheit 91

Q
Qualität 57
Qualitätsmanagementsystem 137

R
Reinigungsgerät 123
Reinigungshäufigkeit 126

S
Sanitärreinigung 123
Schlüsselindikator 63
Service-Level-Agreement 150
Soll-/Ist-Vergleich 113
Sonnenschutzanlage 194
Sprinkleranlage 245
Störungsmanagement 241
Struktur 23

T
Tageslichtnutzung 225
Telefonie 236

U
Übertragungsnetz 232
Umnutzung 180
Umnutzungsflexibilität 181
Umweltmanagementsystem 137
Unterhaltsreinigung 122
Unterstützungsprozess 23

V
Verbesserung 99
Verbrauchsdatenerfassung 114
Verfügbarkeit 101
Vergabestrategie 278
Verursacherprinzip 89

W
Wärmepumpe 202
Wartung 99
Wasserverbrauch 222
Wertaspekt 43
Wirkungsgrad 109
Wirtschaftlichkeit 56
Wohnraummietrecht 131

Z
Zellenbüro 52